miMundo Historia™

PEARSON

mi Cuaderno del ESTUDIANTE

Este Cuaderno del
estudiante pertenece a:

_____

PEARSON

Boston, Massachusetts
Chandler, Arizona
Glenview, Illinois
Upper Saddle River, New Jersey

Acknowledgments, which appear on page 400, constitute an extension of this copyright page.

ISBN-13:   978-0-13-372710-4
ISBN-10:   0-13-372710-6

Cómo usar este cuaderno

El *Cuaderno del estudiante de miMundo Historia* es una herramienta para ayudarte a procesar y anotar lo que has aprendido en el Libro del estudiante de *miMundo Historia*. A medida que completas las actividades y los ensayos en tu Cuaderno del estudiante, vas a crear tu propio recurso para revisar los conceptos, términos clave y mapas de *miMundo Historia*. Las hojas de trabajo del Cuaderno del estudiante y los ejercicios de escritura se enfocan en la Pregunta esencial y te ayudarán a entender cómo se relaciona el contenido de cada capítulo con tu vida.

El **Vistazo previo a la Pregunta esencial** te ayudará a entender el capítulo que vas a leer. Empieza con Conexión con tu vida para encontrar las formas de relacionar los temas y los principios de las Preguntas esenciales con tu vida, tu familia, tu escuela o tu comunidad. Después, Conexión con el capítulo te invita a dar un vistazo a través del capítulo y a escribir tus predicciones sobre cómo se relaciona la Pregunta esencial con los países de cada capítulo.

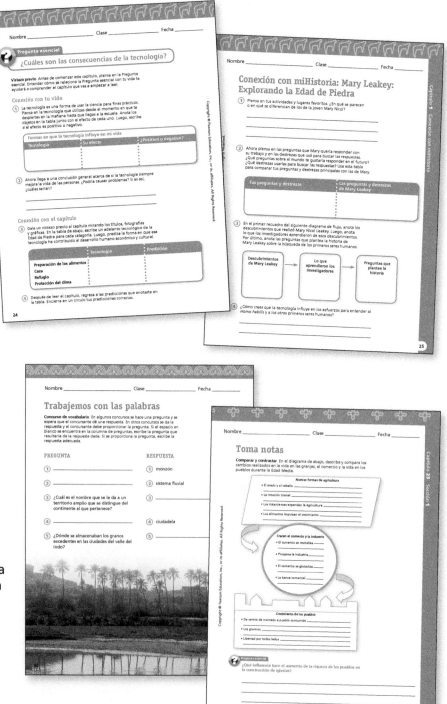

Los ejercicios de **Trabajemos con las palabras** te permiten conocer y explorar los términos clave por medio de mapas de palabras, crucigramas y otros juegos. Puedes resumir conceptos y crear una guía de estudio visual detallada completando los organizadores gráficos ilustrados en **Toma notas**. Cada página de Toma notas termina con un ejercicio que ayuda a sacar conclusiones sobre la Pregunta esencial.

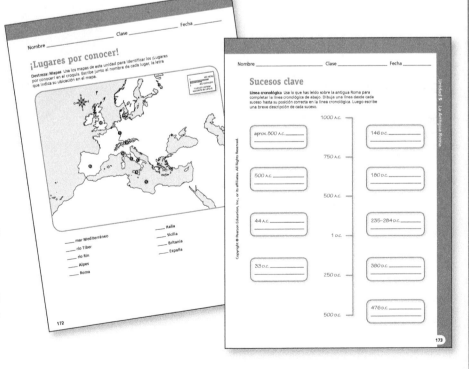

Nombre _____ Clase _____ Fecha _____

Pregunta esencial · Taller del escritor
¿Cuáles son las consecuencias de la tecnología?

Prepárate para escribir
En este capítulo, exploraste la Pregunta esencial en tu texto, en tu cuaderno y en *On Assignment* en myworldhistory.com. Usa tus notas y lo que aprendiste para escribir un ensayo de cinco párrafos que describa cómo contribuyó la tecnología al desarrollo de las civilizaciones en el Creciente Fértil.

Destreza del taller: Haz un esquema del ensayo
Tu ensayo tendrá cinco párrafos: una introducción, tres párrafos de desarrollo y un párrafo de conclusión. Necesitarás llamar la atención de tu lector. También necesitarás crear una tesis.

El gancho Piensa en el papel de la tecnología en el desarrollo del Creciente Fértil. Por ejemplo, la rueda y el descubrimiento del proceso de fabricación del bronce ayudaron a difundir la cultura sumeria. Después, crea un "gancho" para atrapar el interés de tu lector. Por ejemplo, ¿*Cómo cambió nuestras vidas la invención de la computadora?* Nota cómo hace que el lector piense en la tecnología. En las líneas de abajo, escribe algunas ideas para generar interés en las tecnologías del Creciente Fértil.

Idea de gancho 1: ¿Qué hubiera sido de Sumer sin la rueda?
Idea de gancho 2: _____
Idea de gancho 3: _____

La tesis Ahora plantea tu tesis, la idea principal de tu ensayo. Debe establecer tres ideas, en forma de oraciones principales, que usarás para apoyar tu posición. Serán el enfoque de tus tres párrafos de desarrollo.

En este caso, la tesis es la última oración de tu introducción. Añade dos de tus propias ideas a la tesis que se muestra abajo.

Ejemplo *La tecnología fue un elemento clave en el desarrollo de las civilizaciones antiguas. La rueda y la invención del bronce ayudaron a Sumer a convertirse en la primera gran civilización. Los imperios posteriores como el(la) _____ y el(la) _____ se desarrollaron a partir de los logros sumerios. En la época de los fenicios, el desarrollo de _____ y _____ hizo que la tecnología fuera necesaria para la supervivencia económica.*

54

La introducción Tu primer párrafo es la introducción. Con ella harás que tus lectores se "enganchen" con el tema y que quieran leer más. La introducción incluye tu gancho y la tesis.

Párrafos de desarrollo Tu ensayo incluirá tres párrafos de desarrollo, cada uno con una oración principal, idea principal, detalles de apoyo y conclusión. Usa la tabla de abajo para armar tus tres párrafos de desarrollo.

Párrafos de desarrollo

Oración principal:	Oración principal:	Oración principal:
Idea principal:	Idea principal:	Idea principal:
Detalle 1:	Detalle 1:	Detalle 1:
Detalle 2:	Detalle 2:	Detalle 2:
Conclusión:	Conclusión:	Conclusión:

Conclusión Tu último párrafo es tu conclusión, en el que resumes las ideas principales presentadas en tu ensayo. Esta es tu oportunidad de comunicar tu opinión a los lectores. Revisa tus grandes ideas y completa la conclusión de abajo.

Ejemplo *Los ejemplos de los logros sumerios en agricultura y metalistería, y el uso de los logros sumerios por parte de los(las) _____, _____ y _____ muestran cómo se difunde la tecnología. El éxito de los fenicios demostró la importancia de _____ en un(a) _____ creciente.*

Haz un borrador de tu ensayo
Revisa y corrige tu esquema para asegurarte de que presentaste tus pensamientos de manera clara. Luego, escribe tu ensayo y revísalo con un compañero.

55

Al final de cada capítulo, la **Pregunta esencial del Taller del escritor** te da la oportunidad de demostrar tu comprensión del contenido, escribiendo sobre la Pregunta esencial. Cada Taller proporciona la instrucción y la práctica de una de las destrezas que necesitas para escribir un ensayo y expresar tus ideas. Los ejercicios y las actividades del Taller del escritor que completes en tu Cuaderno del estudiante, te ayudarán a sacar conclusiones sobre la Pregunta esencial del capítulo.

Las actividades de **Conclusión** al final de cada unidad, tienen un ejercicio de mapas que te ayuda a ubicar los lugares sobre los que leíste en la unidad. Una actividad de línea cronológica te ayuda a organizar sucesos importantes en secuencia.

Conceptos básicos 1.1: Trabajemos con las palabras

Crucigrama Las pistas *horizontal* y *vertical* son las definiciones de los términos clave de esta sección. Llena las casillas *horizontales* enumeradas con los términos clave correctos. Después, haz lo mismo con las pistas *verticales*.

Horizontal	Vertical
1. un lapso de tiempo que es importante porque ciertos sucesos o desarrollos se produjeron durante esa era	3. una persona que estudia, describe y explica el pasado
2. una lista de sucesos en el orden en el que ocurrieron	4. un organizador gráfico que muestra los sucesos en el orden cronológico en el que ocurrieron
	5. la época anterior a que los humanos inventaran la escritura

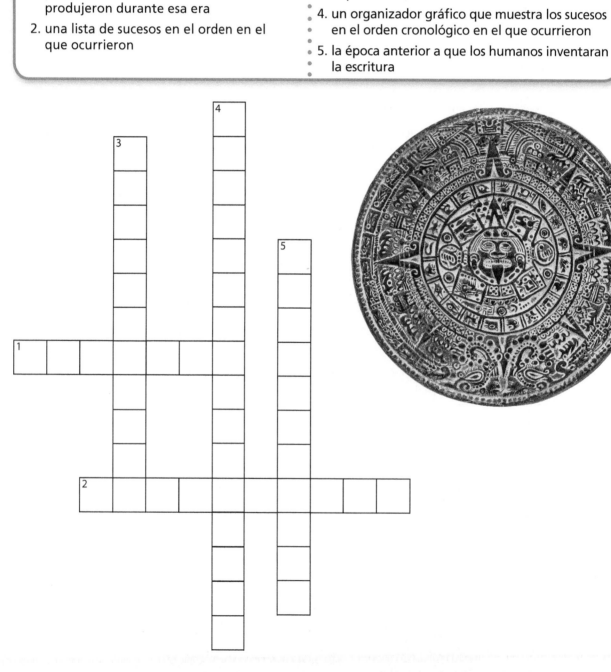

Conceptos básicos 1.2: Trabajemos con las palabras

Palabras en contexto Para cada pregunta, escribe una respuesta que muestre tu comprensión del término clave en negritas.

(1) ¿Por qué se considera que un artículo sobre un famoso explorador es una **fuente secundaria**?

_____

_____

_____

(2) ¿Por qué los museos coleccionan y exhiben **artefactos**?

_____

_____

_____

(3) ¿Por qué debes tener cuidado con los **prejuicios** cuando investigas un tema?

_____

_____

_____

(4) ¿Qué **fuentes primarias** usarías para un proyecto sobre una batalla famosa?

_____

_____

Conceptos básicos 1.3:
Trabajemos con las palabras

Banco de palabras Elige una palabra del banco de palabras para llenar el espacio en blanco. Cuando termines, tendrás un resumen corto de las ideas importantes de la sección.

Banco de palabras
arqueología   antropología   tradición oral

Antes de registrar la información por escrito, la historia y la cultura se transmitían a las nuevas generaciones a través de la _____.

Al transmitir la información a través de canciones y cuentos, las personas se aseguraban de que sus tradiciones continuaran por cientos de años.

Hoy en día, las personas en el campo de la _____ estudian esta práctica, así como otros aspectos del desarrollo de las culturas. Ellos también dependen de los hallazgos de las personas que trabajan en la _____. Estos científicos usan la evidencia de los artefactos para saber cómo se comportaban las personas y cómo era su cultura.

Conceptos básicos 1.4:
Trabajemos con las palabras

Palabras en contexto Para cada pregunta, escribe una respuesta que muestre tu comprensión del término clave en negritas.

1 ¿En qué se diferencia la **ubicación absoluta** de la **ubicación relativa**?

_____

_____

2 ¿Qué describe el tema geográfico de **lugar** sobre una ubicación?

_____

_____

3 El Medio Oeste es una **región** de los Estados Unidos. ¿Qué características lo hacen una **región**?

_____

_____

4 ¿Cómo se ve el tema de **movimiento** en Washington, D.C.?

_____

_____

5 ¿Cómo influye en tu vida la **interacción humanos-medio ambiente**?

_____

_____

Conceptos básicos 1.5: Trabajemos con las palabras

Crucigrama Las pistas *horizontal* y *vertical* son las definiciones de los términos clave de esta sección. Llena las casillas *horizontales* enumeradas con los términos clave correctos. Después, haz lo mismo con las pistas *verticales*.

Horizontal	Vertical
1. la parte del mapa que muestra cuánto espacio en el mapa representa una distancia real en el terreno	2. un mapa que muestra un área más grande que el mapa principal
4. la parte del mapa que explica lo que significan los símbolos del mapa	3. el diagrama de mapa estándar que muestra los puntos cardinales

Nombre _____   Clase _____   Fecha _____

Conceptos básicos 1.6: Trabajemos con las palabras

Mapa de palabras Sigue el modelo de abajo para hacer un mapa de palabras. El término clave *localizar* se encuentra en el óvalo del centro. Escribe la definición en tus propias palabras arriba a la izquierda. Arriba a la derecha, haz una lista de características, es decir, palabras o frases que se relacionen con el término. Abajo a la izquierda haz una lista de las que no son características, es decir, palabras y frases que no estarían asociadas con el término. Abajo a la derecha, haz un dibujo del término clave o escribe una oración.

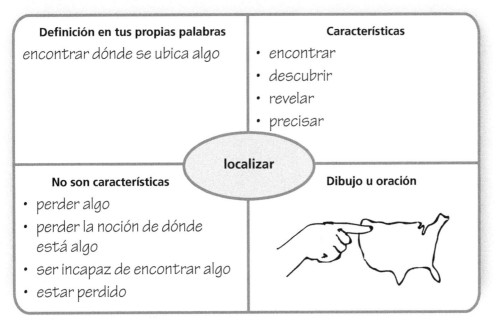

Definición en tus propias palabras	Características
encontrar dónde se ubica algo	• encontrar • descubrir • revelar • precisar

localizar

No son características	Dibujo u oración
• perder algo • perder la noción de dónde está algo • ser incapaz de encontrar algo • estar perdido	

Ahora, usa el mapa de palabras de abajo para explorar el significado del término *mapa histórico*. Puedes usar el libro del estudiante, un diccionario y/o un diccionario de sinónimos para completar cada una de las cuatro secciones.

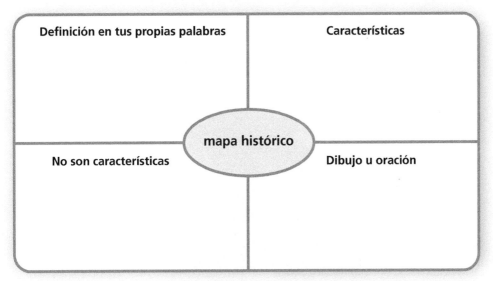

Definición en tus propias palabras	Características

mapa histórico

No son características	Dibujo u oración

Nombre _____ Clase _____ Fecha _____

En conclusión

Vuélvete un detective de la historia Imagina que se acaba de revelar que un estadounidense famoso de un siglo pasado fue realmente un espía para otro país. Eres un historiador que reúne información para un documental sobre la vida secreta de este estadounidense. Explica cómo usarías cada tipo de recurso de los encabezados de las columnas de la tabla. Incluye un ejemplo específico de cada tipo de recurso. (Necesitarás usar tu imaginación en esta parte).

Fuentes primarias	Fuentes secundarias	Artefactos

Conceptos básicos 2.1: Trabajemos con las palabras

Constructor de oraciones Completa las oraciones usando la información que aprendiste en esta sección. Asegúrate de incluir la puntuación final.

(1) Dos de los objetivos de un **gobierno** son _____

_____

(2) Una **constitución** es un sistema de _____

_____

(3) En un **gobierno limitado,** _____

_____

(4) En un **gobierno ilimitado,** _____

_____

(5) La **tiranía** puede dar lugar al abuso del poder, como _____

_____

Conceptos básicos 2.2: Trabajemos con las palabras

Crucigrama Las pistas *horizontal* y *vertical* son las definiciones de los términos clave de esta sección. Llena las casillas *horizontales* enumeradas con los términos clave correctos. Después, haz lo mismo con las pistas *verticales*.

Horizontal	Vertical
1. En un(a) _____, los ciudadanos tienen el poder político.	4. Un(a) _____ consiste en varias naciones o territorios y puede ser bastante grande.
2. Una ciudad y su territorio aledaño que forman un estado independiente es un(a) _____.	5. otro nombre para una nación o país
3. un país dirigido por un rey o una reina	6. En el sistema político llamado _____, el gobierno posee todas las propiedades.
7. Una persona o un grupo pequeño tiene todo el poder en un gobierno _____.	

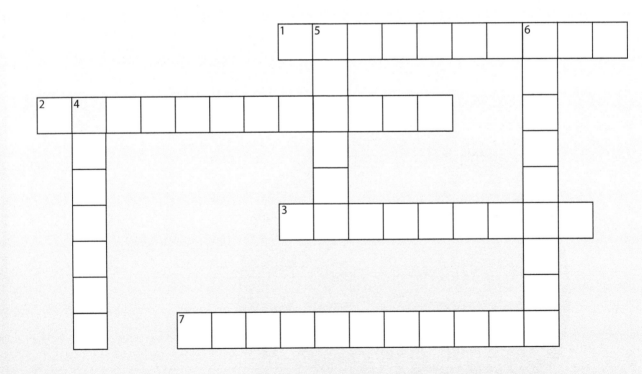

Nombre _____ Clase _____ Fecha _____

Conceptos básicos 2.3: Trabajemos con las palabras

Mapa de palabras Sigue el modelo de abajo para hacer un mapa de palabras. El término clave *sistema unitario* se encuentra en el óvalo del centro. Escribe la definición en tus propias palabras arriba a la izquierda. Arriba a la derecha, haz una lista de características, es decir, palabras o frases que se relacionen con el término. Abajo a la izquierda haz una lista de las que no son características, es decir, palabras y frases que no estarían asociadas con el término. Abajo a la derecha, haz un dibujo del término clave o escribe una oración.

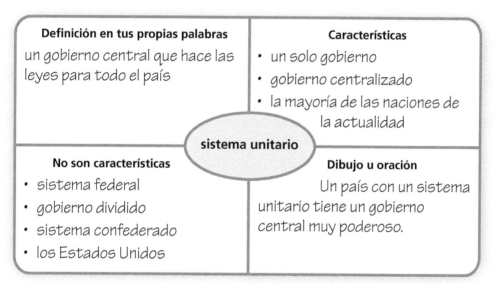

Definición en tus propias palabras
un gobierno central que hace las leyes para todo el país

Características
- un solo gobierno
- gobierno centralizado
- la mayoría de las naciones de la actualidad

sistema unitario

No son características
- sistema federal
- gobierno dividido
- sistema confederado
- los Estados Unidos

Dibujo u oración
Un país con un sistema unitario tiene un gobierno central muy poderoso.

Ahora, usa el mapa de palabras de abajo para explorar el significado del término *sistema federal*. Puedes usar el libro del estudiante, un diccionario y/o un diccionario de sinónimos para completar cada una de las cuatro secciones.

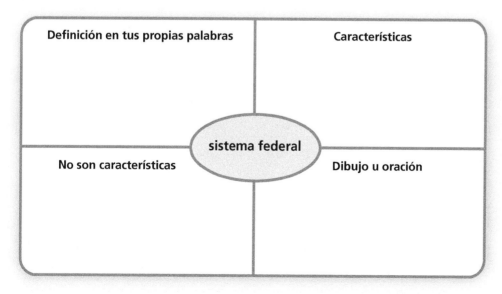

Definición en tus propias palabras

Características

sistema federal

No son características

Dibujo u oración

Conceptos básicos 2.4: Trabajemos con las palabras

Banco de palabras Elige una palabra del banco de palabras para llenar el espacio en blanco. Cuando termines, tendrás un resumen corto de las ideas importantes de la sección.

Banco de palabras

partido político   vida cívica

ciudadanos   participación cívica

grupo de interés

Las personas que nacieron en los Estados Unidos o que han completado

el proceso de naturalización son _____ estadounidenses. Hay

varias maneras de aprovechar los beneficios de la ciudadanía. Por ejemplo,

puedes registrarte para convertirte en miembro de un _____

que refleje tus puntos de vista políticos. Participar en ese grupo y otras

organizaciones es una manera simple y efectiva de participar en la

_____ de la comunidad. Votar, hablar en las reuniones,

firmar peticiones o simplemente mantenerte informado son otros tipos de

_____. Si hay un asunto que te interese mucho, tal vez

quieras unirte a un _____ que se dedique a esa causa.

Nombre _____ Clase _____ Fecha _____

Conceptos básicos 2.5: Trabajemos con las palabras

Concurso de vocabulario En algunos concursos se hace una pregunta y se espera que el concursante dé una respuesta. En otros concursos se da la respuesta y el concursante debe proporcionar la pregunta. Si el espacio en blanco se encuentra en la columna de preguntas, escribe la pregunta que resultaría de la respuesta dada. Si se proporciona la pregunta, escribe la respuesta adecuada.

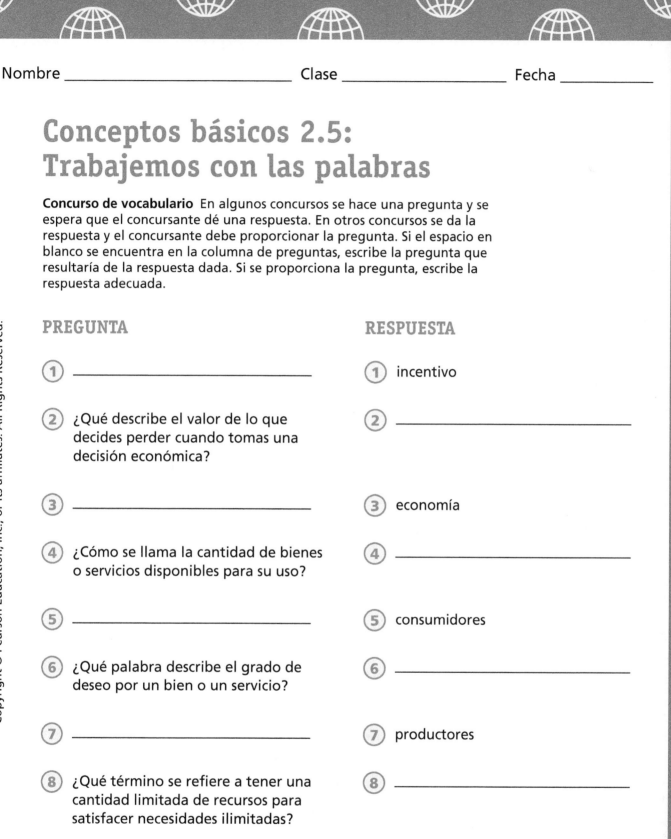

PREGUNTA

(1) _____

(2) ¿Qué describe el valor de lo que decides perder cuando tomas una decisión económica?

(3) _____

(4) ¿Cómo se llama la cantidad de bienes o servicios disponibles para su uso?

(5) _____

(6) ¿Qué palabra describe el grado de deseo por un bien o un servicio?

(7) _____

(8) ¿Qué término se refiere a tener una cantidad limitada de recursos para satisfacer necesidades ilimitadas?

RESPUESTA

(1) incentivo

(2) _____

(3) economía

(4) _____

(5) consumidores

(6) _____

(7) productores

(8) _____

Nombre _____ Clase _____ Fecha _____

Conceptos básicos 2.6:
Trabajemos con las palabras

Crucigrama Las pistas *horizontal* y *vertical* son las definiciones de los términos clave de esta sección. Llena las casillas *horizontales* enumeradas con los términos clave correctos. Después, haz lo mismo con las pistas *verticales*.

Horizontal	Vertical
1. una forma organizada en que se intercambian bienes y servicios	3. una disminución en el crecimiento económico de seis o más meses consecutivos
2. el acto de una compañía de concentrarse en unos pocos bienes o servicios	5. un aumento general de precios a lo largo del tiempo
4. la lucha entre los productores por el dinero de los consumidores	6. el dinero que queda después de restar los costos de hacer negocios
	7. el dinero que se gana debido a la venta de bienes y servicios

Conceptos básicos 2.7: Trabajemos con las palabras

Palabras en contexto Para cada pregunta, escribe una respuesta que muestre tu comprensión del término clave en negritas.

1 ¿Qué hace que la forma de vida de una persona sea importante en la **economía tradicional**?

_____

_____

_____

2 ¿Quién toma las decisiones en una **economía mixta** y por qué?

_____

_____

3 ¿En qué se benefician las nuevas empresas de la libertad en una **economía de mercado**?

_____

_____

_____

4 ¿En qué se diferencia una **economía dirigida** de una de mercado?

_____

_____

Conceptos básicos 2.8:
Trabajemos con las palabras

Constructor de oraciones Completa las oraciones usando la información que aprendiste en esta sección. Asegúrate de incluir la puntuación final.

(1) El grano es un ejemplo de una **exportación** de los Estados Unidos

porque es _____

(2) Tú puedes **comerciar** _____ por _____

(3) Los consumidores se benefician del **libre comercio** porque _____

_____

(4) China **importa** _____ de _____

(5) Un **arancel** es una manera en que un país _____

_____

(6) El propósito de una **barrera comercial** es _____

_____

Conceptos básicos 2.9: Trabajemos con las palabras

Banco de palabras Elige una palabra del banco de palabras para llenar el espacio en blanco. Cuando termines, tendrás un resumen corto de las ideas importantes de la sección.

Banco de palabras

presupuesto	crédito	interés	invertir
acciones	bonos	ahorrar	

Tienes opciones para usar tu dinero de manera inteligente. Por ejemplo,

_____ tus fondos en un banco, cooperativa de crédito u otra

institución financiera asegura que tendrás dinero para el futuro. Puedes tomar

parte de ese dinero e _____. Con un poco de suerte, obtendrás

una ganancia. Una forma de hacerlo es comprando _____, que

son certificados de una empresa o gobierno que prometen pagarte tu dinero

más dinero adicional. Otra forma es comprando _____, que te

dan parte de la propiedad de una empresa.

Por supuesto, las personas también compran cosas caras, como carros o

casas a pesar de no tener suficiente dinero para pagarlo en su totalidad. Para

eso, la mayoría utiliza _____. Esto significa que pagan por

su compra en un plazo de tiempo. También tendrán que pagar un

_____. Si parece complejo, no te preocupes. Puedes hacer

un plan de administración del dinero llamado _____. Esto

te ayudará a ahorrar más dinero y a evitar pedir mucho dinero prestado.

Nombre _____ Clase _____ Fecha _____

En conclusión

Razónalo Usa lo que aprendiste en esta sección para contestar estas preguntas sobre Myra y la forma en que utiliza su dinero.

(1) A tu amiga Myra le dieron $100. Quiere invertir la mitad para poder ganar algún dinero. ¿Cuál crees que sea la mejor manera de hacerlo? ¿Por qué?

_____

_____

_____

(2) Myra planea usar los otros $50 para comprar un nuevo par de auriculares. ¿Cómo podría afectar la competencia y especialización entre los productores de auriculares su elección?

_____

_____

_____

(3) Supón que Myra vive en una economía dirigida. ¿Cómo crees que sus opciones de auriculares podrían ser diferentes que en una economía de mercado?

_____

_____

_____

(4) Menciona dos desventajas de una economía dirigida.

_____

_____

_____

Nombre _____ Clase _____ Fecha _____

Conceptos básicos 3.1: Trabajemos con las palabras

Constructor de oraciones Completa las oraciones usando la información que aprendiste en esta sección. Asegúrate de incluir la puntuación final.

1 En la cultura moderna estadounidense, un ejemplo de una **norma** es

_____

2 Algunos ejemplos de **rasgos culturales** son el idioma, _____

_____

3 Las actividades humanas definen el **paisaje cultural** al _____

_____

4 La **cultura** de una nación incluye sus _____

_____

5 Una **región cultural** puede extenderse más allá de las fronteras de una

nación, porque _____

Conceptos básicos 3.2:
Trabajemos con las palabras

Palabras en contexto Para cada pregunta, escribe una respuesta que muestre tu comprensión del término clave en negritas.

1 ¿Por qué valoran muchas personas la **religión** y qué es lo que esperan obtener de ella?

_____

_____

_____

2 ¿Qué situación pondría a prueba tu **ética**: aprender a conducir un carro o decidir si vas o no a copiar la tarea de alguien? Explícalo.

_____

_____

_____

Conceptos básicos 3.3: Trabajemos con las palabras

Constructor de oraciones Completa las oraciones usando la información que aprendiste en esta sección. Asegúrate de incluir la puntuación final.

(**1**) Ideas como _____ y _____ se difunden

hacia el exterior de un **corazón cultural** cuando _____

_____

(**2**) Un ejemplo de la **diversidad** es _____

(**3**) Los comerciantes fueron responsables parcialmente de la **difusión**

cultural, porque _____

_____

Conceptos básicos 3.4: Trabajemos con las palabras

Banco de palabras Elige una palabra del banco de palabras para llenar el espacio en blanco. Cuando termines, tendrás un resumen corto de las ideas importantes de la sección.

Banco de palabras

irrigar   ciencia   nivel de vida

A lo largo de la historia, el desarrollo cultural ha sido una consecuencia

de los descubrimientos de las personas sobre el mundo natural. Nuevos

conocimientos de la _____ ayudaron a los grupos antiguos a

cambiar de una vida de caza y recolección a la agricultura. Por ejemplo, una

tecnología como la metalurgia permitió que las personas crearan herramientas

que les ayudaban a desmontar las tierras para el cultivo. Cuando las personas

aprendieron a _____ la tierra, aumentaron sus posibilidades

de que la agricultura fuera exitosa, al hacer que más tierras fueran cultivables

y proporcionar cierta protección contra las sequías.

A medida que la agricultura, y más tarde la industria, se hicieron

fundamentales para las economías del mundo, las personas pudieron mejorar

su _____ y tener dinero para comprar más bienes y servicios.

En conclusión

Dibuja y rotula Imagina que tienes la oportunidad de crear una nueva ciudad con nuevos elementos culturales. Dibuja una escena de la vida cotidiana en tu nueva ciudad, dibujando y rotulando todos los conceptos que figuran en la leyenda.

LEYENDA

A = rasgo cultural   **B** = arte   **C** = tecnología

Contesta estas preguntas sobre tu ciudad en otra hoja de papel:

(1) Describe la tecnología que incluiste. ¿Qué efecto tiene en la vida cotidiana de la ciudad?

(2) Describe la diversidad de la ciudad. ¿Cómo influye esta diversidad en la cultura general de la ciudad?

Pregunta esencial

¿Cuáles son las consecuencias de la tecnología?

Vistazo previo Antes de comenzar este capítulo, piensa en la Pregunta esencial. Entender cómo se relaciona la Pregunta esencial con tu vida te ayudará a comprender el capítulo que vas a empezar a leer.

Conexión con tu vida

1 La tecnología es una forma de usar la ciencia para fines prácticos. Piensa en la tecnología que utilizas desde el momento en que te despiertas en la mañana hasta que llegas a la escuela. Anota los objetos en la tabla junto con el efecto de cada uno. Luego, escribe si el efecto es positivo o negativo.

Formas en que la tecnología influye en mi vida		
Tecnología	Su efecto	¿Positivo o negativo?

2 Ahora llega a una conclusión general acerca de si la tecnología siempre mejora la vida de las personas. ¿Podría causar problemas? Si es así, ¿cuáles serían?

_____

_____

Conexión con el capítulo

3 Dale un vistazo previo al capítulo mirando los títulos, fotografías y gráficas. En la tabla de abajo, escribe un adelanto tecnológico de la Edad de Piedra para cada categoría. Luego, predice la forma en que esa tecnología ha contribuido al desarrollo humano económico y cultural.

	Tecnología	Predicción
Preparación de los alimentos		
Caza		
Refugio		
Protección del clima		

4 Después de leer el capítulo, regresa a las predicciones que anotaste en la tabla. Encierra en un círculo tus predicciones correctas.

Conexión con miHistoria: Mary Leakey: Explorando la Edad de Piedra

(1) Piensa en tus actividades y lugares favoritos. ¿En qué se parecen o en qué se diferencian de los de la joven Mary Nicol?

_____

_____

_____

(2) Ahora piensa en las preguntas que Mary quería responder con su trabajo y en las destrezas que usó para buscar las respuestas. ¿Qué preguntas sobre el mundo te gustaría responder en el futuro? ¿Qué destrezas usarías para buscar las respuestas? Usa esta tabla para comparar tus preguntas y destrezas principales con las de Mary.

Tus preguntas y destrezas	Las preguntas y destrezas de Mary Leakey

(3) En el primer recuadro del siguiente diagrama de flujo, anota los descubrimientos que realizó Mary Nicol Leakey. Luego, anota lo que los investigadores aprendieron de esos descubrimientos. Por último, anota las preguntas que plantea la historia de Mary Leakey sobre la búsqueda de los primeros seres humanos.

Descubrimientos de Mary Leakey	Lo que aprendieron los investigadores	Preguntas que plantea la historia

(4) ¿Cómo crees que la tecnología influye en los esfuerzos para entender al *Homo habilis* y a los otros primeros seres humanos?

_____

_____

Trabajemos con las palabras

Constructor de oraciones Completa las oraciones usando la información que aprendiste en esta sección y los términos clave de abajo.

antropología   prehistoria   geólogo   arqueólogo   fósil   artefacto

1 Mary Leakey y otros investigadores estudiaron a personas que vivieron

hace mucho tiempo en el(la) _____.

2 Los científicos en el campo del(de la) _____

estudian cómo se comportaban los grupos humanos de la antigüedad.

3 Un(a) _____ examina las cosas que

dejaron los seres humanos de la antigüedad.

4 Una copia parecida a roca de una planta, pluma o hueso es un(a)

_____.

5 Una herramienta, olla o arma de una de las primeras sociedades se

llama un(a) _____.

6 Un(a) _____ utiliza las capas para determinar la edad

de los objetos prehistóricos.

Nombre _____ Clase _____ Fecha _____

Toma notas

Identificar las ideas principales y los detalles Los científicos que estudian la historia de los primeros seres humanos realizan un viaje de descubrimiento. Para cada parte del viaje que se enumera a continuación, da detalles que expliquen más sobre la idea principal.

Estudiando el pasado lejano		
Muchos tipos de científicos trabajan juntos para estudiar a los primeros seres humanos.	Los científicos han descubierto varias pistas importantes de la vida de los primeros seres humanos.	Todavía existen muchas preguntas sobre los inicios de la vida humana.

? Pregunta esencial

Los arqueólogos modernos usan tanto herramientas manuales como equipo científico avanzado. ¿Por qué crees que son necesarios ambos tipos de tecnología?

_____

_____

_____

Trabajemos con las palabras

Mapa de palabras Sigue el modelo de abajo para hacer un mapa de palabras.
El término clave *tecnología* se encuentra en el óvalo del centro. Escribe la
definición con tus propias palabras arriba a la izquierda. Arriba a la derecha
haz una lista de características, es decir, palabras o frases que se relacionen con
el término. Abajo a la izquierda haz una lista de lo que no son características,
es decir, palabras y frases que *no* estarían asociadas con el término. Abajo a la
derecha haz un dibujo del término clave o escribe una oración.

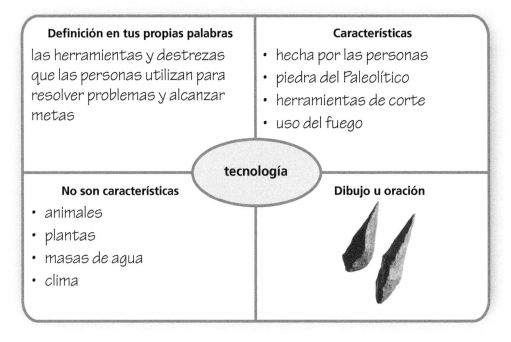

Definición en tus propias palabras

las herramientas y destrezas
que las personas utilizan para
resolver problemas y alcanzar
metas

Características
- hecha por las personas
- piedra del Paleolítico
- herramientas de corte
- uso del fuego

tecnología

No son características
- animales
- plantas
- masas de agua
- clima

Dibujo u oración

Ahora, usa el mapa de palabras de abajo para explorar el significado de
cazadores-recolectores. Puedes usar el libro del estudiante, un diccionario y/o
un diccionario de sinónimos para completar cada sección.

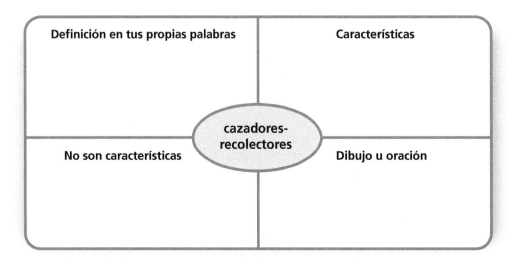

Definición en tus propias palabras

Características

**cazadores-
recolectores**

No son características

Dibujo u oración

Haz tus propios mapas de palabras en hojas de papel separadas para estos
términos clave: *cultura* y *nómada*.

Nombre _____ Clase _____ Fecha _____

Toma notas

Analizar causa y efecto Usa lo que has leído sobre las sociedades de cazadores-recolectores para anotar las maneras en que cada cambio que se muestra influyó en la vida de los primeros seres humanos.

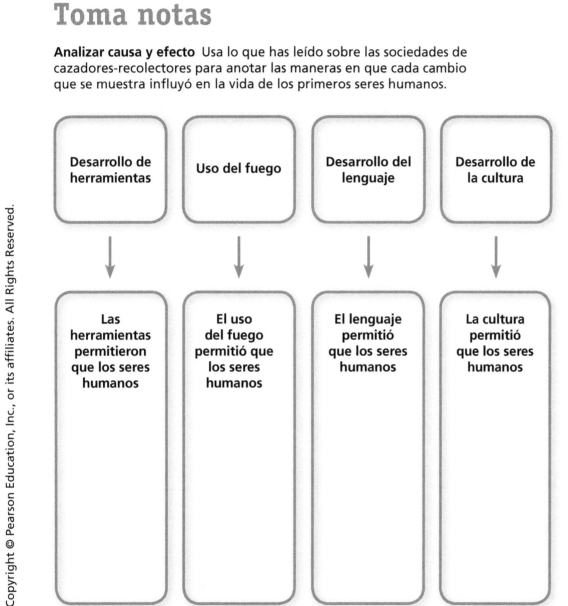

Desarrollo de herramientas	Uso del fuego	Desarrollo del lenguaje	Desarrollo de la cultura
Las herramientas permitieron que los seres humanos	El uso del fuego permitió que los seres humanos	El lenguaje permitió que los seres humanos	La cultura permitió que los seres humanos

Pregunta esencial

Elige un avance tecnológico de esta sección. ¿Cómo benefició esa tecnología a los pueblos de la Edad de Piedra? ¿Cuáles fueron sus consecuencias inesperadas?

_____

_____

_____

Trabajemos con las palabras

Concurso de vocabulario En algunos concursos se hace una pregunta y se espera que el concursante dé una respuesta. En otros concursos se da la respuesta y el concursante debe proporcionar la pregunta. Si el espacio en blanco se encuentra en la columna de preguntas, escribe la pregunta que resultaría de la respuesta dada. Si se proporciona la pregunta, escribe la respuesta adecuada.

PREGUNTA

(1) ¿Qué palabra describe lo que hacen las personas cuando se desplazan y viven en casi todas las áreas terrestres del mundo?

(2) _____

(3) ¿Qué nombre se usa para referirse a los grupos de familias que tienen un ancestro común?

(4) _____

(5) ¿Cómo se llama la creencia de que la naturaleza está dotada de alma?

(6) _____

RESPUESTA

(1) _____

(2) migración

(3) _____

(4) adaptarse

(5) _____

(6) medio ambientes

Nombre _____ Clase _____ Fecha _____

Toma notas

Secuencia A medida que poblaban la Tierra, los primeros seres humanos cambiaron en muchos aspectos. Usa la información de *Poblamiento de la Tierra* para completar el diagrama de flujo con algunos de estos cambios en el orden en que ocurrieron.

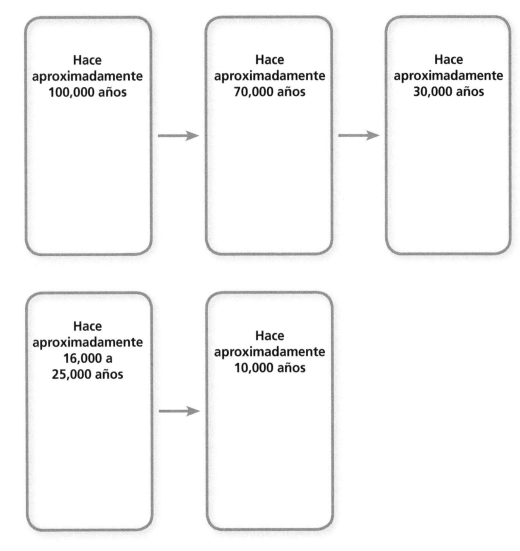

Hace aproximadamente 100,000 años

Hace aproximadamente 70,000 años

Hace aproximadamente 30,000 años

Hace aproximadamente 16,000 a 25,000 años

Hace aproximadamente 10,000 años

Pregunta esencial

¿Qué tecnología ayudó a las personas a adaptarse a la última edad de hielo? ¿Qué otras destrezas y herramientas habrían ayudado a sobrevivir a las personas de la edad de hielo?

_____

_____

_____

Nombre _____ Clase _____ Fecha _____

¿Cuáles son las consecuencias de la tecnología?

Prepárate para escribir

En este capítulo, has explorado la Pregunta esencial en tu texto, en tu cuaderno y en *On Assignment* en myworldhistory.com. Usa lo que has aprendido para escribir un ensayo que describa las consecuencias que tuvo la tecnología para los primeros pueblos. Asegúrate de describir algunas de las primeras tecnologías y explicar por qué son importantes.

Destreza del taller: Entender los cuatro tipos de ensayos

Primero, decide qué tipo de ensayo quieres escribir. Hay cuatro tipos de ensayo: narrativo, expositivo, de investigación y persuasivo.

Ensayo narrativo Este ensayo es más como una historia. Tiene personajes, un ambiente y una trama.
- Los personajes son las personas de las que trata la historia y el ambiente es el tiempo y lugar en el que sucede la historia.
- La trama es la secuencia de sucesos que tienen lugar. La trama incluye el conflicto y conduce al clímax, que es el momento crucial de la historia.

Ensayo expositivo Este ensayo tiene una idea principal apoyada por evidencia y ejemplos.
- Un párrafo introductorio abre con una tesis que expresa la idea principal.
- La introducción va seguida por los párrafos centrales. Cada uno comenta un punto que apoya la idea principal. La evidencia y los ejemplos se usan para mostrar que los puntos de apoyo son verdaderos.
- La conclusión resume el ensayo volviendo a mencionar la tesis y los puntos de apoyo.

Ensayo de investigación Este ensayo tiene la misma estructura que un ensayo expositivo. La diferencia radica en el tipo de evidencia que se usa para demostrar los puntos de apoyo.
- La evidencia y los ejemplos deben venir de fuentes confiables.
- Los escritores usan citas, pies de página y una bibliografía para mostrar dónde obtuvieron la evidencia.

Ensayo persuasivo Este ensayo se escribe cuando el autor quiere convencer a los lectores de adoptar una opinión o de tomar acción.
- La introducción dice por qué el tema es importante. Después, la tesis explica lo que el escritor quiere que los lectores piensen o hagan.
- En los párrafos centrales, el escritor usa argumentos fuertes y evidencia para comprobar los puntos de apoyo.
- La conclusión vuelve a examinar los puntos principales y exhorta al lector a adoptar la opinión o a tomar la acción mencionada.

Identificar los tipos de ensayo

Usa lo que has aprendido para identificar los diferentes tipos de ensayo. Lee las cuatro descripciones de la tabla de abajo. En la columna de la derecha, identifica el ensayo descrito como narrativo, expositivo, de investigación o persuasivo.

Descripción del ensayo	Tipo
1. El ensayo trata de convencer a los lectores de que el *Homo sapiens* moderno se desarrolló por separado en diferentes partes del mundo.	_____
2. El ensayo examina si el *Homo sapiens* se desarrolló primero en África. Contiene gráficas, tablas, estadísticas y citas de antropólogos. Las fuentes se enumeran en las notas al pie de página.	_____
3. El ensayo afirma que la creación de la tecnología ayudó a los seres humanos a sobrevivir en medio ambientes hostiles. Describe tres tecnologías importantes de la prehistoria.	_____
4. El ensayo es una historia que cuenta las experiencias de una joven arqueóloga en su primera expedición a África.	_____

Planifica tu ensayo

Usa las siguientes preguntas como ayuda para tomar algunas decisiones sobre tu ensayo.

1 ¿Qué quiero decir sobre el desarrollo de la tecnología?

_____

2 ¿Quiero narrar una historia, explicar una idea, presentar evidencia o persuadir a otros?

_____

3 ¿Qué tipo de ensayo sería mejor para lograr mi objetivo?

_____

Organiza tu ensayo

Ahora que te has decidido por el tipo de ensayo, haz un esquema de tu ensayo. Recuerda escribir un párrafo introductorio, tres párrafos de desarrollo y una conclusión. Después, crea tu esquema.

Haz un borrador de tu ensayo

Escribe tu ensayo usando el esquema que creaste. Cuando termines, revisa tu ensayo.

Nombre _____ Clase _____ Fecha _____

Pregunta esencial

¿Qué deberían hacer los gobiernos?

Vistazo previo Antes de comenzar este capítulo, piensa en la Pregunta esencial. Entender cómo se relaciona la Pregunta esencial con tu vida te ayudará a comprender el capítulo que vas a empezar a leer.

Conexión con tu vida

1 Piensa en las maneras en las que el gobierno influye en tu vida todos los días. Luego, organízalas por tipo de gobierno. Por ejemplo, el gobierno local probablemente decide cuánto dinero puede gastar tu escuela cada año. El gobierno nacional, sin embargo, hace algunas leyes que afectan a las escuelas. Anota tus ideas en la tabla.

El papel del gobierno en mi vida

Escuela	Casa	En mi comunidad	Más allá de mi comunidad

2 Ahora piensa si estás de acuerdo con las maneras en las que el gobierno influye en tu vida. ¿Por qué algunas personas pueden apoyar una acción del gobierno en particular y otras oponerse a ella?

_____

_____

Conexión con el capítulo

3 Dale un vistazo previo al capítulo mirando los títulos, fotografías y gráficas. Luego, haz predicciones sobre las diferentes partes de la sociedad en las que es lógico que el gobierno desempeñe un papel. Anota tus ideas en la tabla de abajo.

El papel del gobierno en las sociedades

Seguridad y defensa	Leyes	Economía	Servicios sociales

4 Después de leer el capítulo, repasa la tabla y encierra en un círculo tus predicciones correctas.

Copyright © Pearson Education, Inc., or its affiliates. All Rights Reserved.

Nombre _____ Clase _____ Fecha _____

Conexión con miHistoria: La Epopeya de Gilgamesh

1 Piensa en lo que habrías hecho si hubieras vivido en la ciudad de Uruk en la época de Gilgamesh. ¿Cuáles son algunas maneras en las que podrías haberle hecho frente a Gilgamesh o haberlo convencido de que se reformara?

_____

_____

2 Ahora piensa en las experiencias que tuvo Gilgamesh y en cómo lo cambiaron. Anota en la tabla las lecciones que aprendió. Luego, anota lo que tú puedes aprender de la historia.

Lecciones que aprendió Gilgamesh	Lecciones que yo puedo aprender de la historia de Gilgamesh

3 En la tabla de abajo, anota cómo Gilgamesh ayudó y perjudicó al pueblo de Uruk. Escribe una **A** junto a las acciones que ocurrieron antes de los viajes de Gilgamesh y una **D** al lado de las que ocurrieron después.

Acciones perjudiciales	Acciones benéficas

4 ¿Cómo podrían haber ayudado los líderes como Gilgamesh y sus gobiernos a formar y desarrollar las primeras comunidades humanas? ¿Qué valores necesitan los líderes para gobernar adecuadamente?

_____

_____

Trabajemos con las palabras

Palabras en contexto Para cada pregunta, escribe una respuesta que muestre tu comprensión del término clave en negritas.

(1) ¿Por qué se llama al nacimiento de la agricultura una **revolución**?

_____

_____

_____

(2) ¿Qué hacen las personas cuando **domestican** plantas y animales?

_____

_____

_____

(3) ¿Cuánto alimento tiene una familia si hay un **superávit**?

_____

_____

_____

(4) ¿Cuáles son algunos ejemplos de la **especialización** en el trabajo?

_____

_____

_____

Nombre _____ Clase _____ Fecha _____

Toma notas

Analizar causa y efecto Los cambios en la agricultura tuvieron muchos efectos en las primeras poblaciones humanas. Mientras lees, anota algunos de estos efectos en la red de conceptos de abajo.

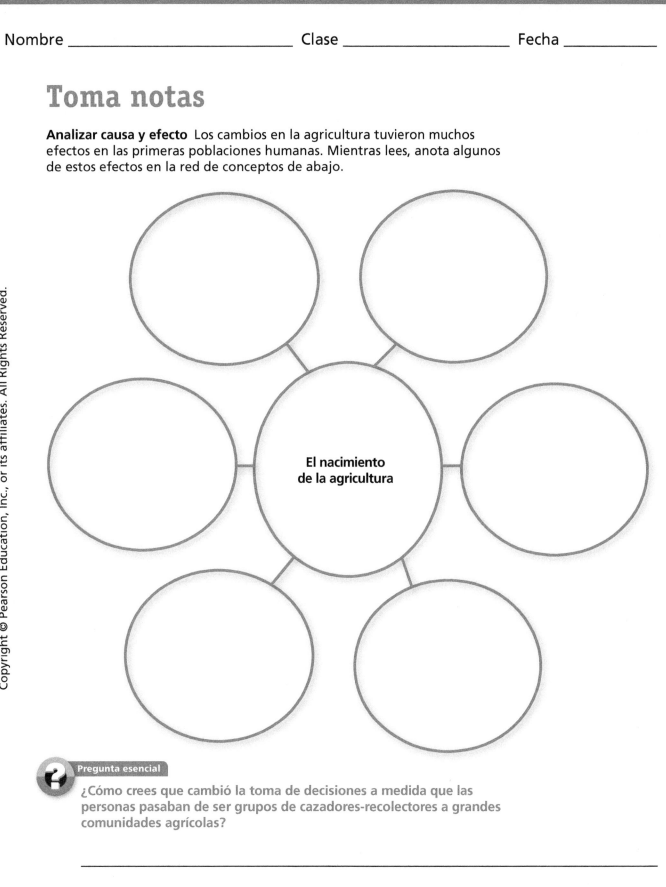

El nacimiento de la agricultura

Pregunta esencial

¿Cómo crees que cambió la toma de decisiones a medida que las personas pasaban de ser grupos de cazadores-recolectores a grandes comunidades agrícolas?

_____

_____

_____

Trabajemos con las palabras

Crucigrama Las pistas *horizontal* y *vertical* son las definiciones de los términos clave de esta sección. Llena las casillas *horizontales* enumeradas con los términos clave correctos. Después, haz lo mismo con las pistas *verticales*.

Horizontal	Vertical
3. sistema usado por una comunidad para producir y distribuir bienes y servicios	1. suministro de algo que puede usarse según se necesite
4. grupo de personas que tienen un rango o nivel en la sociedad	2. conjunto de creencias compartidas sobre los poderes sobrenaturales que crearon y gobernaron al mundo
5. sociedad compleja con ciudades, gobierno organizado y trabajos especializados	

Nombre _____ Clase _____ Fecha _____

Toma notas

Resumir A medida que leas sobre las ciudades y las civilizaciones, registra brevemente las ideas más importantes sobre cada característica de la civilización.

Ciudades	Gobiernos organizados	Religión establecida	Especialización en el trabajo

Clases sociales	Obras públicas	Arte y arquitectura	Sistema de escritura

Pregunta esencial

¿Cómo se vinculaba un gobierno sólido con las obras públicas? ¿Crees que organizar este tipo de proyectos era algo que los primeros gobiernos tenían que hacer?

_____

_____

_____

Pregunta esencial Taller del escritor

¿Qué deberían hacer los gobiernos?

Prepárate para escribir

En este capítulo, exploraste la Pregunta esencial en tu texto, en tu cuaderno y en *On Assignment* en myworldhistory.com. Usa lo que has aprendido para escribir un ensayo describiendo el papel del gobierno en tres características de la civilización. Enfoca tu ensayo en la ciudad de Uruk. Asegúrate de identificar y describir las tres características de la civilización de las que hablarás. Luego, explica lo que piensas que hicieron los gobiernos para ayudar a que estas características se desarrollaran en Uruk.

Destreza del taller: Usar el proceso de escritura

Escribir es un poco como aprender un deporte. A veces trabajas en una destreza y descubres que tienes que regresar y repasar otra destreza primero. En el proceso de escritura, completas cuatro pasos básicos, pero a veces tienes que repetir algunos.

En esta lección, aprenderás sobre los cuatro pasos básicos para escribir un ensayo. Los pasos son: prepararse para escribir, hacer un borrador, revisar y presentar. Cada paso tiene varias partes que te ayudan a comunicar tus ideas de una manera efectiva.

Prepárate para escribir Este paso incluye todo lo que haces antes de empezar a escribir. Primero, elige tres características de la civilización. Después, haz una lluvia de ideas sobre los trabajos que el gobierno puede hacer. Puedes examinar los títulos y las imágenes del capítulo para obtener ideas. Escribe las ideas en forma de notas o usa un organizador gráfico, como un diagrama de flujo. Después, haz un esquema. Debe contener tu idea principal o tesis sobre el papel del gobierno en el desarrollo de las civilizaciones. Menciona brevemente las tres características que explicarán tu tesis. Vuelve a ver el capítulo y busca evidencia, como citas y ejemplos, que hablen sobre el papel del gobierno en el desarrollo de cada característica. Añade la evidencia a tu esquema.

Haz un borrador Empieza redactando tus ideas en oraciones y párrafos. Sigue tu esquema, pero no te preocupes mucho de la ortografía, gramática o por escribir oraciones completas. Sólo lleva tus ideas al papel. Marca los lugares en los que tal vez necesites obtener más información. Piensa cómo puedes explicar tus ideas a tus lectores. Trata de empezar cada párrafo identificando la característica de la civilización con una oración principal que comunique el punto principal. Esto te ayudará a saber qué otra cosa necesita ir en el párrafo.

Revisa Lee tu borrador. Pregúntate si tus ideas y explicaciones tienen sentido. Piensa si la "idea A" debe ir antes o después de la "idea B". Mueve el texto de lugar hasta que las ideas fluyan. Después, lee tu borrador en voz alta, buscando oraciones que no tengan sentido. Hazlas más cortas o haz dos oraciones. Por otro lado, si tienes muchas oraciones cortas, combina las oraciones para evitar que tu escritura suene entrecortada. Lee tu ensayo una tercera vez para encontrar y arreglar los errores ortográficos y gramaticales. Mientras revisas, tal vez te des cuenta de que necesitas investigar más o escribir más texto.

Presenta Crea una copia limpia a doble espacio de tu ensayo. Añade tu nombre, fecha y título de acuerdo al formato que tu maestro haya pedido.

Aquí hay una tabla sencilla que se puede usar para hacer una lluvia de ideas. Piensa en las ideas que identificaste cuando repasaste el capítulo:

Lo que hacían los gobiernos		
Característica 1: Obras públicas	**Característica 2:** Clases sociales	**Característica 3:** Ciudades
• organizaban a los trabajadores	• daban poder a grupos como sacerdotes y gobernantes	• construían caminos para ayudar a las personas a entrar y salir de la ciudad

Usa un organizador gráfico

Ahora crea y completa tu propio organizador gráfico para hacer una lluvia de ideas para tu ensayo. Puedes usar una tabla como la que se muestra arriba o probar con una red de conceptos.

Haz un borrador de tu ensayo

Usa el organizador gráfico que creaste para reunir ideas para tu ensayo. Después, sigue los pasos de este taller para hacer un borrador y revisa tu ensayo en una hoja de papel diferente. Asegúrate de seguir los cuatro pasos del proceso de escritura.

¡Lugares por conocer!

Destreza: Mapas Usa los mapas de esta unidad para identificar los ¡Lugares por conocer! en el croquis. Escribe junto al nombre de cada lugar que está abajo, la letra que indica su ubicación en el mapa.

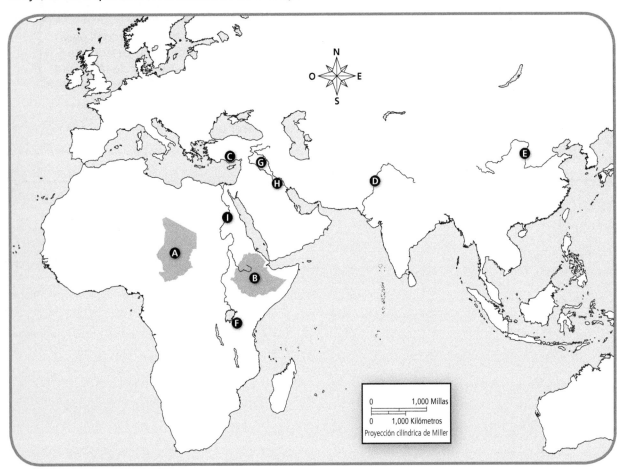

_____ ríos Tigris y Éufrates

_____ garganta de Olduvai

_____ río Huang

_____ Chad

_____ río Nilo

_____ Çatal Höyük

_____ Uruk

_____ Etiopía

_____ río Indo

Sucesos clave

Línea cronológica Usa lo que has leído sobre los orígenes de los seres humanos para completar la línea cronológica de abajo. Dibuja una línea desde cada suceso hasta su posición correcta en la línea cronológica. Luego, escribe una breve descripción de cada suceso.

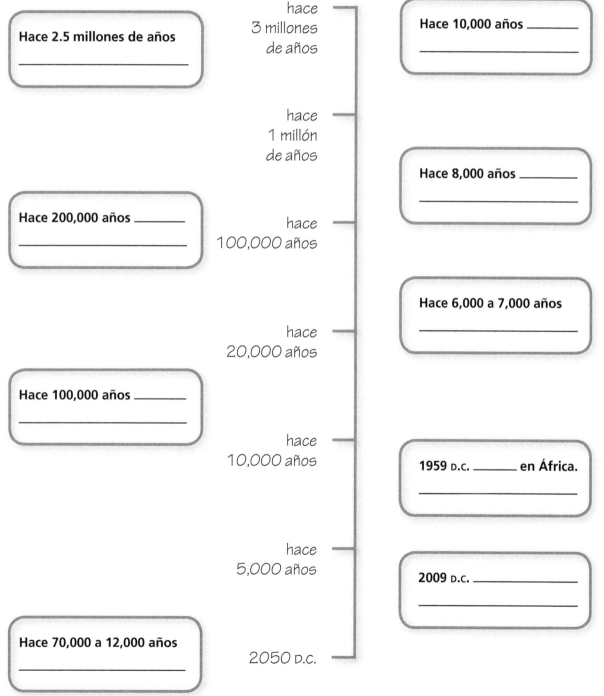

Hace 2.5 millones de años
_____

hace
3 millones
de años

Hace 10,000 años _____
_____

hace
1 millón
de años

Hace 200,000 años _____
_____

hace
100,000 años

Hace 8,000 años _____
_____

Hace 6,000 a 7,000 años
_____

hace
20,000 años

Hace 100,000 años _____
_____

hace
10,000 años

1959 D.C. _____ **en África.**
_____

hace
5,000 años

2009 D.C. _____
_____

Hace 70,000 a 12,000 años
_____

2050 D.C.

Pregunta esencial

¿Cuáles son las consecuencias de la tecnología?

Vistazo previo Antes de comenzar este capítulo, piensa en la Pregunta esencial. Entender cómo se relaciona la Pregunta esencial con tu vida te ayudará a comprender el capítulo que vas a empezar a leer.

Conexión con tu vida

(1) Piensa en alguna ocasión en la que saliste de viaje. ¿Cómo llegaste a tu destino? ¿Qué llevaste contigo?

_____

_____

(2) Piensa en un tipo de tecnología que usaste en tu viaje, cómo influyó en ti y si el efecto fue positivo o negativo. Llena la tabla de abajo con tus ideas.

La tecnología que usé en mi viaje		
Tecnología	Sus efectos	¿Positivo o negativo?
	•	•
	•	•
	•	•

Conexión con el capítulo

(3) Dale un vistazo previo al capítulo mirando los títulos, fotografías y gráficas. En la tabla de abajo, escribe un avance tecnológico mesopotámico para cada categoría. Luego, predice cómo contribuyó esa tecnología al desarrollo de Mesopotamia. Explica tu respuesta.

	Tecnología	Predicción
Comercio		
Agricultura		
Navegación		
Comunicaciones		

(4) Después de leer el capítulo, regresa a las predicciones que anotaste en la tabla. Encierra en un círculo tus predicciones correctas.

Nombre _____ Clase _____ Fecha _____

Conexión con miHistoria:
Ciro el Grande: El rey del mundo

(1) Piensa en la manera en que conquistó Ciro a los babilonios. ¿Alguna vez has tenido que averiguar la manera de hacer algo que era muy difícil? ¿Cómo resolviste tu problema?

_____

_____

(2) Usa pistas del relato de Ciro e imágenes del capítulo para predecir cómo era la vida en el Creciente Fértil. Escribe tus predicciones en la tabla de abajo.

La vida en el Creciente Fértil
Comunicaciones
Educación
Gobierno
Agricultura

Trabajemos con las palabras

Usa un Banco de palabras Elige una palabra del banco de palabras para llenar el espacio en blanco. Cuando termines, tendrás un resumen corto de las ideas importantes de la sección.

Banco de palabras

Creciente Fértil	irrigar
trueque	zigurats
Mesopotamia	ciudades-estado
politeísmo	cuneiforme

El(la) _____ es una región del Oriente Medio que se

extiende desde el golfo Pérsico hasta el mar Mediterráneo. Esta región

incluye _____, donde se desarrollaron varios estados

independientes conocidos como _____. A medida que estas

comunidades se desarrollaron, los antiguos sumerios usaron la tecnología

para mejorar la agricultura. Aprendieron a _____, o

suministrar agua, a sus cultivos. También intercambiaban bienes sin usar

dinero en un sistema de intercambio conocido como _____.

Los sumerios practicaban el _____, o la creencia en más de

un dios. Para honrar a sus dioses, construyeron templos en forma de

pirámide llamados _____. Los sumerios también

desarrollaron un sistema de escritura en el que los escribas hacían

marcas en forma de cuña sobre arcilla húmeda. Este sistema de

escritura se llamaba _____.

Nombre _____ Clase _____ Fecha _____

Toma notas

Identificar las ideas principales y los detalles Los encabezados de las columnas de la tabla de abajo corresponden a los encabezados de tu libro de texto. Vuelve a leer cada sección. Para cada tema escribe la idea principal y los detalles que la apoyan. Usa lo que has leído sobre la civilización de Sumer para completar la red de conceptos de abajo.

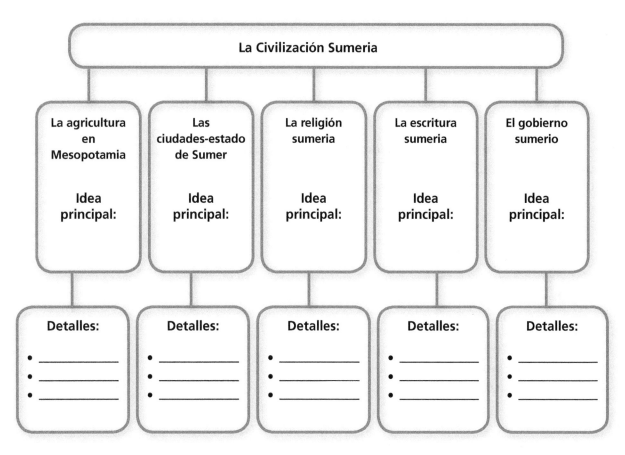

La Civilización Sumeria

La agricultura en Mesopotamia	Las ciudades-estado de Sumer	La religión sumeria	La escritura sumeria	El gobierno sumerio
Idea principal:	Idea principal:	Idea principal:	Idea principal:	Idea principal:
Detalles:	Detalles:	Detalles:	Detalles:	Detalles:

Pregunta esencial

¿Cómo ayudó la tecnología a que se desarrollara la civilización sumeria?

_____

_____

_____

Trabajemos con las palabras

Concurso de vocabulario En algunos concursos se hace una pregunta y se espera que el concursante dé una respuesta. En otros concursos se da la respuesta y el concursante debe proporcionar la pregunta. Si el espacio en blanco se encuentra en la columna de preguntas, escribe la pregunta que resultaría de la respuesta dada. Si se proporciona la pregunta, escribe la respuesta adecuada.

PREGUNTA

(1) ¿Cuál es el término para un estado que contiene varios países o territorios?

(2) ¿Cuál es la frase que se usa para describir una idea o una manera de hacer las cosas que es común en una cultura determinada?

(3) _____

(4) _____

(5) ¿Cuál es la palabra para describir un estado independiente que trabaja con otros estados para lograr un objetivo militar o político común?

RESPUESTA

(1) _____

(2) _____

(3) imperio de la ley

(4) Código de Hammurabi

(5) _____

Nombre _____ Clase _____ Fecha _____

Toma notas

Analizar causa y efecto En esta sección, leíste cómo Sargón formó el primer imperio del mundo. Usa lo que leíste sobre este suceso para completar la tabla de causa y efecto de abajo.

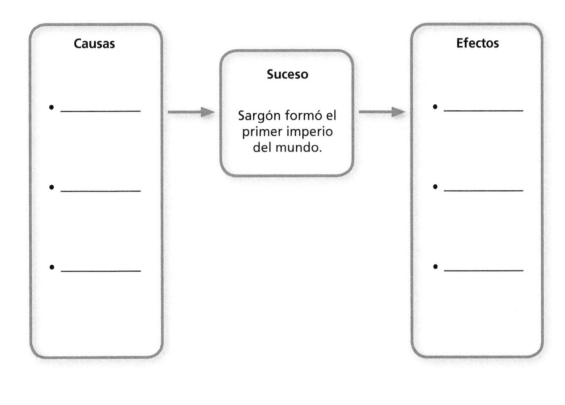

Causas

- _____

- _____

- _____

Suceso

Sargón formó el primer imperio del mundo.

Efectos

- _____

- _____

- _____

 Pregunta esencial

¿Cómo crees que las tecnologías sumerias contribuyeron a la formación y expansión de los imperios posteriores?

_____

_____

_____

Trabajemos con las palabras

Crucigrama Las pistas *horizontal* y *vertical* son las definiciones de los términos clave de esta sección. Llena las casillas *horizontales* enumeradas con los términos clave correctos. Después, haz lo mismo con las pistas *verticales*.

Horizontal	Vertical
2. ejército permanente compuesto por soldados profesionales	1. término para soldados que combaten montados a caballo
4. losa o pilar de piedra tallada	3. pago hecho para mostrar lealtad a un poder mayor
5. dinero	

Nombre _____ Clase _____ Fecha _____

Toma notas

Resumir Usa lo que has leído sobre los imperios Asirio y Persa para anotar las ideas clave de esta sección del capítulo en la tabla de abajo.

Los Imperios Asirio y Caldeo	El ascenso del Imperio Persa	El gobierno y la religión de Persia	Las artes de Mesopotamia
Ideas clave	**Ideas clave**	**Ideas clave**	**Ideas clave**
•	•	•	•
•	•	•	•
•	•	•	•

Pregunta esencial

¿Cómo usaron la tecnología los gobernantes asirios, babilonios y persas para ampliar y unificar sus imperios?

_____

_____

_____

Trabajemos con las palabras

Palabras en contexto Para cada pregunta, escribe una respuesta que muestre tu comprensión del término clave en negritas.

(1) ¿Por qué llevaban los comerciantes fenicios **importaciones** a su patria?

_____

_____

(2) ¿Qué artículos enviaban los comerciantes fenicios como **exportaciones** a otras regiones?

_____

_____

(3) ¿Cómo se volvieron expertos en la **navegación** los marineros fenicios?

_____

_____

(4) ¿Cómo se convirtieron los puestos comerciales fenicios en **colonias**?

_____

_____

(5) ¿Cómo ayudó la **difusión cultural** a preservar el legado de los fenicios?

_____

_____

(6) ¿Cómo simplificó la escritura el **alfabeto** fenicio? _____

_____

_____

Nombre _____ Clase _____ Fecha _____

Toma notas

Resumir Usa el diagrama de flujo de abajo para resumir lo que aprendiste sobre los fenicios.

> **Los fenicios**

> El pueblo fenicio: _____
>
>
>
> Los fenicios y el mar: _____
>
>
>
> El legado de los fenicios: _____

Pregunta esencial

¿Cómo dependía la economía fenicia de la tecnología? _____

_____

_____

? Pregunta esencial Taller del escritor

¿Cuáles son las consecuencias de la tecnología?

Prepárate para escribir

En este capítulo, exploraste la Pregunta esencial en tu texto, en tu cuaderno y en *On Assignment* en myworldhistory.com. Usa tus notas y lo que aprendiste para escribir un ensayo de cinco párrafos que describa cómo contribuyó la tecnología al desarrollo de las civilizaciones en el Creciente Fértil.

Destreza del taller: Haz un esquema del ensayo

Tu ensayo tendrá cinco párrafos: una introducción, tres párrafos de desarrollo y un párrafo de conclusión. Necesitarás llamar la atención de tu lector. También necesitarás crear una tesis.

El gancho Piensa en el papel de la tecnología en el desarrollo del Creciente Fértil. Por ejemplo, la rueda y el descubrimiento del proceso de fabricación del bronce ayudaron a difundir la cultura sumeria. Después, crea un "gancho" para atrapar el interés de tu lector. Por ejemplo, *¿Cómo cambió nuestras vidas la invención de la computadora?* Nota cómo hace que el lector piense en la tecnología. En las líneas de abajo, escribe algunas ideas para generar interés en las tecnologías del Creciente Fértil.

Idea de gancho 1: ¿Qué hubiera sido de Sumer sin la rueda?

Idea de gancho 2: _____

Idea de gancho 3: _____

La tesis Ahora plantea tu tesis, la idea principal de tu ensayo. Debe establecer tres ideas, en forma de oraciones principales, que usarás para apoyar tu posición. Serán el enfoque de tus tres párrafos de desarrollo.

En este caso, la tesis es la última oración de tu introducción. Añade dos de tus propias ideas a la tesis que se muestra abajo.

Ejemplo *La tecnología fue un elemento clave en el desarrollo de las*

civilizaciones antiguas. La rueda y la invención del bronce ayudaron a Sumer

a convertirse en la primera gran civilización. Los imperios posteriores como

el(la) _____ y el(la) _____ se desarrollaron

a partir de los logros sumerios. En la época de los fenicios, el desarrollo de

_____, _____ y _____

hizo que la tecnología fuera necesaria para la supervivencia económica.

La introducción Tu primer párrafo es la introducción. Con ella harás que tus lectores se "enganchen" con el tema y que quieran leer más. La introducción incluye tu gancho y la tesis.

Párrafos de desarrollo Tu ensayo incluirá tres párrafos de desarrollo, cada uno con una oración principal, idea principal, detalles de apoyo y conclusión. Usa la tabla de abajo para armar tus tres párrafos de desarrollo.

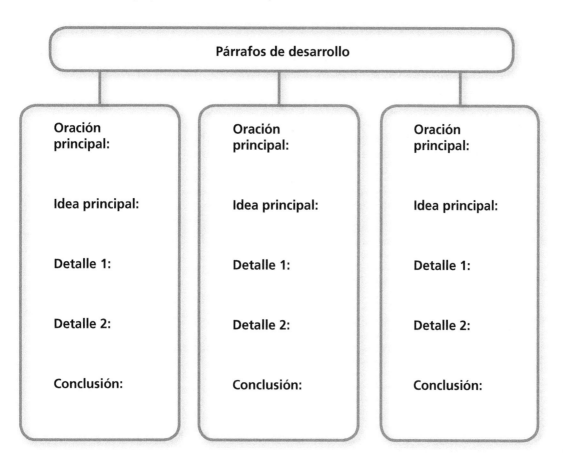

Párrafos de desarrollo

Oración principal:	Oración principal:	Oración principal:
Idea principal:	Idea principal:	Idea principal:
Detalle 1:	Detalle 1:	Detalle 1:
Detalle 2:	Detalle 2:	Detalle 2:
Conclusión:	Conclusión:	Conclusión:

Conclusión Tu último párrafo es tu conclusión, en el que resumes las ideas principales presentadas en tu ensayo. Esta es tu oportunidad de comunicar tu opinión a los lectores. Revisa tus grandes ideas y completa la conclusión de abajo.

Ejemplo *Los ejemplos de los logros sumerios en agricultura y metalistería,*

y el uso de los logros sumerios por parte de los(las) _____,

_____ *y* _____ *muestran cómo se difunde*

la tecnología. El éxito de los fenicios demostró la importancia de

_____ *en un(a)* _____ *creciente.*

Haz un borrador de tu ensayo

Revisa y corrige tu esquema para asegurarte de que presentaste tus pensamientos de manera clara. Luego, escribe tu ensayo y revísalo con un compañero.

Pregunta esencial

?

¿Cuánto influye la geografía en la vida de las personas?

Vistazo previo Antes de comenzar este capítulo, piensa en la Pregunta esencial. Entender cómo se relaciona la Pregunta esencial con tu vida te ayudará a comprender el capítulo que vas a empezar a leer.

Conexión con tu vida

(1) Elige una de las principales características geográficas de tu región, como un río, una montaña o un desierto. En la tabla de abajo, explica cómo podría influir esa característica geográfica en cada categoría que se nombra.

Efectos de la característica geográfica			
Economía	Actividades al aire libre	Clima	Transporte

(2) Piensa por qué lugares con características geográficas similares podrían desarrollarse de forma diferente. Considera otros factores como el gobierno, la historia y la cultura.

_____

_____

Conexión con el capítulo

(3) Dale un vistazo previo al capítulo mirando los títulos, fotografías y gráficas. En la tabla de abajo, predice cómo crees que la geografía influyó en el antiguo Egipto y en Nubia.

Características geográficas del antiguo Egipto y Nubia	Efecto en la cultura y la vida diaria	Efecto en las actividades económicas y el comercio	Efecto en los materiales de construcción
Clima			
Vías fluviales			
Desiertos			

(4) Después de leer el capítulo, encierra en un círculo tus predicciones correctas.

Conexión con miHistoria: Hatshepsut: Tomar el poder con estilo

(1) Hatshepsut construyó monumentos y se vistió con el atuendo tradicional para convencer a su pueblo de que podía ser faraón. Supón que tuvieras que convencer a las personas de que puedes hacer algo extraordinario. ¿Qué harías?

_____

_____

_____

(2) Hatshepsut quería que Egipto fuera poderoso y rico. Para ello, tuvo que inventar maneras de gobernar como mujer. En la tabla de abajo, escribe lo que Hatshepsut hizo como la primera rey mujer de Egipto. Luego, da algunas razones por las que tuvo que actuar como lo hizo.

Acciones de Hatshepsut	Razones de sus acciones

(3) Piensa en los sucesos del relato de Hatshepsut. Luego, escribe tres predicciones sobre cosas que aprenderás acerca de Egipto y Nubia.

_____

_____

_____

_____

Trabajemos con las palabras

Mapa de palabras Sigue el modelo de abajo para hacer un mapa de palabras. El término clave *catarata* se encuentra en el óvalo del centro. Escribe la definición en tus propias palabras arriba a la izquierda. Arriba a la derecha haz una lista de características, es decir, palabras o frases que se relacionen con el término. Abajo a la izquierda haz una lista de lo que no son características, es decir, palabras y frases que no estarían asociadas con el término. Abajo a la derecha haz un dibujo del término clave o escribe una oración.

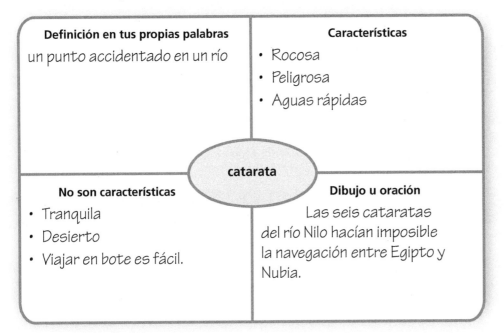

Definición en tus propias palabras
un punto accidentado en un río

Características
- Rocosa
- Peligrosa
- Aguas rápidas

catarata

No son características
- Tranquila
- Desierto
- Viajar en bote es fácil.

Dibujo u oración
Las seis cataratas del río Nilo hacían imposible la navegación entre Egipto y Nubia.

Ahora, usa el mapa de palabras de abajo para explorar el significado de la palabra *faraón*. Puedes usar el libro del estudiante, un diccionario y/o un diccionario de sinónimos para completar cada una de las cuatro secciones.

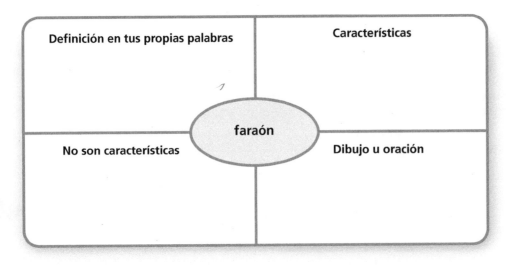

Definición en tus propias palabras

Características

faraón

No son características

Dibujo u oración

Haz tus propios mapas de palabras en hojas de papel separadas para estas palabras: *momia, burocracia, delta, artesano* y *dinastía*.

Nombre _Melissa Zea_   Clase _Word Cultura_ Fecha _October 8_

Toma notas

Identificar las ideas principales y los detalles Usa lo que has leído sobre Egipto y Nubia para completar la tabla. En cada espacio de la parte superior, escribe una idea principal, usando los encabezados en rojo de tu libro de texto. Debajo de cada encabezado escribe por lo menos dos detalles para apoyar la idea principal. Sigue el ejemplo.

El valle del río Nilo	Se desarrolla la civilización	Los imperios de Egipto
Lo atraviesa el río más largo del mundo.	Desarrollo un papel ... en la tierra ... desarrollo de ... su ... economica ... sus metodos de cultivo generaban un superavit, era ...	1) Cataratas del Rio Nilo 2) Imperio Antiguo 3) Anexiones del imperio Medio 4) Expediciones Egypcias 5) Invacion de los Hicsos 6) Relaciones comerciales
Franja de tierra fértil entre desiertos		
Inundación anual		

En la tabla de abajo, usa los encabezados rojos restantes de la sección.

the Word of Nubia   Nubia and Egypt

la tierra de Nubia	Nubia y Eypto	la Civilizacion Nubia
Como Egypto, Nubia tenia una Cultura antigua. Sus Geografias eran similares en algunos aspectos y diferentes en otros.	Nubia era rica en sus recursos, incluido en el oro. Cuando los Egiptos tendrian más oro mas madera y otros recursos podian comprar en el Mediterraneo Oriental	Nubia siguio siendo una civilizacion avanzada por casi mil años despues que perdio Egypto. Desarrollo su propio sistema de Escritura, economia y Gobierno.

Pregunta esencial

¿Qué aspectos de la civilización del antiguo Egipto estaban basados en su geografía?

El comercio es la compra y venta de Vienes y Servicios. el marfil es un Material Blanco y Puro. El comercio creo la Independencia.

Trabajemos con las palabras

Palabras en contexto Para cada pregunta, escribe una respuesta que muestre tu comprensión del término clave en negritas.

1 ¿En qué se diferenciaban los **jeroglíficos** de un alfabeto?

_____

_____

2 ¿De qué se hacía el **papiro** y para qué se usaba?

_____

_____

3 ¿Cómo llegaron a tener los egipcios un buen conocimiento de la **anatomía**?

_____

_____

4 ¿Cómo hacían y usaban las **esculturas** los egipcios?

_____

_____

5 ¿Cuál era el propósito de una **pirámide**?

_____

_____

Nombre _____ Clase _____ Fecha _____

Toma notas

Resumir Usa lo que has leído sobre arte, arquitectura y conocimientos en Egipto para completar la red de conceptos de abajo.

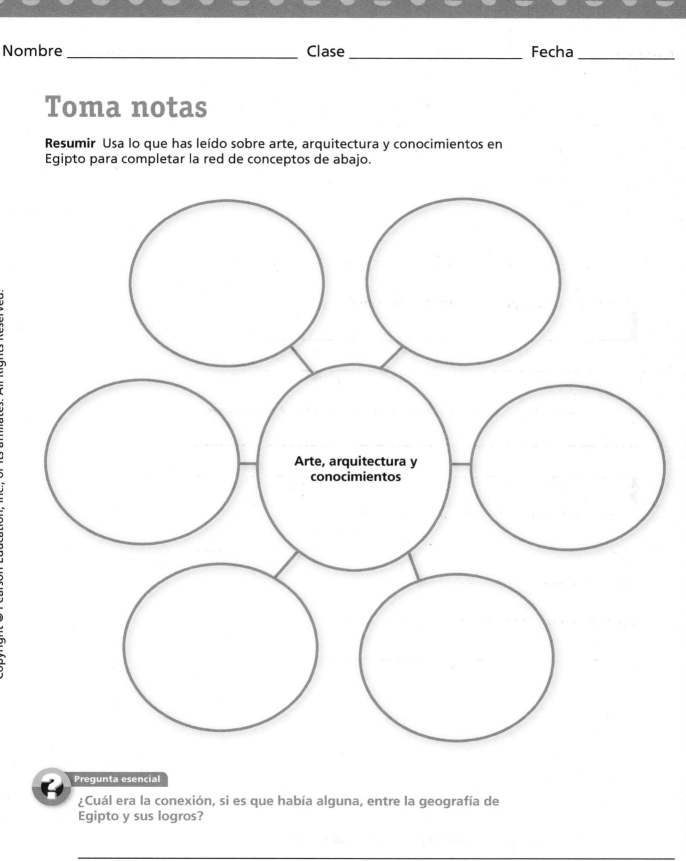

Arte, arquitectura y conocimientos

Pregunta esencial

¿Cuál era la conexión, si es que había alguna, entre la geografía de Egipto y sus logros?

_____

_____

_____

Trabajemos con las palabras

Banco de palabras Elige una palabra del banco de palabras para llenar el espacio en blanco. Cuando termines, tendrás un resumen corto de las ideas importantes de la sección.

Banco de palabras

comercio   ébano
interdependencia   marfil
escritura meroítica

Los egipcios y los nubios se hicieron ricos a través del _____

con otras naciones. Comerciaban colmillos de elefante por su

_____. El marfil, las telas y el oro se comerciaban por una madera

oscura llamado(a) _____. El comercio entre Egipto y Nubia tuvo

como resultado un(a) _____ económica. A medida que los nubios

se volvieron más sofisticados, crearon uno de los primeros alfabetos del

mundo, llamado _____.

Nombre _____ Clase _____ Fecha _____

Toma notas

Analizar causa y efecto Usa lo que has leído sobre Egipto y Nubia para completar la tabla. Donde hay una causa, proporciona el efecto. Para cada causa dada, escribe su efecto. Para cada efecto dado, escribe su causa.

Causa	Efecto
Egipto necesitaba el oro de Nubia y Nubia necesitaba el grano de Egipto. →	
→	Los nubios adoptaron partes de la religión egipcia.
→	Los nubios tuvieron que pagar tributo al faraón egipcio.
Los egipcios destruyeron Napata, la capital de Nubia. →	

Pregunta esencial

Da ejemplos de cómo la geografía ayudó a dar forma a la civilización de Nubia.

_____

_____

_____

? Pregunta esencial   Taller del escritor

¿Cuánto influye la geografía en la vida de las personas?

Prepárate para escribir

En este capítulo, exploraste la Pregunta esencial en tu texto, en tu cuaderno y en *On Assignment* en myworldhistory.com. Usa lo que has aprendido para escribir una introducción y una tesis sobre cuánto influye la geografía en la vida de las personas.

Destreza del taller: Escribe una introducción y una tesis

Primero, repasa los cuatro tipos de ensayo. Después, decide cuál de los cuatro es el que se adapta mejor a las ideas que quieres expresar. ¿Qué tipo de ensayo elegiste?

_____

Desarrolla tu tesis, que es tu respuesta a la Pregunta esencial. Empieza por revisar tus notas. Para ayudarte a decidir si contestas que influye de manera positiva o negativa, en la tabla de abajo haz una lista de razones que apoyen cada posición.

La geografía influye en la vida de las personas de manera positiva porque	La geografía influye en la vida de las personas de manera negativa porque

A continuación, escribe la posición que elegiste junto con las tres razones más importantes que la apoyan. Para cada una de las razones, anota por lo menos un hecho o un ejemplo.

Posición (positiva o negativa)	
Razones que la apoyan	**Hechos y/o ejemplos**

Escribe tu tesis

Tu tesis establece tu posición y tres razones que la apoyan. La tesis será la última oración que escribas en tu párrafo introductorio. Por ejemplo:
La geografía influye en la vida de las personas de manera positiva porque

_____, _____ y _____.

Si tu oración es muy larga, puedes poner tus razones en otra oración. Por ejemplo: *La geografía influye en la vida de las personas de manera positiva. Esto es cierto porque*

_____, _____ y _____.

Ahora escribe tu tesis:

_____

Escribe tu introducción

En un ensayo, el primer párrafo presenta el tema al lector. Una introducción tiene tres partes:

1. Una oración que indica de qué trata el ensayo

Ejemplo *La geografía, sin importar dónde vivimos, influye en nuestra vida*

de manera positiva porque _____.

2. Una indicación de por qué el tema o problema es importante

Ejemplo *Entender la geografía de una zona es esencial para entender*

_____.

3. Una tesis

Escribe tu oración introductoria: _____.

Establece la importancia del asunto: _____.

Escribe tu tesis incluyendo tres argumentos que la apoyen:

_____

_____

_____

Haz un borrador de tu ensayo

Introducción: Vuelve a escribir el párrafo introductorio en tu propio papel.
Párrafos de desarrollo: Desarrolla cada argumento que apoya tu posición en diferentes párrafos. Incluye detalles y ejemplos.
Conclusión: Resume tus argumentos. Cuando termines, revisa y corrige tu ensayo.

Nombre _____ Clase _____ Fecha _____

Pregunta esencial

¿Cómo se relacionan la religión y la cultura?

Vistazo previo Antes de comenzar este capítulo, piensa en la Pregunta esencial. Entender cómo se relaciona la Pregunta esencial con tu vida te ayudará a comprender el capítulo que vas a empezar a leer.

Conexión con tu vida

1. Define la palabra *cultura*. Piensa en las maneras en que una religión que conoces ha influido en la cultura. Luego, completa la tabla de abajo. Escribe el nombre de la religión y lo que observas sobre cada elemento cultural.

Religión		
Elementos de la cultura local	Descripción o ejemplo	Influencia de la religión
Actitud hacia las personas mayores		
Días festivos que se celebran		
Tipos de comida		

2. Explica cómo cambiaría uno de los temas de la tabla si la religión no hubiera influido en él.

_____

_____

Conexión con el capítulo

3. Dale un vistazo previo al capítulo mirando los títulos, fotografías y gráficas. En la tabla de abajo, predice cómo influyó la religión en la cultura del antiguo Israel.

Elementos de la cultura judía	Descripción o ejemplo	Influencia de la religión
Gobierno y gobernantes		
Leyes		
Alimentos		

4. Después de leer el capítulo, mira de nuevo esta tabla. Encierra en un círculo tus predicciones correctas.

Nombre _____ Clase _____ Fecha _____

Conexión con miHistoria:
La historia de Ruth

1 Piensa en alguien que conozcas o sobre quien hayas oído hablar que tenga creencias diferentes a las tuyas. ¿De qué manera las creencias religiosas de esa persona influyen en su cultura?

_____

_____

_____

2 Ruth renunció a su propio pueblo y religión para seguir a Noemí. Para hacer esto debió tener ciertas cualidades. En la primera columna de la tabla de abajo, escribe algunas de las cualidades que le permitieron hacer lo que hizo. En la segunda columna, escribe una acción que muestra cada cualidad. En la tercera columna, escribe los resultados de esas acciones.

Cualidades de Ruth	Acción que muestra la cualidad	Resultados de las acciones de Ruth

3 Piensa en los sucesos del relato de Ruth. Luego, escribe dos predicciones sobre cosas que aprenderás acerca de los antiguos israelitas y su religión, el judaísmo.

_____

_____

_____

Nombre _____ Clase _____ Fecha _____

Trabajemos con las palabras

Banco de palabras Elige una palabra del banco de palabras para llenar el espacio en blanco. Cuando termines, tendrás un resumen corto de las ideas importantes de la sección.

Banco de palabras

mandamientos	monoteísmo	Éxodo
ética	alianza	Torá

A diferencia de otras religiones que se originaron en el Creciente Fértil,

el judaísmo es la creencia en un solo Dios, o _____.

Los primeros cinco libros de la Biblia, llamados _____, dicen

cómo comenzó el judaísmo. Estos libros describen que Dios dijo a los israelitas

que practicaran el comportamiento correcto, o _____.

La Torá dice que Dios estableció un(a) _____ con Abraham, a

quien los judíos consideran el fundador de su religión. Según la Biblia, los

israelitas fueron a Egipto, donde se convirtieron en esclavos. Moisés fue su

líder y los ayudó a escapar de la esclavitud en un evento llamado el(la)

_____. La Biblia describe cómo Dios le dijo a Moisés que

diera a los israelitas diez _____ para enseñarles cómo actuar

hacia Dios y los demás.

Nombre _____ Clase _____ Fecha _____

Toma notas

Resumir En esta sección aprendiste sobre Abraham, el Éxodo, los Diez Mandamientos y el regreso a la Tierra Prometida. Usa lo que has leído para completar la tabla de abajo. En cada casilla debajo, resume la información de la parte de la sección que está debajo de ese encabezado.

La adoración de un Dios	El Éxodo	Los Diez Mandamientos	Regreso a la Tierra Prometida

Pregunta esencial

Explica cómo contribuyó la religión a formar la cultura de los antiguos israelitas, según se presenta en la Biblia hebrea.

_____

_____

_____

Trabajemos con las palabras

Concurso de vocabulario En algunos concursos se hace una pregunta y se espera que el concursante dé una respuesta. En otros concursos se da la respuesta y el concursante debe proporcionar la pregunta. Si el espacio en blanco se encuentra en la columna de preguntas, escribe la pregunta que resultaría de la respuesta dada. Si se proporciona la pregunta, escribe la respuesta adecuada.

PREGUNTA	RESPUESTA
(1) _____	(1) Escritura
(2) ¿Cómo se le llama a una persona que ha sido elegida por Dios como mensajero para enseñar la verdad a las personas?	(2) _____
(3) _____	(3) rabino
(4) ¿Cuál es el nombre de un conjunto de enseñanzas orales y comentarios sobre la Biblia y la ley judía?	(4) _____
(5) _____	(5) rectitud
(6) ¿Cuál es otra palabra para el trato equitativo para todos?	(6) _____
(7) _____	(7) sabbat

Nombre _____ Clase _____ Fecha _____

Toma notas

Analizar causa y efecto Usa lo que has leído sobre el judaísmo para completar la tabla de abajo. En cada casilla de la izquierda, verás un tipo de escritura religiosa judía. En cada casilla de la derecha, escribe las maneras en que ese conjunto de escritos influyó en las creencias judías.

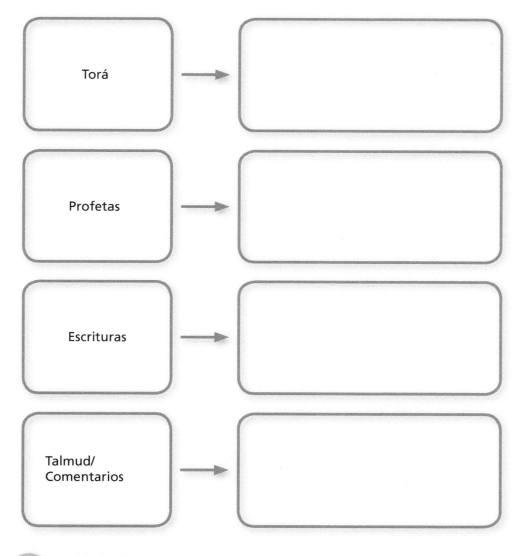

Torá →

Profetas →

Escrituras →

Talmud/ Comentarios →

? **Pregunta esencial**

Da ejemplos de maneras en las que el judaísmo como religión ha dado forma a la cultura judía.

_____

_____

_____

Trabajemos con las palabras

En contexto Para cada pregunta, escribe una respuesta que muestre tu comprensión del término clave en negritas.

1 ¿Para qué se usa una **sinagoga**?

_____

_____

_____

2 ¿Cuáles fueron las causas originales de la **diáspora**?

_____

_____

_____

3 ¿Qué imperio puso fin al **exilio** en Babilonia y permitió que los judíos regresaran a su patria? ¿Cuáles fueron algunos resultados del regreso?

_____

_____

_____

4 ¿Qué papel desempeñaron los **jueces** entre los israelitas, según la Biblia?

_____

_____

_____

Nombre _____ Clase _____ Fecha _____

Toma notas

Secuencia Usa lo que has leído sobre el pueblo judío para completar la línea cronológica de abajo. En cada casilla, escribe el suceso que ocurrió en esa fecha.

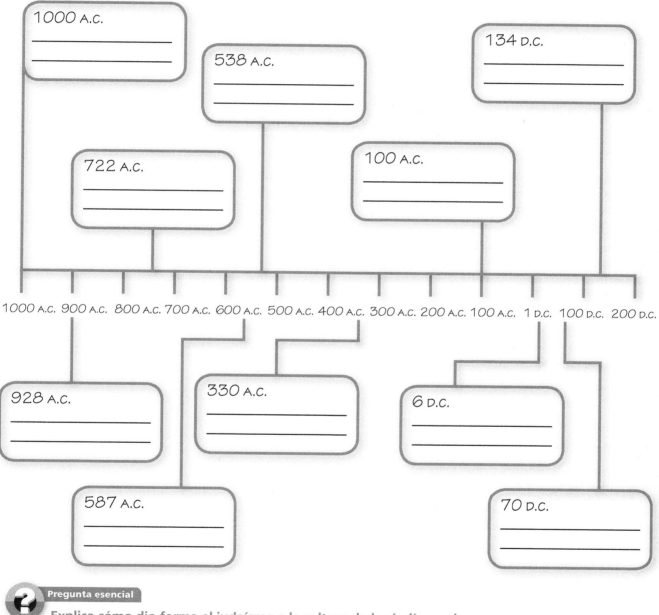

1000 A.C.
_____
_____

538 A.C.
_____
_____

134 D.C.
_____
_____

722 A.C.
_____
_____

100 A.C.
_____
_____

1000 A.C. 900 A.C. 800 A.C. 700 A.C. 600 A.C. 500 A.C. 400 A.C. 300 A.C. 200 A.C. 100 A.C. 1 D.C. 100 D.C. 200 D.C.

928 A.C.
_____
_____

330 A.C.
_____
_____

6 D.C.
_____
_____

587 A.C.
_____
_____

70 D.C.
_____
_____

Pregunta esencial

Explica cómo dio forma el judaísmo a la cultura de los judíos en la diáspora.

_____

_____

_____

Nombre _____ Clase _____ Fecha _____

¿Cómo se relacionan la religión y la cultura?

Prepárate para escribir

En este capítulo, exploraste la Pregunta esencial en tu texto, en tu cuaderno y en *On Assignment* en myworldhistory.com. Usa lo que has aprendido para escribir un ensayo sobre cómo la religión influyó en la cultura judía.

Destreza del taller: Escribir párrafos de desarrollo

Repasa cómo hacer un esquema de tu ensayo y escribe una introducción. Redacta el punto principal que quieras presentar en tu ensayo como la tesis. Por ejemplo: *El judaísmo ha tenido una gran influencia en la cultura judía.*

En esta lección aprenderás cómo escribir párrafos de desarrollo. Cada párrafo deberá desarrollar una de las ideas que escribiste en la introducción que apoya tu tesis. Cada uno amplía la idea dando detalles o evidencia.

Escribe una oración principal Empieza cada párrafo con una oración principal. Una oración principal debe expresar claramente la idea principal del párrafo de desarrollo, conectar esa idea con la tesis del ensayo y proporcionar una transición del párrafo previo.

Apoya la oración principal con comentarios y hechos Después de tu oración principal, debes explicar y apoyar tu punto con comentarios y detalles. Las oraciones de comentarios conectan y explican tu punto principal y los detalles de apoyo. Los detalles de apoyo son los hechos reales.

Termina con una conclusión Termina tu párrafo con una oración que refleje tu oración principal y que una los comentarios y los detalles.

Éste es un ejemplo de un párrafo de desarrollo:

Ejemplo de oración principal El pueblo judío valora el aprendizaje.

Comentario de apoyo Como la Biblia hebrea y el Talmud son fundamentales para el judaísmo, a los judíos les interesa estudiarlos.

Detalle de apoyo El Talmud se escribió a lo largo de muchos siglos a medida que los eruditos estudiaban la Biblia.

Comentario de apoyo Las personas siguen estudiando el Talmud hoy en día, escribiendo y comentando sobre él y la Biblia.

Conclusión Como los judíos valoran estos textos, el pueblo judío a menudo aprende a leerlos en los idiomas en que se escribieron originalmente.

Oración principal

_____

_____

Comentario de apoyo

_____

_____

_____

Detalle de apoyo

_____

_____

_____

Detalle de apoyo

_____

_____

_____

Comentario de apoyo

_____

_____

_____

Conclusión

_____

_____

Haz un borrador de tu ensayo

Usa los párrafos de desarrollo que aparecen arriba en tu ensayo final.
Escríbelo en tu propio papel. Asegúrate de que cada párrafo de desarrollo
tenga una oración principal, detalles de apoyo y una conclusión.

¡Lugares por conocer!

Destreza: Mapas Usa los mapas de esta unidad para identificar los ¡Lugares por conocer! en el croquis. Escribe junto al nombre de cada lugar que está abajo, la letra que indica su ubicación en el mapa.

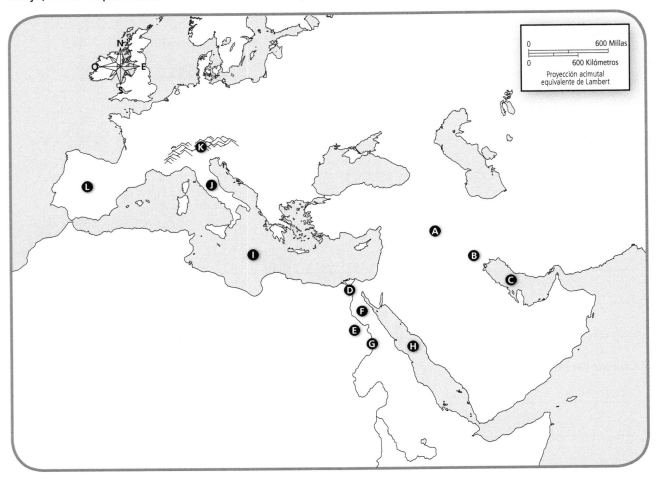

_____ Golfo Pérsico

_____ Desierto oriental

_____ río Nilo

_____ mar Rojo

_____ mar Mediterráneo

_____ Península Ibérica

_____ Alpes

_____ Mesopotamia

_____ Sumeria

_____ Bajo Egipto

_____ Alto Egipto

_____ Italia

Nombre _____ Clase _____ Fecha _____

Sucesos clave

Línea cronológica Usa lo que has leído sobre el antiguo Oriente Próximo para completar la línea cronológica de abajo. Dibuja una línea desde cada suceso hasta su posición correcta en la línea cronológica. Luego, escribe una breve descripción de cada suceso.

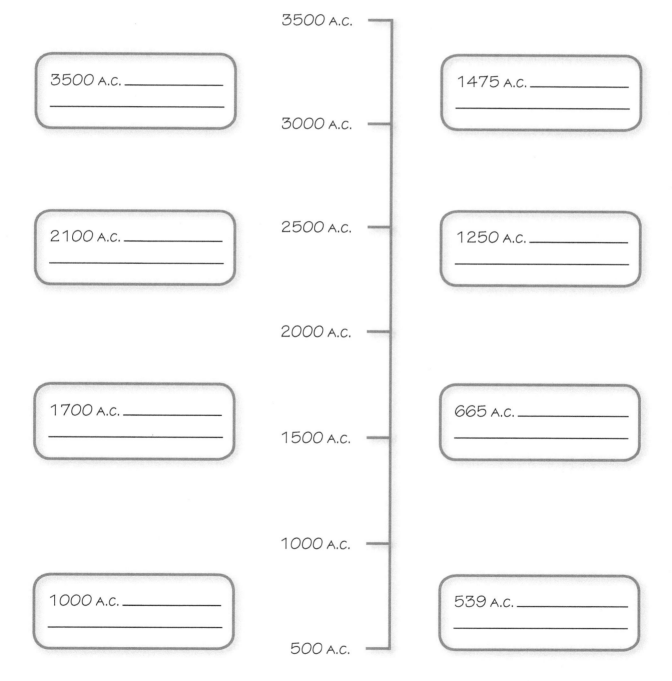

3500 A.C. _____

1475 A.C. _____

2100 A.C. _____

1250 A.C. _____

1700 A.C. _____

665 A.C. _____

1000 A.C. _____

539 A.C. _____

3500 A.C.

3000 A.C.

2500 A.C.

2000 A.C.

1500 A.C.

1000 A.C.

500 A.C.

❓ Pregunta esencial

¿Cuánto influye la geografía en la vida de las personas?

Vistazo previo Antes de comenzar este capítulo, piensa en la Pregunta esencial. Entender cómo se relaciona la Pregunta esencial con tu vida te ayudará a comprender el capítulo que vas a empezar a leer.

Conexión con tu vida

1. Piensa en el clima y las características físicas de tu comunidad. Descríbelos abajo.

   Clima: _____

   Vías fluviales: _____

   Paisaje: _____

2. Ahora considera cómo estas características geográficas influyen en las actividades económicas y los tipos de deportes y recreación de tu comunidad. Completa la tabla siguiente con tus ideas.

Características geográficas	Efecto de las características geográficas en las actividades económicas	Efecto de las características geográficas en la recreación y los deportes
Clima		
Vías fluviales		
Paisaje/Recursos		

Conexión con el capítulo

3. Dale un vistazo previo al capítulo mirando los títulos, fotografías y gráficas. En la tabla de abajo, escribe cómo crees que la geografía influyó en la civilización del valle del Indo.

Características geográficas del valle del Indo	Efecto en las personas	Efecto en las actividades económicas y el comercio	Efecto en los materiales de construcción
Clima			
Vías fluviales			
Paisaje/Recursos			

4. Después de leer el capítulo, regresa a esta página. Encierra en un círculo tus predicciones correctas.

Nombre _____ Clase _____ Fecha _____

Conexión con miHistoria: Amala y Trijata

(1) ¿Depende el bienestar de tu familia de un clima o lluvia constante? Explica por qué.

_____

_____

_____

(2) ¿De qué suceso climático depende la familia de Amala?

_____

(3) ¿Qué le sucederá a la familia de Amala si no ocurre este suceso climático? Escribe por lo menos dos predicciones.

_____

_____

(4) En el diagrama de abajo, escribe tres detalles que el relato proporciona sobre el río Ganges.

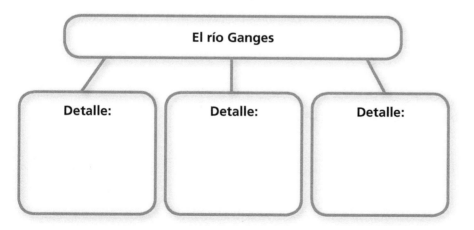

El río Ganges

Detalle:

Detalle:

Detalle:

(5) ¿Qué tan importante crees que es el río Ganges para la India en la actualidad? Proporciona razones para tu respuesta.

_____

_____

Nombre _____ Clase _____ Fecha _____

Trabajemos con las palabras

Concurso de vocabulario En algunos concursos se hace una pregunta y se espera que el concursante dé una respuesta. En otros concursos se da la respuesta y el concursante debe proporcionar la pregunta. Si el espacio en blanco se encuentra en la columna de preguntas, escribe la pregunta que resultaría de la respuesta dada. Si se proporciona la pregunta, escribe la respuesta adecuada.

PREGUNTA

1. _____

2. _____

3. ¿Cuál es el nombre que se le da a un territorio amplio que se distingue del continente al que pertenece?

4. _____

5. ¿Dónde se almacenaban los granos excedentes en las ciudades del valle del Indo?

RESPUESTA

1. monzón

2. sistema fluvial

3. _____

4. ciudadela

5. _____

Nombre _____ Clase _____ Fecha _____

Toma notas

Identificar las ideas principales y los detalles Los temas del diagrama de abajo corresponden a los encabezados de la Sección 1. Vuelve a leer la sección. Usa lo que has leído sobre la civilización del valle del Indo para completar el diagrama. Para cada tema, escribe la idea principal y los detalles que la apoyan.

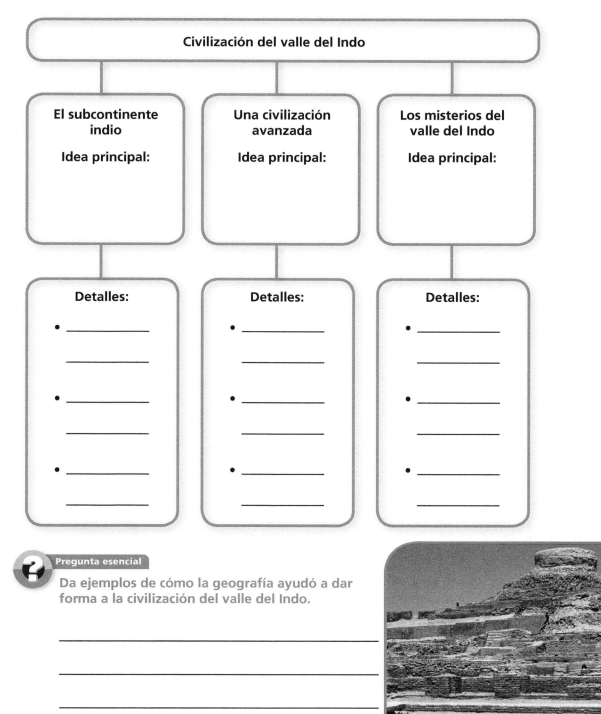

Civilización del valle del Indo

El subcontinente indio	Una civilización avanzada	Los misterios del valle del Indo
Idea principal:	**Idea principal:**	**Idea principal:**

Detalles:
- _____
- _____
- _____

Detalles:
- _____
- _____

Detalles:
- _____
- _____

Pregunta esencial

Da ejemplos de cómo la geografía ayudó a dar forma a la civilización del valle del Indo.

_____

_____

_____

Trabajemos con las palabras

Constructor de oraciones Completa las oraciones siguientes con un término clave de esta sección. Tal vez tengas que cambiar la forma de las palabras para completar las oraciones.

Banco de palabras

Vedas	casta
brahmanes	chatrías
vaishias	sudrás
dalits	

(1) En el sistema de castas, a las personas que cultivaban y realizaban otros tipos de trabajo manual se les conocía como _____

_____

(2) Los terratenientes, banqueros y comerciantes son ocupaciones que describen la varna _____

(3) La colección de himnos sagrados compuestos por los arios son los(las)

_____

(4) Una clase social fija en la que nace una persona se llama _____

_____

(5) Las personas que tenían que hacer los trabajos sucios que nadie más quería hacer estaban en una casta llamada los(las) _____

(6) La varna más alta estaba formada por sacerdotes llamados _____

_____

(7) En el sistema de castas, los gobernantes y guerreros constituían el segundo varna más alto, los/las _____

Nombre _____ Clase _____ Fecha _____

Toma notas

Resumir Usa lo que has leído para completar las ideas clave de la Sección 2 en los lugares correctos abajo. Luego, usa las ideas clave para escribir un resumen de una oración sobre el período védico de la India.

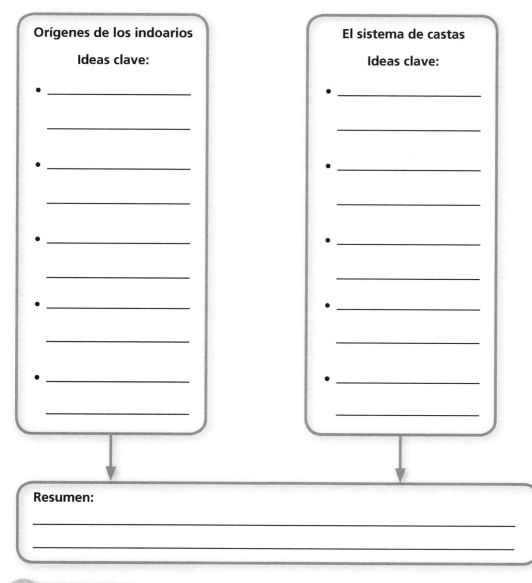

Orígenes de los indoarios

Ideas clave:

- _____
  _____

- _____
  _____

- _____
  _____

- _____
  _____

- _____
  _____

El sistema de castas

Ideas clave:

- _____
  _____

- _____
  _____

- _____
  _____

- _____
  _____

Resumen:
_____
_____

? Pregunta esencial

¿Cómo cambió la vida de los arios a medida que se trasladaron de los pastizales secos al oeste del río Indo hasta la húmeda llanura del Ganges?

_____

_____

_____

Trabajemos con las palabras

Palabras en contexto Para cada pregunta, escribe una respuesta que muestre tu comprensión del término clave en negritas.

1. ¿En qué se basaba el **brahmanismo**? _____

_____

2. ¿Cómo fueron los **gurús** y sus alumnos en un sentido los fundadores del

hinduismo? _____

_____

3. ¿Cómo consideran los hinduistas a **Brahman**? _____

_____

4. Según el hinduismo, ¿qué pasa con el alma de uno cuando experimenta

la **reencarnación**? _____

_____

5. ¿Qué resultado da el buen **karma**? _____

_____

6. ¿Qué significa seguir el **dharma** de uno? _____

_____

7. ¿Cómo está incluida la regla del **ahimsa** en el dharma? _____

_____

8. ¿Qué sucede cuando una persona alcanza el **moksha**? _____

_____

Nombre _____ Clase _____ Fecha _____

Toma notas

Secuencia Usa el siguiente diagrama para mostrar cómo cambió el brahmanismo para convertirse en hinduismo. En las casillas de la izquierda, anota características del brahmanismo. En las casillas de la derecha, anota características del hinduismo. Completa la casilla que sigue con creencias hinduistas.

Del brahmanismo al hinduismo

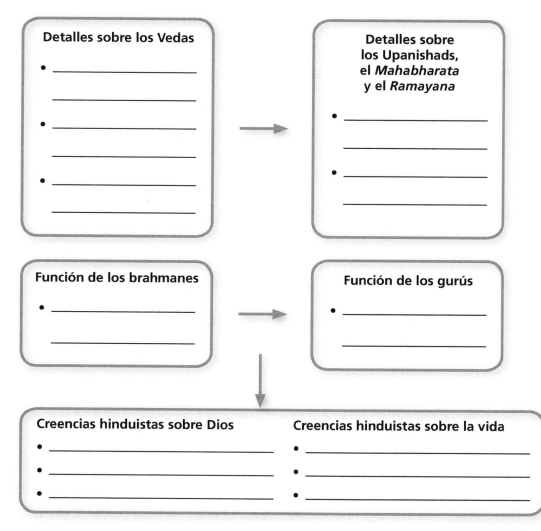

Detalles sobre los Vedas
- _____
  _____
- _____
  _____
- _____
  _____

Detalles sobre los Upanishads, el *Mahabharata* y el *Ramayana*
- _____
  _____
- _____
  _____

Función de los brahmanes
- _____
  _____

Función de los gurús
- _____
  _____

Creencias hinduistas sobre Dios
- _____
- _____
- _____

Creencias hinduistas sobre la vida
- _____
- _____
- _____

Pregunta esencial

¿Cuánta importancia tiene la geografía de la India para las creencias del hinduismo?

_____

_____

_____

Nombre _____ Clase _____ Fecha _____

Trabajemos con las palabras

Usa un Banco de palabras Elige una palabra del banco de palabras para llenar los espacios en blanco. Cuando termines, tendrás un resumen corto de las ideas importantes de la sección.

Banco de palabras

nirvana   budismo mahayana

meditar   budismo teravada

monasterio   iluminación

Siddhartha Gautama primero estudió con los gurús hindúes. Luego viajó con ascetas religiosos durante cinco años. Finalmente, Siddharta se sentó bajo una higuera a _____. Quería encontrar la verdad acerca de la vida, el sufrimiento y la muerte. Después de 49 días, Siddharta entró en una nueva vida libre del sufrimiento y alcanzó la(el) _____, un estado de perfecta sabiduría. El Buda descubrió las Cuatro Nobles Verdades y enseñó el Camino Óctuple como una forma de llegar al _____. Los seguidores más devotos de Buda eligieron vivir con otros en un(una) _____, donde tenían tiempo para estudiar y meditar. A medida que se difundió el budismo, sus seguidores se dividieron en dos ramas principales. Los seguidores de la secta _____ se concentran en la sabiduría y la iluminación del Buda. Los seguidores de la secta _____ creen que el mayor logro del Buda fue regresar del nirvana por compasión para ayudar a otros.

Nombre _____ Clase _____ Fecha _____

Toma notas

Comparar y contrastar En el lado izquierdo del diagrama, anota las creencias budistas. En el lado derecho, anota las creencias hinduistas. Identifica las creencias que coinciden en la sección "Ambos" del diagrama.

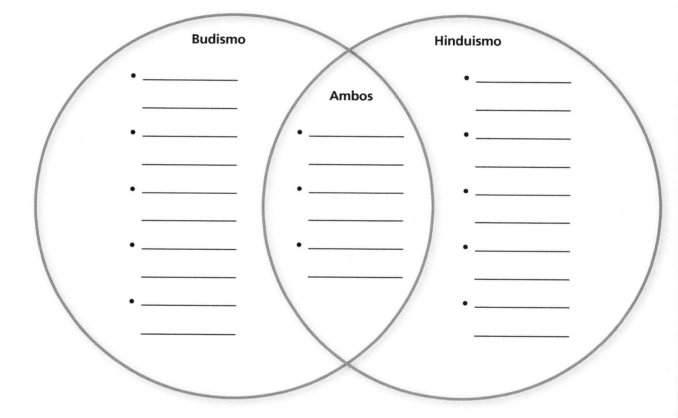

Budismo

- _____
  _____
- _____
  _____
- _____
  _____
- _____
  _____
- _____
  _____

Ambos

- _____
  _____
- _____
  _____
- _____
  _____

Hinduismo

- _____
  _____
- _____
  _____
- _____
  _____
- _____
  _____

Pregunta esencial

¿Influyó la geografía en la difusión del budismo? Si fue así, ¿cómo influyó?

_____

_____

_____

87

? Pregunta esencial Taller del escritor

¿Cuánto influye la geografía en la vida de las personas?

Prepárate para escribir

En este capítulo, exploraste la Pregunta esencial en tu texto, en tu cuaderno y en *On Assignment* en myworldhistory.com. Usa lo que has aprendido para escribir un ensayo sobre el papel de la geografía en el desarrollo de la civilización de la antigua India. Podrías mencionar lo siguiente: los valles de los ríos que contribuyeron a la agricultura, las cadenas montañosas y las masas de agua que contribuyeron a los intercambios culturales y al comercio o los obstaculizaron, los sucesos climáticos que influyeron en la vida y las características físicas que se incorporaron a la religión. También podrías mencionar aspectos de la civilización de la antigua India que tuvieron poca relación con su geografía.

Destreza del taller: Escribir una conclusión

Repasa cómo hacer un borrador de un ensayo. Hacer un borrador requiere una tesis, una introducción, tres párrafos de desarrollo y una conclusión. La conclusión completa y da coherencia a todos los elementos del ensayo.

Escribir una buena conclusión requiere pensar y esforzarse. Recuerda, es la última impresión que tu ensayo proporciona a tus lectores.

Prepárate para escribir tu conclusión Antes de escribir tu conclusión, vuelve a leer tu ensayo. Piensa en tu tesis, incluidas las ideas principales y los detalles que las apoyan.

Usa una lista de verificación Cuando estés listo para escribir tu conclusión, hazlo de una manera organizada. Sigue una lista de verificación como la que se muestra abajo. A medida que termines cada tarea, táchala de tu lista.

_____ Escribe una oración principal para recordarle al lector la idea principal de tu ensayo.

_____ Resume las ideas más importantes.

_____ Vuelve a expresar tu tesis de una manera que sea diferente a la de tu introducción.

_____ Escribe una oración de conclusión.

¿Qué hace que una conclusión sea fuerte? Una conclusión fuerte debe unir los diferentes elementos de tu ensayo. Debe darle al lector la impresión de que todo cuadra y tiene sentido.

Muestra de conclusión Aquí hay unas oraciones de muestra que se pueden usar para formar una conclusión coherente.

- Muestra de una oración principal: Muchos factores contribuyeron al surgimiento de la civilización de la India.

- Muestra de una idea importante: Las inundaciones en el valle del Indo y la llanura del Ganges permitieron a los agricultores producir abundantes cultivos.

- Muestra de volver a expresar la tesis: La geografía dio forma a algunos, pero no a todos, los aspectos de la antigua civilización india.

- Muestra de una oración de conclusión: La antigua civilización india se vio moldeada, pero no estuvo limitada por su geografía.

Escribe tu conclusión

Ahora escribe tu propio párrafo de conclusión para tu ensayo.

Oración principal _____

_____

Resumen de una idea importante _____

_____

Resumen de otra idea importante _____

_____

Resumen de una idea importante _____

_____

Vuelve a expresar tu tesis _____

_____

Oración de conclusión _____

_____

Haz un borrador de tu ensayo

Usa el párrafo de conclusión de arriba para completar tu ensayo. Escribe tu ensayo en otra hoja de papel.

? Pregunta esencial

¿Cómo se relacionan la religión y la cultura?

Vistazo previo Antes de comenzar este capítulo, piensa en la Pregunta esencial. Entender cómo se relaciona la Pregunta esencial con tu vida te ayudará a comprender el capítulo que vas a empezar a leer.

Conexión con tu vida

(1) Define *cultura*. ¿Qué elementos se incluyen en una cultura?

_____

_____

(2) En la tabla de abajo, describe o da ejemplos de elementos de la cultura de tu comunidad. Luego anota si la religión influye en estos elementos y cómo influye en ellos.

Elementos de la cultura de tu comunidad	Descripción o ejemplo	Influencia de la religión
Papeles de hombres y mujeres		
Días festivos que se celebran		
Tipos de comida		

Conexión con el capítulo

(3) Dale un vistazo previo al capítulo mirando los títulos, fotografías y gráficas. En la tabla de abajo, escribe tu predicción sobre cómo crees que la religión influyó en las culturas de la India Maurya y Gupta.

Elementos de las culturas Maurya y Gupta de la India	Descripción o ejemplo	Influencia de la religión
Gobernantes		
Leyes		
Música		

(4) Después de leer el capítulo, regresa a esta página. Encierra en un círculo tus predicciones correctas.

Conexión con miHistoria: El emperador Asoka y el regalo de tierra

1 ¿Cuál fue un momento decisivo en tu vida o en la historia de los Estados Unidos?

_____

_____

2 ¿Por qué fue la batalla de Kalinga un momento decisivo para Asoka?

_____

_____

3 En el diagrama de abajo, identifica cinco acciones de Asoka después de que se dedicó al budismo.

Acciones de Asoka

Trabajemos con las palabras

Constructor de oraciones Completa las oraciones siguientes con un término clave de esta sección. Tal vez tengas que cambiar la forma de las palabras para completar las oraciones.

Banco de palabras

estrategia	provincia
burocracia	súbdito
tolerancia	

1 La buena voluntad de Asoka de respetar las diferentes creencias y

costumbres se conoce como _____.

2 Chandragupta estableció una gran red de espionaje y no concedía

el derecho a la privacidad ni a la libertad de expresión a sus

_____.

3 Chandragupta resolvió el problema de gobernar una extensa área al

dividir su imperio en cuatro regiones y _____ más pequeñas.

4 Atacar las fronteras de Magadha desde el noroeste y luego conquistar

otros reinos era la _____ a largo

plazo de Kautilya y Chandragupta.

5 Los funcionarios designados en cada región, provincia y aldea llevaban

a cabo las órdenes del emperador en la _____

del gobierno Maurya.

Nombre _____ Clase _____ Fecha _____

Toma notas

Analizar causa y efecto Usa lo que has leído sobre el Imperio Maurya para completar la actividad de abajo. Para cada causa dada, escribe su efecto o efectos.

1. Causa: Los griegos invaden la India y se divide el subcontinente en muchos reinos.

1. Efecto(s): _____

2. Causa: Chandragupta tiene que gobernar un área extensa que tiene muchas necesidades.

2. Efecto(s): _____

3. Causa: Chandragupta debe mantener un gran ejército y un estilo de vida costoso.

3. Efecto(s): _____

4. Causa: Chandragupta vive en constante temor de sus enemigos.

4. Efecto(s): _____

5. Causa: El reino de Kalinga se resiste a la conquista de Asoka.

5. Efecto(s): _____

6. Causa: Asoka está conmocionado por el sufrimiento en la batalla de Kalinga.

6. Efecto(s): _____

Pregunta esencial

¿Qué impacto tuvo la religión en el Imperio Maurya?

_____

_____

_____

Trabajemos con las palabras

Concurso de vocabulario En algunos concursos se hace una pregunta y se espera que el concursante dé una respuesta. En otros concursos se da la respuesta y el concursante debe proporcionar la pregunta. Si el espacio en blanco se encuentra en la columna de preguntas, escribe la pregunta que resultaría de la respuesta dada. Si se proporciona la pregunta, escribe la respuesta adecuada.

PREGUNTA

1 _____

2 _____

3 ¿Cuál es el sistema para contar basado en unidades de diez?

4 _____

RESPUESTA

1 ciudadanía

2 número

3 _____

4 metalurgia

Nombre _____ Clase _____ Fecha _____

Toma notas

Resumir Usa lo que has leído para completar las ideas clave de la Sección 2 en los lugares correctos. Luego, usa las ideas clave para escribir un resumen de una oración sobre el Imperio Gupta.

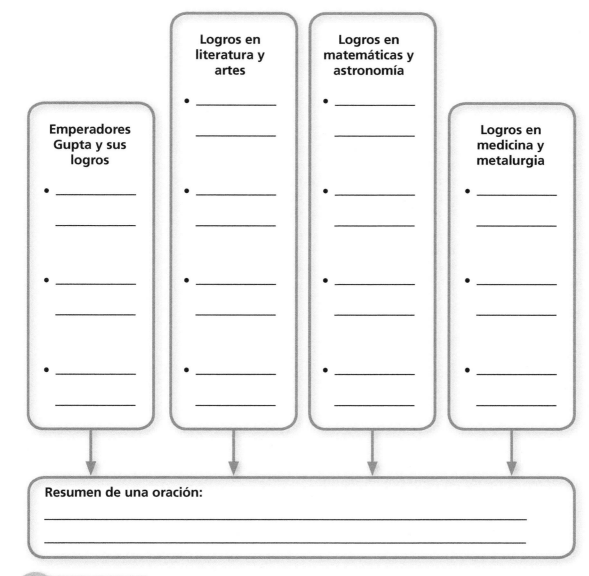

Emperadores Gupta y sus logros

- _____
  _____

- _____
  _____

- _____
  _____

Logros en literatura y artes

- _____
  _____

- _____
  _____

- _____
  _____

Logros en matemáticas y astronomía

- _____
  _____

- _____
  _____

- _____
  _____

Logros en medicina y metalurgia

- _____
  _____

- _____
  _____

- _____
  _____

Resumen de una oración:
_____
_____

? Pregunta esencial

¿Qué aspectos de la civilización Gupta estaban relacionados con la religión? ¿Cuáles no lo estaban?

_____
_____
_____

Pregunta esencial   Taller del escritor

¿Cómo se relacionan la religión y la cultura?

Prepárate para escribir

En este capítulo, has explorado la Pregunta esencial en tu texto, en tu cuaderno y en *On Assignment* en myworldhistory.com. Usa lo que has aprendido para escribir un ensayo sobre la relación entre la religión y la cultura en la India Maurya y Gupta.

Destreza del taller: Revisa tu ensayo

Este taller se centra en la revisión de tu ensayo. Repasa los cuatro pasos del proceso de escritura: (1) preparar la escritura (2) hacer un borrador (3) revisar y (4) presentar. Ya preparaste la escritura e hiciste un borrador de tu ensayo. Durante la etapa de revisión, revisas tu trabajo para asegurarte que tus ideas sean claras para tus lectores. Pocas personas hacen todo bien la primera vez. Después de escribir tu primer borrador, es momento de revisarlo.

Usa una lista de verificación La revisión requiere ver el ensayo como un todo. También implica ver cuidadosamente cada párrafo y oración. Sigue esta lista de verificación para revisar tu ensayo de una manera organizada. A medida que termines cada tarea, táchala de tu lista.

Introducción y tesis

_____ Mi introducción es interesante y fácil de entender.

_____ Mi tesis es clara y lo suficientemente amplia como para apoyar muchos detalles.

Párrafos

_____ Cada párrafo tiene una idea principal y varios detalles de apoyo.

_____ Las transiciones entre los párrafos tienen sentido.

_____ Mi conclusión está basada en la información de mi ensayo.

Estructura de la oración

_____ Cada oración tiene un sujeto (o un sujeto implícito) y un verbo.

_____ Mis oraciones son variadas en longitud y tipo.

Revisa cada párrafo

_____ Mis oraciones no tienen errores gramaticales, de puntuación ni en el uso de las mayúsculas.

Signos de corrección

C̲̲ mayúscula

ℓ borrar

ro^c a añadir

ℓ̷ minúscula

∧ coma

⊙ punto

Aquí hay una muestra de un párrafo corto que ha sido corregido. También se han hecho cambios para aumentar la variedad de oraciones.

Cuando pensamos en el arte religioso, a menudo pensamos en pinturas o

esculturas. En la India, sin embargo un tipo especial de danza llamado
               ∧

Kuchipudi expresaba la devoción religiosa. es una forma de danza basada
                                          ≡

en relato de la religión hindú. Al principio los artistas eran hombres.
       s∧   ∧

Con el tiempo las mujeres recibieron formación en el arte. Las danzas son
           ∧   , pero

increíblemente E̷legantes. Son difíciles de dominar. En una, el danzante se
                              ∧
                                          mente
para en un disco de bronce, dando vueltas rápida en el borde, mientras
                                           ∧

balancea un jarro de agua sobre su cabeza.

Ahora revisa el siguiente párrafo. Usa los signos de corrección para corregir los errores en las mayúsculas, en la puntuación y en la ortografía.

La arquetectura budista comenzó durante el reinado de asoka. Él

ordenó la construcción de enormes pilares, los mensajes en los pillares

alentaban a las personas a llevar una vida moral. Asoka también fue

responsable de la construcción de enormes *stupas*. Estos montículos de

ladrillos honraban al buda. En la india occidental, las *stupas* se tallaron en

la roca de la ladera de la montaña.

Nombre _____ Clase _____ Fecha _____

? Pregunta esencial

¿Cuánto influye la geografía en la vida de las personas?

Vistazo previo Antes de comenzar este capítulo, piensa en la Pregunta esencial. Entender cómo se relaciona la Pregunta esencial con tu vida te ayudará a comprender el capítulo que vas a empezar a leer.

Conexión con tu vida

(1) Imagina que eres un artista y te han pedido que pintes un paisaje de tu comunidad. ¿Qué características físicas incluiría este paisaje?

_____

_____

(2) Piensa cómo las características geográficas influyen en los tipos de trabajos y las personas en tu comunidad. Llena la tabla de abajo con tus ideas.

Características geográficas	Efectos de las características geográficas en los trabajos	Efectos de las características geográficas en la población
Clima		
Vías fluviales		
Paisaje/Recursos		

Conexión con el capítulo

(3) Dale un vistazo previo al capítulo mirando los títulos, fotografías y gráficas. En la tabla de abajo, escribe cómo crees que la geografía influyó en las dinastías Shang y Zhou.

Características geográficas de la antigua China	Efecto en el gobierno	Efecto en las actividades económicas y el comercio	Efecto en la agricultura
Clima			
Vías fluviales			
Paisaje/Recursos			

(4) Después de leer el capítulo, regresa a esta página. Encierra en un círculo tus predicciones correctas.

Nombre _____ Clase _____ Fecha _____

Conexión con miHistoria: La sabiduría de Zhang Shi, la madre de Mencio

(1) ¿Qué rasgos crees que tiene una persona con "carácter"? ¿Cómo se pueden obtener estos rasgos?

_____

_____

(2) ¿Cómo mantuvo Zhang Shi a su hijo después de que murió su esposo?

_____

(3) ¿Qué oficios se mencionan en miHistoria? Ponlos en orden del "más importante" al "menos importante" según Zhang Shi.

oficios
a.
b.
c.
d.

(4) ¿Por qué se mudó Zhang Shi tres veces por su hijo?

_____

(5) ¿Dónde vivieron Zhang Shi y su hijo? Completa la tabla con la ubicación de las casas.

Ubicación de las casas de Zhang Shi
a.
b.
c.

(6) ¿Por qué cortó Zhang Shi el tejido?

_____

Trabajemos con las palabras

Concurso de vocabulario En algunos concursos se hace una pregunta y se espera que el concursante dé una respuesta. En otros concursos se da la respuesta y el concursante debe proporcionar la pregunta. Si el espacio en blanco se encuentra en la columna de preguntas, escribe la pregunta que resultaría de la respuesta dada. Si se proporciona la pregunta, escribe la respuesta adecuada.

PREGUNTA

RESPUESTA

(1) ¿Qué es un fino material polvoroso que puede formar tierra?

(1) _____

(2) _____

(2) dique

(3) ¿Cuáles son los primeros registros escritos de China?

(3) _____

(4) _____

(4) pictografías

Nombre _____ Clase _____ Fecha _____

Toma notas

Resumir Usa la información de la Sección 1 para resumir las ideas clave sobre la China Shang en el diagrama de abajo.

La geografía de China

Los sistemas fluviales

_____
_____
_____

Aislamiento (barreras físicas)

_____
_____
_____

La dinastía Shang

El auge Shang

_____
_____

El gobierno Shang

_____
_____
_____

Escritura

_____
_____

Metalistería en bronce

_____
_____
_____

 Pregunta esencial

¿Cómo influyó el río Huang en la vida de los chinos que se asentaron en sus riberas?

_____
_____
_____

Nombre _____ Clase _____ Fecha _____

Trabajemos con las palabras

Palabras en contexto Para cada pregunta, escribe una respuesta que muestre tu comprensión del término clave en negritas.

(1) ¿Cómo justificaba el **Mandato Celestial** el derrocamiento de una dinastía?

_____

_____

(2) ¿De qué manera las acciones de los reyes Zhou dieron lugar al surgimiento de poderosos **señores de la guerra**?

_____

_____

(3) ¿Qué hizo que China entrara en una era de **caos**?

_____

_____

(4) ¿Cómo era la vida en China durante el **Período de los Reinos Combatientes**?

_____

_____

Nombre _____ Clase _____ Fecha _____

Toma notas

Identificar las ideas principales y los detalles Usa lo que has leído sobre la dinastía Zhou para completar la tabla de abajo. Para cada idea principal, escribe detalles que la apoyen.

China bajo la dinastía Zhou	
Ideas principales	**Detalles de apoyo**
Los Zhou derrocaron a los Shang y establecieron una nueva dinastía.	• _____ • _____ • _____
Los Zhou ampliaron las fronteras de su reino.	• _____ • _____ • _____
La segunda parte de la dinastía Zhou se convirtió en una época de caos.	• _____ • _____ • _____
Los Zhou adoptaron algunas, pero no todas, las prácticas Shang.	• _____ • _____ • _____
Tanto los nobles como los campesinos tenían deberes que cumplir.	• _____ • _____
Los logros Zhou mejoraron la guerra, la agricultura y el comercio.	• _____ • _____ • _____ • _____

Pregunta esencial

¿Por qué la geografía de China no ayudó a que los reyes Zhou mantuvieran unido a su gran reino?

_____

_____

Trabajemos con las palabras

Constructor de oraciones Completa las oraciones siguientes con un término clave de esta sección. Tal vez tengas que cambiar la forma de las palabras para completar las oraciones.

Banco de palabras

filosofía	culto a los ancestros
confucianismo	amor filial
taoísmo	

1. El filósofo conocido como el "Primer Maestro" desarrolló un conjunto

    de enseñanzas llamadas _____.

2. La filosofía de seguir una vida simple es el(la) _____.

3. La práctica de honrar a los espíritus de los muertos se conoce

    como _____.

4. Los confucianos se refieren a la devoción de los hijos hacia sus padres

    como _____.

5. Al conjunto de creencias sobre el mundo y cómo vivir se le

    llama _____.

Nombre _____ Clase _____ Fecha _____

Toma notas

Comparar y contrastar En el diagrama de abajo, describe el culto a los ancestros y los espíritus, el confucianismo y el taoísmo.

Culto a los ancestros y los espíritus

1. Tipos de espíritus y dónde vivían

_____

_____

2. Por qué se honraba a los ancestros

_____

3. Rituales para honrar a los ancestros

_____

Confucianismo

1. Fundador

_____

2. Objetivo

_____

3. Nombre de su libro

_____

4. Enseñanzas

_____

_____

_____

Taoísmo

1. Fundador

_____

2. Objetivo

_____

3. Nombre de su libro

_____

4. Enseñanzas

_____

_____

_____

_____

 Pregunta esencial

¿Cómo influyó la geografía en las creencias de la antigua China?

_____

_____

_____

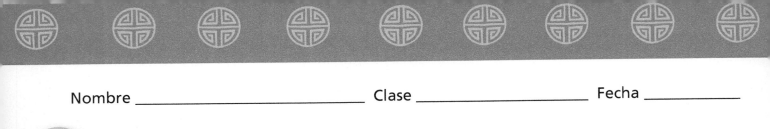

Copyright © Pearson Education, Inc., or its affiliates. All Rights Reserved.

Pregunta esencial   Taller del escritor

¿Cuánto influye la geografía en la vida de las personas?

Prepárate para escribir

En este capítulo, exploraste la Pregunta esencial en tu texto, en tu cuaderno y en *On Assignment* en myworldhistory.com. Usa lo que has aprendido para escribir una carta formal que diga al rey Zhou cómo podría usar los recursos del valle del río Huang para mejorar la vida del pueblo.

Destreza del taller: Escribir una carta

Hay dos tipos de cartas: formales e informales. Usa cartas formales para escribir a periódicos, negocios, gobiernos y otras instituciones. Usa cartas informales para escribirles a tus amigos y familiares.

Hoy escribirás una carta al rey Zhou. Tu propósito es ayudarlo a conservar el Mandato Celestial. Para hacerlo, ofrecerás consejos sobre la manera en que el gobernante Zhou puede utilizar los recursos y las características geográficas de China para mejorar la vida del pueblo.

Las partes de una carta Tu carta debe incluir las siguientes partes: fecha, encabezado, saludo, cuerpo, conclusión, despedida y firma.

Fecha, encabezado y saludo En una carta formal, el encabezado se pone en la esquina superior derecha e incluye tu dirección de remitente y la fecha. El nombre completo y la dirección del destinatario se ponen a la izquierda. Deja una línea y pon el saludo. La mayoría de las cartas usan "Estimado(a)" y el nombre del destinatario. En una carta formal debes usar un título como *Dr., Sra., Senador* o en este caso, *Hijo del Cielo*, seguido por el apellido de la persona y dos puntos.

Cuerpo Usa el cuerpo para explicar tu propósito. ¿Por qué elegiste escribirle a esta persona? ¿Qué ideas sobre el Mandato Celestial quieres expresar? Por ejemplo, puedes señalar que los desastres naturales, como las inundaciones del río Huang o una sequía, podrían indicar que el Cielo ya no apoya a la dinastía. Ofrece consejos sobre las maneras en que el gobernante podría evitar o minimizar los desastres naturales, a través de la construcción de presas, canales o canales de irrigación.

Conclusión, despedida y firma Para concluir, vuelve a expresar tu punto principal. Si quieres que el destinatario haga algo, díselo ahí. Después de la conclusión, deja una línea y escribe una despedida como "Atentamente" o "Su servidor" seguida por una coma. Firma con tu nombre completo debajo.

Haz un borrador de tu carta

Usa el siguiente formato para hacer el primer borrador de tu carta.

(tu dirección y la fecha; no pongas tu nombre) _____

_____

_____

_____ **Nombre y dirección del destinatario**

_____

_____

Estimado(a) _____

Cuerpo _____

_____

_____

_____

_____

_____

_____

Conclusión _____

_____

_____

_____

Despedida _____

Tu firma _____

Completa tu carta

Recuerda seguir los pasos del proceso de escritura para revisar y corregir tu carta. Finalmente, cópiala con cuidado en una hoja limpia de papel.

Pregunta esencial

¿Qué deberían hacer los gobiernos?

Vistazo previo Antes de comenzar este capítulo, piensa en la Pregunta esencial. Entender cómo se relaciona la Pregunta esencial con tu vida te ayudará a comprender el capítulo que vas a empezar a leer.

Conexión con tu vida

(1) Nombra tres cosas que el gobierno puede hacer mejor que los individuos.

a. _____

b. _____

c. _____

(2) Piensa cómo influyen en tu vida los cuerpos gubernamentales y las leyes. Completa la tabla de abajo con tus ideas.

Papel del gobierno			
En mi escuela	En mi casa	En mi comunidad	Más allá de mi comunidad

Conexión con el capítulo

(3) Dale un vistazo previo al capítulo mirando los títulos, fotografías y gráficas. En la tabla de abajo, escribe cómo crees que los emperadores Qin y Han influyeron en la vida en China durante sus dinastías.

Papel del gobierno en China Qin y Han			
Defensa	Leyes	Economía	Vida familiar
Qin			
Han			

(4) Después de leer el capítulo, regresa a esta página. Encierra en un círculo tus predicciones correctas.

Nombre _____ Clase _____ Fecha _____

Conexión con miHistoria: Un emperador en esta vida y la siguiente

(1) ¿Qué te gustaría que las personas recordaran de ti dentro de 2,000 años?

_____

_____

(2) ¿Qué hizo que Qin Shi Huangdi fuera diferente a los reyes anteriores a él?

_____

_____

(3) En el diagrama de abajo, identifica tres de los logros de Qin Shi Huangdi que se mencionan en miHistoria.

Logros de Qin Shi Huangdi

(4) ¿Por qué ordenó Qin Shi Huangdi que construyeran una imponente tumba y miles de soldados de terracota?

_____

_____

(5) ¿Crees que el primer emperador de China debería ser recordado por sus logros o por su crueldad? Explica tu respuesta.

_____

_____

Trabajemos con las palabras

Concurso de vocabulario En algunos concursos se hace una pregunta y se espera que el concursante dé una respuesta. En otros concursos se da la respuesta y el concursante debe proporcionar la pregunta. Si el espacio en blanco se encuentra en la columna de preguntas, escribe la pregunta que resultaría de la respuesta dada. Si se proporciona la pregunta, escribe la respuesta adecuada.

PREGUNTA

1. _____

2. _____

3. ¿Qué escuela de pensamiento requiere de un sistema legal fuerte y de hacerlo cumplir estrictamente?

4. _____

RESPUESTA

1. Gran Muralla China

2. estandarizar

3. _____

4. censurar

Nombre _____ Clase _____ Fecha _____

Toma notas

Identificar las ideas principales y los detalles Los temas del diagrama de abajo son encabezados de la Sección 1. Usa lo que has leído sobre la dinastía Qin para completar el diagrama. Para cada tema, escribe la idea principal y los detalles que la apoyan.

Unidad bajo la dinastía Qin

Idea principal:

Unificación de los Estados Combatientes	**La defensa del imperio**	**Estándares uniformes**	**La organización del imperio**
Detalles:	Detalles:	Detalles:	Detalles:

El gobierno del Primer Emperador

Idea principal:

Un gobierno legista	**Leyes severas**	**Control del pensamiento**	**La caída de la dinastía Qin**
Detalles:	Detalles:	Detalles:	Detalles:

Pregunta esencial

¿Cuál creían los legistas que debería ser el papel del gobierno?

_____

_____

111

Trabajemos con las palabras

Constructor de oraciones Completa las oraciones siguientes con un término clave de esta sección. Tal vez tengas que cambiar la forma de las palabras para completar las oraciones.

Banco de palabras

funcionario	servicio civil
Ruta de la Seda	enviado
cocina	

1. La red de rutas comerciales que conectaban China con Asia central y el Oriente Medio se conocía como el(la) _____.

2. En la dinastía Han, existían muchos niveles de gobierno entre las aldeas, que estaban en la parte inferior, y el emperador, en la parte superior, y estos niveles incluían personas asignadas a sus cargos, o _____.

3. Varios tipos de alimentos comercializados a lo largo de la Ruta de la Seda enriquecieron el(la) _____ de China.

4. Los funcionarios del gobierno que fueron seleccionados según sus destrezas y conocimientos constituyen el(la) _____.

5. Los Han crearon relaciones comerciales con los reinos del este al mandar representantes del emperador conocidos como _____.

Nombre _____ Clase _____ Fecha _____

Toma notas

Analizar causa y efecto Usa lo que has leído sobre la dinastía Han para completar la actividad de abajo. Para cada causa dada, escribe su efecto o sus efectos.

1. Causa: Para aprender a gobernar, Liu Bang consultó a eruditos confucianos.
EFECTOS:
_____
_____

2. Los emperadores Han querían evitar la desunión que había enfrentado la dinastía Zhou.
EFECTOS:
_____
_____

3. El emperador Wudi quería encontrar funcionarios con talento.
EFECTOS:
_____
_____

4. El emperador Wudi necesitaba aliados para combatir contra los nómadas xiongnu.
EFECTOS:
_____
_____

5. Zhang Qian describió tierras exóticas y caballos que sudaban sangre.
EFECTOS:
_____
_____

6. Los emperadores Han establecieron que era ilegal exportar gusanos de seda desde China.
EFECTOS:
_____
_____

7. La Ruta de la Seda se convirtió en un camino para el intercambio de productos e ideas.
EFECTOS:
_____
_____

 Pregunta esencial

Debes hacer un examen para los funcionarios del gobierno de los Estados Unidos. ¿Qué conocimientos deberían tener los funcionarios del gobierno?

_____

_____

Trabajemos con las palabras

Crucigrama Las pistas *horizontal* y *vertical* son las definiciones de los términos clave de esta sección. Llena las casillas *horizontales* enumeradas con los términos clave correctos. Después, haz lo mismo con las pistas *verticales*.

Horizontal	Vertical
4. un solo grupo controla la producción de un bien o servicio	1. instrumento para detectar terremotos
5. capa protectora hecha de la savia de un árbol especial	2. terapia que usa agujas para curar enfermedades y controlar el dolor
	3. el arte de escribir con letra bella

Nombre _____ Clase _____ Fecha _____

Toma notas

Resumir Usa lo que has leído sobre la sociedad y los logros Han para anotar las ideas clave de la Sección 3 en el diagrama de abajo. Luego, usa las ideas clave para escribir un resumen sobre la China Han.

La sociedad Han	La vida económica	Los logros Han
El orden social	**La agricultura**	**Las artes tradicionales de China**
_____	_____	_____
_____	_____	_____
_____	_____	_____
_____	_____	_____
_____	_____	_____
La vida familiar	**La industria**	**Los avances en la ciencia**
_____	_____	_____
_____	_____	_____
_____	_____	_____
_____	_____	_____
El papel de la mujer	**Control de la producción y los precios**	**Los inventos chinos**
_____	_____	_____
_____	_____	_____
_____	_____	_____
_____	_____	_____
_____	_____	_____

Resumen de una oración:

Pregunta esencial

Una forma en que los Han recaudaban dinero fue haciéndose cargo de las industrias del hierro y la sal. ¿De qué otra forma pueden los gobiernos obtener fondos?

_____

_____

_____

? Pregunta esencial Taller del escritor

¿Qué deberían hacer los gobiernos?

Prepárate para escribir

En este capítulo, has explorado la Pregunta esencial en tu texto, en tu cuaderno y en *On Assignment* en myworldhistory.com. Usa lo que has aprendido para escribir un ensayo sobre las acciones de los emperadores Qin y Han. Puedes mencionar el papel de Qin Shi Huangdi en la defensa de las fronteras Qin, la estandarización, el sistema legal y la censura. También puedes describir la creación de Wudi de los exámenes del servicio civil, el establecimiento de la Ruta de la Seda y la creación de los monopolios estatales de las industrias del hierro y la sal. Otros temas pueden incluir el Buró de Música oficial, los inventos científicos patrocinados por el gobierno y la producción de papel de los Han.

Destreza del taller: Entender los cuatro tipos de ensayos

Primero, decide qué tipo de ensayo quieres escribir. Hay cuatro tipos de ensayo: narrativo, expositivo, de investigación y persuasivo.

Ensayo narrativo Este ensayo es más como una historia. Tiene personajes, un ambiente y una trama.
- Los personajes son las personas de las que trata la historia y el ambiente es el tiempo y lugar en el que sucede la historia.
- La trama es la secuencia de sucesos que tienen lugar. La trama incluye el conflicto y conduce al clímax, que es el momento crucial de la historia.

Ensayo expositivo Este ensayo tiene una idea principal apoyada por evidencia y ejemplos.
- Un párrafo introductorio abre con una tesis que expresa la idea principal.
- La introducción va seguida por los párrafos de desarrollo. Cada uno comenta un punto que apoya la idea principal. La evidencia y los ejemplos se usan para mostrar que los puntos de apoyo son verdaderos.
- La conclusión resume el ensayo volviendo a mencionar la tesis y los puntos de apoyo.

Ensayo de investigación Este ensayo tiene la misma estructura que un ensayo expositivo. La diferencia radica en el tipo de evidencia que se usa para demostrar los puntos de apoyo.
- La evidencia y los ejemplos deben venir de una amplia variedad de fuentes confiables.
- Los escritores usan citas, notas al pie de la página y una bibliografía para mostrar dónde obtuvieron la evidencia que usaron en el ensayo.

Ensayo persuasivo Este ensayo se escribe cuando el autor quiere convencer a los lectores de adoptar una opinión o de tomar acción.
- La introducción dice por qué el tema es importante. Después, la tesis explica lo que el escritor quiere que los lectores piensen o hagan.
- En los párrafos de desarrollo, el escritor usa argumentos fuertes y evidencia para comprobar los puntos de apoyo.
- La conclusión vuelve a examinar los puntos principales y exhorta al lector a adoptar la opinión o a tomar la acción mencionada.

Identificar los tipos de ensayo

Lee las descripciones de la tabla de abajo. En la columna de la derecha, identifica el ensayo descrito como narrativo, expositivo, de investigación o persuasivo.

Descripción del ensayo	Tipo
1. El ensayo exhorta a los gobiernos a seguir hoy el ejemplo del emperador Han. Ofrece ejemplos de cómo prosperó el pueblo durante la dinastía Han.	_____
2. El ensayo examina el papel del gobierno durante las dinastías Qin y Han. Contiene gráficas, estadísticas y citas. Las fuentes se mencionan en las notas al pie de página.	_____
3. El ensayo afirma que la censura durante la dinastía Qin dañó al pueblo. Explica tres maneras generales en que esto ocurrió.	_____
4. El ensayo cuenta una historia acerca de la quema de libros realizada por el emperador Qin durante su reinado. La historia termina cuando Qin Shi Huangdi necesita ayuda pero no puede encontrar un libro que proporcione la información.	_____

Planifica tu ensayo

Usa las siguientes preguntas para ayudarte a tomar algunas decisiones sobre tu ensayo.

(1) ¿Qué quiero decir sobre el papel del gobierno Qin y Han?

_____

_____

(2) ¿Quiero contar una historia, explicar una idea, presentar evidencia o persuadir a otros sobre algo?

_____

_____

(3) ¿Qué tipo de ensayo sería mejor para lograr mi objetivo?

_____

_____

Organiza tu ensayo

Ahora que ya decidiste el tipo de ensayo, haz un esquema de tu ensayo. Recuerda escribir un párrafo introductorio, tres párrafos de desarrollo y una conclusión.

Haz un borrador de tu ensayo

Escribe tu ensayo usando el esquema que creaste. Cuando termines, revisa tu ensayo.

¡Lugares por conocer!

Destreza: Mapas Usa los mapas de esta unidad para identificar los ¡Lugares por conocer! en el croquis. Escribe junto al nombre de cada lugar que está abajo la letra que indica su ubicación en el mapa.

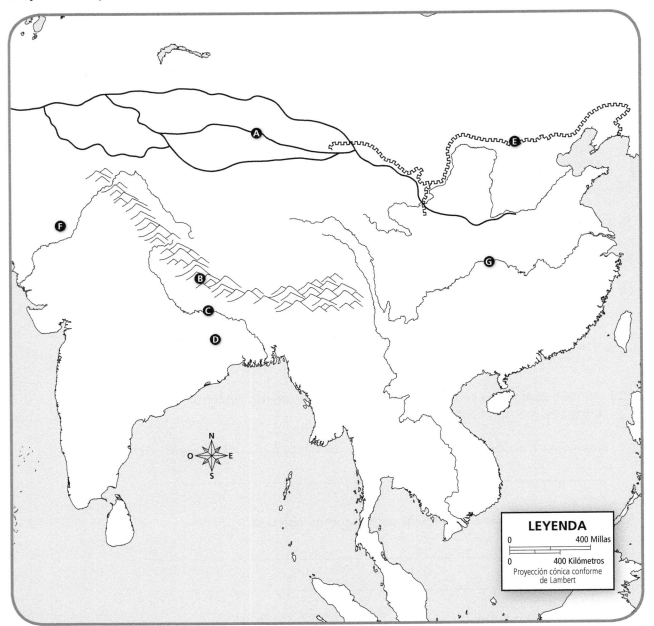

LEYENDA

0   400 Millas

0   400 Kilómetros

Proyección cónica conforme de Lambert

_____ Magadha

_____ río Chang

_____ Himalaya

_____ Harappa

_____ río Ganges

_____ Ruta de la Seda

_____ Gran Muralla China

Sucesos clave

Línea cronológica Usa lo que has leído sobre la antigua India y la antigua China para completar la línea cronológica de abajo. Dibuja una línea desde cada suceso hasta su posición correcta en la línea cronológica. Luego, escribe una breve descripción de cada suceso.

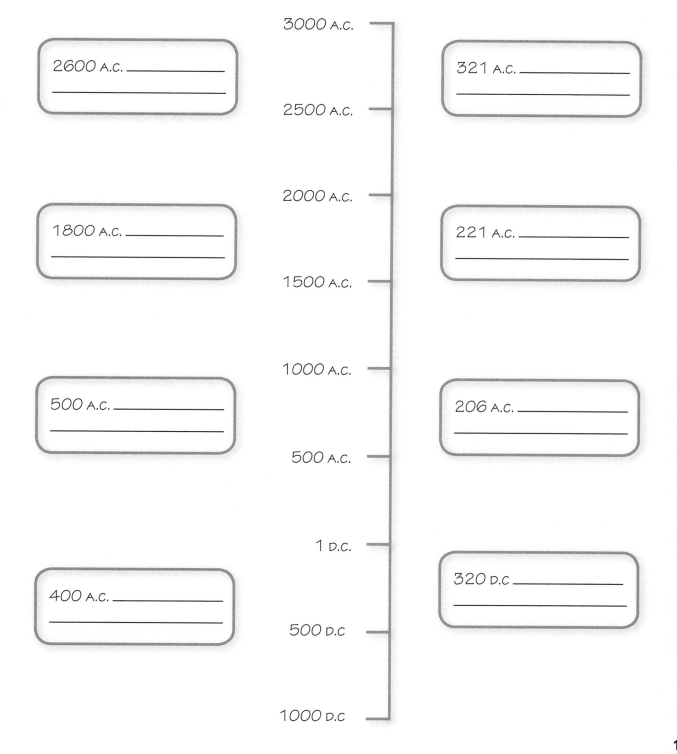

2600 A.C. _____

1800 A.C. _____

500 A.C. _____

400 A.C. _____

3000 A.C.

2500 A.C.

2000 A.C.

1500 A.C.

1000 A.C.

500 A.C.

1 D.C.

500 D.C

1000 D.C

321 A.C. _____

221 A.C. _____

206 A.C. _____

320 D.C _____

? Pregunta esencial

¿Qué es el poder? ¿Quién debe tenerlo?

Vistazo previo Antes de comenzar este capítulo, piensa en la Pregunta esencial. Entender cómo se relaciona la Pregunta esencial con tu vida te ayudará a comprender el capítulo que vas a empezar a leer.

Conexión con tu vida

(1) ¿Cuáles son algunos sinónimos de la palabra *poder*? _____

_____

(2) Escribe el nombre de al menos cuatro miembros o grupos que participen activamente en tu comunidad escolar. Coloca la letra que está junto a la persona o grupo en la escala de poder de abajo para mostrar en dónde va cada uno en esa escala, ordenando de poco poder a mucho poder.

- a _____

- b _____

- c _____

- d _____

Poco poder _____ **Mucho poder**

Conexión con el capítulo

(3) Mira el texto, los subtítulos y los elementos visuales del capítulo y busca información sobre la división del poder en la antigua Grecia. Usa la información para completar la segunda fila de la tabla de abajo.

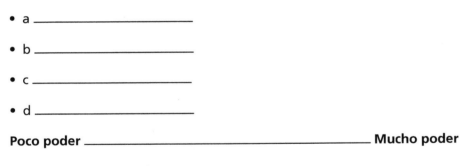

División del poder en la antigua Grecia				
¿Quién tiene el poder?	El poder es de los más ricos.	El poder es de los más fuertes.	El poder es de los que tienen más experiencia.	El poder es de todos los ciudadanos.
¿Dónde o cuándo?				

(4) Después de leer el capítulo, regresa a esta página. Cambia cualquier respuesta incorrecta.

Conexión con miHistoria:
Pericles: La calma ante el peligro

(1) Si fueras Pericles, ¿cómo hubieras reaccionado al ver que los persas se acercaban a Atenas?

_____

_____

_____

(2) En miHistoria, ¿por qué los atenienses huyeron en lugar de quedarse a luchar contra los persas en tierra?

_____

_____

(3) ¿Qué motivó a los atenienses a unirse a otros griegos para luchar contra los persas?

_____

_____

(4) ¿Cuál es la diferencia entre la manera en que se manejaba el poder en Atenas y la manera en que se manejaba en Persia?

_____

_____

(5) ¿Qué pasó en Salamina en 480 A.C.?

_____

_____

(6) ¿Qué lección aprendió Pericles de la Batalla de Salamina?

_____

_____

Trabajemos con las palabras

Concurso de vocabulario En algunos concursos se hace una pregunta y se espera que el concursante dé una respuesta. En otros concursos se da la respuesta y el concursante debe proporcionar la pregunta. Si el espacio en blanco se encuentra en la columna de preguntas, escribe la pregunta que resultaría de la respuesta dada. Si se proporciona la pregunta, escribe la respuesta adecuada.

PREGUNTA

RESPUESTA

(1) _____

(1) polis

(2) _____

(2) ciudadanos

(3) ¿Dónde estaban ubicados los templos y edificios públicos de las ciudades-estado griegas?

(3) _____

(4) _____

(4) política

(5) ¿Qué término significa "gobierno ejercido por los mejores"?

(5) _____

Nombre _____ Clase _____ Fecha _____

Toma notas

Analizar causa y efecto Usa lo que has leído sobre el surgimiento de las ciudades-estado griegas para completar la actividad de abajo. Para cada causa dada, escribe su efecto. Para cada efecto dado, escribe su causa.

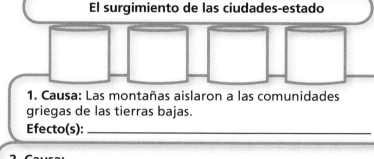

El surgimiento de las ciudades-estado

1. Causa: Las montañas aislaron a las comunidades griegas de las tierras bajas.
Efecto(s): _____

2. Causa: _____
Efecto(s): Los griegos se convirtieron en hábiles navegantes y comerciantes.

3. Causa: El clima mediterráneo de Grecia es ideal para los cultivos de raíces profundas.
Efecto(s): _____

4. Causa: _____
Efecto(s): Los minoicos influenciaron la civilización de los micénicos en tierra firme.

5. Causa: _____
Efecto(s): Grecia entra en un período oscuro y los griegos de tierra firme emigran a través del Egeo.

6. Causa: _____
Efecto(s): Los griegos tratan de vivir de acuerdo con los ideales de valentía y honor expresados en estas historias.

7. Causa: El área y la población de una polis eran usualmente pequeñas.
Efecto(s): _____

8. Causa: El autogobierno era una característica de la mayoría de las ciudades-estado, pero sólo los ciudadanos podían votar.
Efecto(s): _____

 Pregunta esencial

¿Quién poseía el poder político en las ciudades-estado griegas?

_____

_____

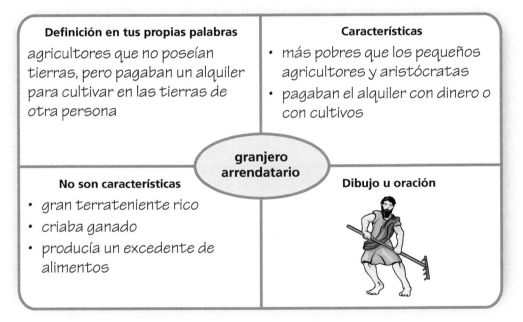

Nombre _____ Clase _____ Fecha _____

Trabajemos con las palabras

Mapa de palabras Sigue el modelo de abajo para hacer un mapa de palabras.
El término clave *granjero arrendatario* se encuentra en el óvalo del centro. Escribe
la definición en tus propias palabras arriba a la izquierda. Arriba a la derecha,
haz una lista de características, es decir, palabras o frases que se relacionen con el
término. Abajo a la izquierda, haz una lista de las que no son características, es
decir, palabras y frases que *no* estarían asociadas con el término. Abajo a la
derecha, haz un dibujo del término clave o escribe una oración.

Definición en tus propias palabras	**Características**
agricultores que no poseían tierras, pero pagaban un alquiler para cultivar en las tierras de otra persona	• más pobres que los pequeños agricultores y aristócratas • pagaban el alquiler con dinero o con cultivos
granjero arrendatario	
No son características	**Dibujo u oración**
• gran terrateniente rico • criaba ganado • producía un excedente de alimentos	

Ahora, usa el mapa de palabras de abajo para explorar el significado de la
palabra *meteco*. Puedes usar el libro del estudiante, un diccionario y/o un
diccionario de sinónimos para completar cada una de las cuatro secciones.

Definición en tus propias palabras	**Características**
meteco	
No son características	**Dibujo u oración**

Haz tu propio mapa de palabras en una hoja de papel separada para este
término clave: *esclavitud.*

Nombre _____ Clase _____ Fecha _____

Toma notas

Identificar las ideas principales y los detalles Usa lo que has leído sobre la sociedad y la economía griegas para completar el diagrama de abajo. Para cada idea principal, escribe detalles que la apoyen.

Sociedad y economía griegas	
Ideas principales	**Detalles de apoyo**
En el mundo griego, las mujeres tenían diferentes derechos y papeles.	• _____ • _____ • _____ • _____ • _____ • _____
La antigua sociedad griega tenía un complejo sistema de clases.	• _____ • _____ • _____ • _____ • _____ • _____
La población de las ciudades-estado griegas aumentó y los griegos tuvieron que encontrar la manera de alimentar a las personas.	• _____ • _____ • _____
La colonización griega influyó tanto en el comercio como en la cultura.	• _____ • _____ • _____ • _____ • _____

Pregunta esencial

¿Quién tenía más poder en la familia griega?

_____

_____

Trabajemos con las palabras

Constructor de oraciones Completa las oraciones siguientes con un término clave de esta sección. Tal vez tengas que cambiar la forma de las palabras para completar las oraciones.

Banco de palabras

oligarquía	falange
tiranía	democracia
ciudadanía	democracia directa
democracia representativa	

① Muchas ciudades-estado prefirieron el gobierno de los muchos, una

forma de gobierno llamada _____.

② Las personas adquieren derechos y responsabilidades cuando obtienen

su membresía en una comunidad, o su _____.

③ Un sistema político en el que los ciudadanos eligen a otros para que los

representen en el gobierno se llama un(a) _____.

④ El poder político está en manos de un pequeño grupo de personas en

un(a) _____.

⑤ El sistema político en el que los ciudadanos participan directamente en

la toma de decisiones se llama un(a) _____.

⑥ Una formación de soldados fuertemente armados que se movían juntos

como una unidad se llamaba un(a) _____.

⑦ Un gobierno dirigido por un gobernante poderoso se conocía como un(a)

_____.

Nombre _____ Clase _____ Fecha _____

Toma notas

Resumir Usa lo que has leído para anotar las ideas clave de la Sección 3 en los lugares correctos de abajo. Luego, usa las ideas clave para escribir un resumen de una oración sobre la democracia en Atenas.

Antes de la democracia	El poder del pueblo	La democracia en acción
Las oligarquías	**Solón**	**La asamblea**
_____	_____	_____
_____	_____	_____
_____	_____	_____
_____	_____	_____
_____	_____	_____
_____	**Clístenes**	**El bulé**
La falange	_____	_____
_____	_____	_____
_____	_____	_____
_____	**Pericles**	**Los tribunales**
_____	_____	_____
_____	_____	_____
La tiranía	_____	_____
_____	**Idea de ciudadanía**	**Democracia directa limitada**
_____	_____	_____
	_____	_____
	_____	_____
	_____	_____

Resumen en una oración: _____

_____

Pregunta esencial

¿Cómo obtenían poder los ciudadanos en Atenas?

_____

_____

Trabajemos con las palabras

Palabras en contexto Para cada pregunta, escribe una respuesta que
muestre tu comprensión del término clave en negritas.

1 ¿Cómo otorgaban los **éforos** un poder importante a la asamblea espartana?

_____

_____

2 ¿En qué se diferenciaban los **ilotas** de los esclavos?

_____

_____

3 ¿Por qué Esparta se convirtió en un **estado militarista**?

_____

_____

4 ¿Por qué los hombres espartanos vivían en **barracas**?

_____

_____

Nombre _____ Clase _____ Fecha _____

Toma notas

Comparar y contrastar El lado izquierdo de la tabla de abajo proporciona
información sobre Atenas. Para cada aspecto de Atenas, escribe en qué se
diferenciaba Esparta.

Atenas	Esparta
• Ciudad cercana a la costa	• _____
• Usaba monedas como dinero	• _____
• Potencia naval	• _____
• Democracia	• _____
• Dirigida por el bulé (en períodos de un año)	• _____
• Poderosa asamblea que aprobaba las leyes	• _____
• Valoraba el lujo y la belleza	• _____
• Educación integral para los niños	• _____
• Meta: llegar a ser buenos ciudadanos	• _____
• Las mujeres más adineradas se quedaban en casa	• _____
• Las mujeres tenían pocos derechos	• _____
• Valoraba la expresión individual	• _____
• Valoraba las nuevas ideas	• _____
• La democracia evolucionó con el tiempo	• _____

Pregunta esencial

¿Quién tenía más poder en la sociedad espartana?

_____

_____

_____

Nombre _____ Clase _____ Fecha _____

Pregunta esencial Taller del escritor

¿Qué es el poder? ¿Quién debe tenerlo?

Prepárate para escribir

En este capítulo, has explorado la Pregunta esencial en tu texto, cuaderno y en *On Assignment* en myworldhistory.com. Usa lo que has aprendido para escribir un ensayo expositivo sobre el poder y quién lo poseía en la antigua Grecia.

Destreza del taller: Usar el proceso de escritura

Este taller se enfoca en el proceso de escritura. El proceso de escritura incluye hacer una lluvia de ideas, escribir, revisar y editar, y presentar tu trabajo. Los pasos no siempre siguen exactamente este orden. Por ejemplo, tal vez quieras revisar mientras escribes.

Prepárate para escribir La etapa de hacer un borrador es importante. Involucra reunir ideas y detalles y ponerlos en orden. En este punto, haces una lluvia de ideas, investigas y tomas notas. Puedes volver a leer el capítulo para buscar ideas.

Después de que hayas reunido todos tus hechos, crea un esquema. Tu ensayo debe tener cinco párrafos: una introducción, tres párrafos de desarrollo y una conclusión.

Escribe tu ensayo Ahora es el momento de escribir tu ensayo. Considera el argumento principal que quieras exponer para iniciar con eso tu ensayo. Por ejemplo: *El poder estaba distribuido de manera diferente en la historia antigua griega y en las ciudades-estado de Atenas y Esparta*.

Cada párrafo de desarrollo debe comentar quién poseía el poder en cada uno de los tres ejemplos: la historia antigua griega, Atenas y Esparta. Tu conclusión deberá resumir el ensayo. Vuelve a exponer el inicio de otra manera e identifica brevemente tus tres ejemplos.

Revisa y corrige tu ensayo Por lo general es útil leer tu ensayo en voz alta cuando lo revisas. De esta manera puedes escuchar si las oraciones fluyen. Si descubres que has repetido una y otra vez los mismos patrones de oraciones, haz algunos cambios. Varía las oraciones. Asegúrate de que las palabras que elijas expresen exactamente lo que quieres decir. Siempre busca errores en la puntuación, la ortografía y la gramática.

Pídele a alguien que te escuche mientras lees tu ensayo. Esa persona te puede señalar los puntos en los que tu ensayo no es claro o dónde no has podido relacionar las ideas. Escucha lo que te diga esa persona.

Presenta tu ensayo Vuelve a escribir tu ensayo en una hoja limpia con tu nombre, la fecha y el título del ensayo.

Toma notas

Tomar notas es una parte importante de la escritura. Vuelve a leer el capítulo en busca de ejemplos de las personas y los grupos que poseían el poder en la antigua Grecia. Usa la tabla como guía.

Lugar	¿Quién poseía el poder?
Primeras ciudades-estado	
Atenas democrática	
Esparta	

Haz un borrador de tu ensayo

Escribe tu ensayo en otra hoja de papel. Sigue los pasos que aprendiste en este taller para mejorar y revisar tu borrador.

? Pregunta esencial

¿Cómo debemos manejar los conflictos?

Vistazo previo Antes de comenzar este capítulo, piensa en la Pregunta esencial. Entender cómo se relaciona la Pregunta esencial con tu vida te ayudará a comprender el capítulo que vas a empezar a leer.

Conexión con tu vida

(1) ¿Cuáles son algunos sinónimos de la palabra *conflicto*? _____

_____

(2) Completa la tabla de abajo con ejemplos de conflictos que has observado en diversas situaciones.

	Tipo de conflicto	Fuente del conflicto
Escuela		
Eventos deportivos		
Otro		

Conexión con el capítulo

(3) Dale un vistazo al texto, subtítulos y elementos visuales del capítulo y busca información sobre los conflictos en la civilización de la antigua Grecia. En la tabla de abajo, usa la información para hacer predicciones sobre estos conflictos.

	¿Quién?	¿Fuentes del conflicto?
Conflicto en Grecia		
Conflicto con extranjeros		

(4) Después de leer el capítulo, regresa a esta página. Cambia las predicciones que fueron incorrectas.

Nombre _____ Clase _____ Fecha _____

Conexión con miHistoria:
Una profecía hecha realidad

(1) ¿Sabes lo que quieres ser cuando seas grande? ¿Qué has hecho para encaminarte hacia esa carrera?

_____

_____

(2) En miHistoria, ¿cuál creía Alejandro que sería su destino?

_____

_____

(3) ¿Cómo su formación preparó a Alejandro para cumplir su destino?

_____

_____

(4) ¿Dónde se enfrentó Alejandro con las fuerzas de Darío III por primera vez? ¿Qué sucedió?

_____

_____

(5) ¿Cómo resolvió Alejandro rápidamente el problema del nudo gordiano?

_____

(6) ¿Qué crees que pensaba Alejandro Magno acerca de los conflictos?

_____

(7) ¿Qué conflicto surgió entre Alejandro y sus hombres? ¿Por qué? ¿Cómo se resolvió?

_____

_____

Trabajemos con las palabras

Palabras en contexto Para cada pregunta, escribe una respuesta que muestre tu comprensión del término clave en negritas.

1 ¿Por qué fue importante la **Batalla de Maratón**?

_____

_____

_____

2 ¿Qué pasó en la **Batalla de Salamina**?

_____

_____

_____

3 ¿Qué era la **Liga de Delos** y por qué se formó?

_____

_____

_____

4 ¿Quiénes conformaban la **Liga del Peloponeso** y por qué sus miembros se disgustaron con Atenas?

_____

_____

_____

Toma notas

Comparar y contrastar   Usa lo que has leído sobre las Guerras Médicas y la Guerra del Peloponeso para hacer una lista de los adversarios, los motivos del conflicto y los resultados de cada guerra en el diagrama de abajo.

Primera Guerra Médica

Adversarios:

_____
_____
_____

Motivos del conflicto:

_____
_____
_____
_____
_____

¿Qué sucedió?

_____
_____
_____
_____
_____
_____

Segunda Guerra Médica

Adversarios:

_____
_____
_____

Motivos del conflicto:

_____
_____
_____
_____
_____

¿Qué sucedió?

_____
_____
_____
_____
_____
_____

Guerra del Peloponeso

Adversarios:

_____
_____
_____

Motivos del conflicto:

_____
_____
_____
_____
_____

¿Qué sucedió?

_____
_____
_____
_____
_____
_____

Pregunta esencial

¿Por qué se unieron los griegos durante las Guerras Médicas?

_____
_____
_____

Nombre _____ Clase _____ Fecha _____

Trabajemos con las palabras

Banco de palabras Elige una palabra del banco de palabras para llenar el espacio en blanco. Cuando termines, tendrás un resumen corto de las ideas importantes de la sección.

Banco de palabras
Alejandría   helenística
sarissa

    Felipe de Macedonia consiguió el control de Grecia con tropas

poderosas y disciplinadas, cada una armada con un(a) _____.

Después de que Felipe fuera asesinado, su hijo Alejandro ascendió al trono.

Alejandro aseguró el control de Grecia y luego tomó ciudades en Asia y a lo

largo de la costa mediterránea. Liberó a Egipto de los persas y fundó

_____ en el delta del Nilo. Después de derrotar al Imperio

Persa, Alejandro se desplazó al este hacia la India. Dondequiera que iba,

Alejandro fundaba ciudades estilo griego de las cuales surgió la cultura

_____. Después de su muerte, su enorme imperio fue

dividido en reinos.

Nombre _____ Clase _____ Fecha _____

Toma notas

Secuencia Usa lo que has leído en esta sección para agregar detalles a la línea cronológica de abajo.

El ascenso de Macedonia y el imperio de Alejandro

359 A.C.

1. _____
_____

• El ejército poderoso de Felipe derrota a los ilirios.

338 A.C.

2. _____
_____

• Felipe es asesinado.

3. _____
_____

334 A.C.

4. _____
_____

• Alejandro libera a los egipcios de los persas.

330 A.C.

5. _____
_____

• Alejandro dirige su ejército a Afganistán y la India.

6. _____
_____

323 A.C.

7. _____
_____

 Pregunta esencial

¿Por qué se rebelaron los griegos después de la muerte de Felipe?

_____

_____

_____

Nombre _____ Clase _____ Fecha _____

Trabajemos con las palabras

Concurso de vocabulario En algunos concursos se hace una pregunta y se espera que el concursante dé una respuesta. En otros concursos se da la respuesta y el concursante debe proporcionar la pregunta. Si el espacio en blanco se encuentra en la columna de preguntas, escribe la pregunta que resultaría de la respuesta dada. Si se proporciona la pregunta, escribe la respuesta adecuada.

PREGUNTA

RESPUESTA

(1) _____

(1) politeísmo

(2) _____

(2) mitología

(3) ¿Qué famoso evento deportivo se llevaba a cabo cada cuatro años y honraba a Zeus?

(3) _____

(4) ¿Cómo se conocía a la sacerdotisa del templo de Apolo?

(4) _____

(5) _____

(5) poesía lírica

(6) _____

(6) coro

Nombre _____ Clase _____ Fecha _____

Toma notas

Identificar las ideas principales y los detalles Los encabezados de las columnas de abajo coinciden con los temas de la Sección 3 de tu libro. Debajo de cada encabezado de las columnas, escribe la idea principal del tema y los detalles que la apoyan.

La religión y mitología griegas	El arte de la antigua Grecia	La literatura
Idea principal	**Idea principal**	**Idea principal**
Detalles	**Detalles**	**Detalles**

 Pregunta esencial

¿Qué tipo de conflictos exploraba el teatro griego?

_____

_____

Trabajemos con las palabras

Constructor de oraciones Completa las oraciones siguientes con un término clave de esta sección. Tal vez tengas que cambiar la forma de las palabras para completar las oraciones.

Banco de palabras

Academia	Juramento hipocrático
hipótesis	método socrático

(1) Un método de enseñanza de preguntas y respuestas se llama

_____.

(2) La famosa escuela de filosofía de Platón era la(el) _____.

(3) Después de hacer observaciones de un suceso natural, los eruditos

griegos explicaban sus observaciones mediante la formación de una

suposición lógica llamada un(una) _____.

(4) Cuando prometen usar sus conocimientos sólo de forma ética, los

médicos pronuncian el _____.

Nombre _____ Clase _____ Fecha _____

Toma notas

Resumir Usa lo que has leído en la Sección 4 para completar las ideas clave sobre los temas de la tabla de abajo.

Temas	Ideas clave
Filosofía griega	
Historia y política	
Ciencia y tecnología	
Matemáticas y medicina	
Conocimiento helenístico	

Pregunta esencial

¿Por qué crees que los historiadores griegos escribieron acerca de los conflictos?

_____

_____

_____

Pregunta esencial Taller del escritor

¿Cómo debemos manejar los conflictos?

Prepárate para escribir

En este capítulo, has explorado la Pregunta esencial en tu texto, en tu cuaderno y en *On Assignment* en myworldhistory.com. Usa lo que has aprendido para hacer un esquema sobre el conflicto en la antigua Grecia. Considera las Guerras Médicas, la Guerra del Peloponeso y las conquistas de Alejandro Magno.

Destreza del taller: Haz el esquema de un ensayo

Este taller se enfoca en hacer un esquema de un ensayo, o poner tus pensamientos en orden antes de empezar a escribir. Debes considerar estos elementos mientras te preparas para escribir tu ensayo: el "gancho", la tesis, tres párrafos de desarrollo y una conclusión.

El gancho Tu párrafo introductorio debe captar la atención del lector. Este es el gancho. Piensa en Alejandro Magno y sus espectaculares conquistas. Un ejemplo de un gancho para un ensayo acerca de Alejandro podría tener la forma de una pregunta. Por ejemplo: *¿Qué tienes que hacer para lograr que la palabra "Magno" se le agregue a tu nombre?* Observa cómo esta pregunta crea un interés personal en el lector. En las líneas de abajo, escribe algunas ideas de gancho sobre el conflicto en la antigua Grecia.

_____

_____

La tesis Tu tesis, o la idea principal de tu ensayo, viene después del gancho. Tu tesis debe mencionar tres ideas que usarás para apoyar tu posición. Estas ideas serán el enfoque de tus tres párrafos de desarrollo. Lee el párrafo introductorio de ejemplo de abajo. En este caso, la tesis es la última oración de la introducción.

Ejemplo *¿Qué tienes que hacer para lograr que la palabra "Magno" se le*

agregue a tu nombre? Primero, es necesario que se te haya dicho desde tu

nacimiento que desciendes del dios Hércules. Después, tienes que haber

recibido una formación militar para convertirte en un gran líder. Por último, tu

maestro tiene que haber sido Aristóteles, uno de los más grandes talentos de

la historia. Con estos antecedentes, Alejandro Magno estaba destinado a

convertirse en uno de los más grandiosos conquistadores de todos los tiempos.

Organiza tu ensayo

Párrafo 1: Introducción ¿Recuerdas las ideas de gancho? Comienza tu párrafo introductorio con una de ellas y termina exponiendo claramente tu tesis.

Párrafo 2: Párrafo de desarrollo A En el ejemplo de tesis, se presentaron tres ideas sobre por qué Alejandro Magno fue un conquistador grandioso. En tu tesis, vas a exponer tres ideas sobre el conflicto en la antigua Grecia. Plantea una de estas ideas en el Párrafo de desarrollo A y usa al menos dos detalles que la apoyen.

Oración principal _____

Detalle 1 _____

Detalle 2 _____

Conclusión _____

Párrafo 3: Párrafo de desarrollo B Revisa tu tesis y escribe tu idea para el segundo tema, que será el enfoque del párrafo B. Trata de hacer una transición fluida a medida que empiezas el nuevo párrafo.

Oración principal _____

Detalle 1 _____

Detalle 2 _____

Conclusión _____

Párrafo 4: Párrafo de desarrollo C Sigue los pasos de los párrafos de desarrollo A y B para escribir tu párrafo de desarrollo C.

Oración principal _____

Detalle 1 _____

Detalle 2 _____

Conclusión _____

Párrafo 5: Conclusión Para la conclusión, resume las ideas que presentaste en tu tesis.

Haz un borrador de tu ensayo

Escribe tu ensayo y revísalo con un compañero.

Nombre _____ Clase _____ Fecha _____

¡Lugares por conocer!

Destreza: Mapas Usa los mapas de esta unidad para identificar los ¡Lugares por conocer! en el croquis. Escribe junto al nombre de cada lugar que está abajo, la letra que indica su ubicación en el mapa.

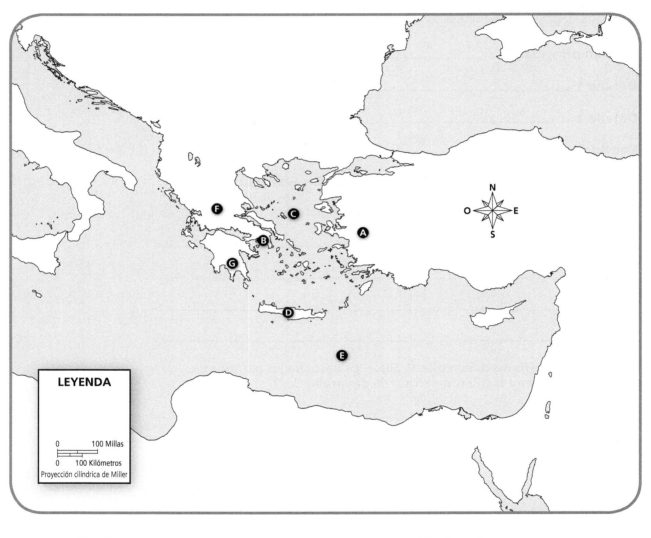

LEYENDA

0   100 Millas

0   100 Kilómetros

Proyección cilíndrica de Miller

_____ Grecia

_____ Creta

_____ Atenas

_____ Esparta

_____ mar Mediterráneo

_____ mar Egeo

_____ Jonia

Nombre _____ Clase _____ Fecha _____

Sucesos clave

Línea cronológica Usa lo que has leído sobre la antigua Grecia para completar la línea cronológica de abajo. Dibuja una línea desde cada suceso hasta su posición correcta en la línea cronológica. Luego, escribe una breve descripción de cada suceso.

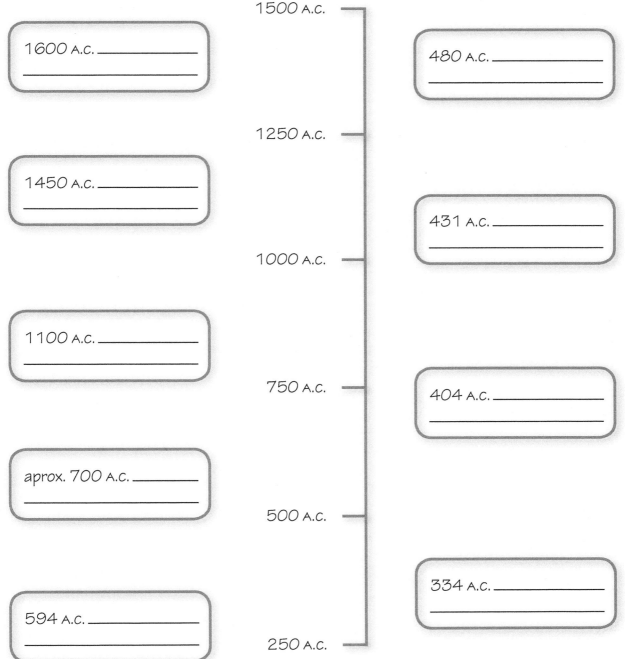

1500 A.C.

1600 A.C. _____
_____

480 A.C. _____
_____

1250 A.C.

1450 A.C. _____
_____

431 A.C. _____
_____

1000 A.C.

1100 A.C. _____
_____

750 A.C.

404 A.C. _____
_____

aprox. 700 A.C. _____
_____

500 A.C.

594 A.C. _____
_____

334 A.C. _____
_____

250 A.C.

? Pregunta esencial

¿Qué deberían hacer los gobiernos?

Vistazo previo Antes de comenzar este capítulo, piensa en la Pregunta esencial. Entender cómo se relaciona la Pregunta esencial con tu vida te ayudará a comprender el capítulo que vas a empezar a leer.

Conexión con tu vida

(1) En la tabla de abajo, cada casilla muestra algo que hace el gobierno. Debajo de cada encabezado para ciudadanos particulares, escribe algo que tú o tu familia deberían hacer, por ejemplo un trabajo voluntario.

Papel del gobierno y mi papel

Escuela	Casa	En mi comunidad	Más allá de mi comunidad
Gobierno: Funda programas deportivos escolares.	**Gobierno:** Promulga leyes para proteger el medio ambiente.	**Gobierno:** Mantiene los parques públicos.	**Gobierno:** El poder legislativo promulga leyes.
Ciudadanos particulares: _____ _____	**Ciudadanos particulares:** _____ _____	**Ciudadanos particulares:** _____ _____	**Ciudadanos particulares:** _____ _____

(2) Ahora piensa cómo tú y tu gobierno pueden trabajar juntos. ¿Qué tipo de problemas debe resolver el gobierno? ¿Cuál debe ser la responsabilidad de ciudadanos como tú y tu familia?

_____

_____

Conexión con el capítulo

(3) Dale un vistazo previo al capítulo mirando los títulos, fotografías y gráficas. Luego predice qué servicios proporcionaba el gobierno romano. Escribe tus ideas en la tabla de abajo.

El gobierno romano

Defensa	Leyes	Economía	Servicios públicos

(4) Lee el capítulo. Actualiza la tabla, agregando ideas, moviéndolas a otras columnas o tachando las que ya no tengan sentido.

Nombre _____ Clase _____ Fecha _____

Conexión con miHistoria: El padre de Tulia salva la república

1 Piensa en maneras en las que tu vida es como la de Tulia. ¿De qué manera estás involucrado en la formación de tu comunidad? ¿Cómo te enteras de los sucesos actuales? ¿A qué adultos admiras por sus esfuerzos en la comunidad?

_____

_____

_____

2 Usa este diagrama de Venn para comparar tus experiencias con las de Tulia. Piensa en las acciones que dan forma a una comunidad o te enseñan sobre los sucesos actuales. Identifica a las personas que admiras por sus esfuerzos en estas áreas.

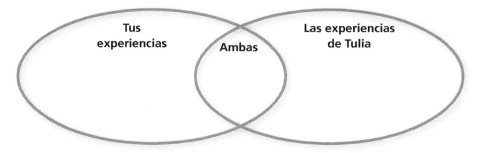

Tus experiencias — Ambas — Las experiencias de Tulia

3 ¿Qué importancia tenía el gobierno en la vida de los romanos? Escribe dos predicciones.

_____

_____

Trabajemos con las palabras

Palabras en contexto Para cada pregunta, escribe una respuesta que muestre tu comprensión del término clave en negritas.

1 ¿Cuáles son algunas actividades que podrían llevarse a cabo en el **foro** de la antigua Roma?

_____

_____

_____

2 ¿Cómo cambió el gobierno de Roma cuando la **república** reemplazó a la monarquía?

_____

_____

_____

3 ¿Qué ventajas tenía un **manípulo** en batalla?

_____

_____

_____

4 ¿Aproximadamente cuántos soldados formaban una **legión** y qué tipo de soldados eran?

_____

_____

_____

Nombre _____ Clase _____ Fecha _____

Toma notas

Analizar causa y efecto Tanto la geografía como las culturas anteriores ayudaron a dar forma a la República romana. Mientras lees, anota las maneras en que cada factor influyó en la República romana.

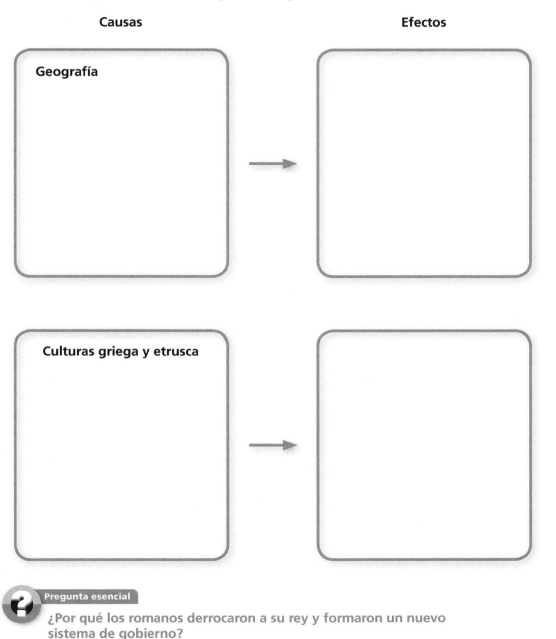

Causas | Efectos

Geografía

Culturas griega y etrusca

Pregunta esencial

¿Por qué los romanos derrocaron a su rey y formaron un nuevo sistema de gobierno?

_____

_____

_____

Trabajemos con las palabras

Concurso de vocabulario En algunos concursos se hace una pregunta y se espera que el concursante dé una respuesta. En otros concursos se da la respuesta y el concursante debe proporcionar la pregunta. Si el espacio en blanco se encuentra en la columna de preguntas, escribe la pregunta que resultaría de la respuesta dada. Si se proporciona la pregunta, escribe la respuesta adecuada.

PREGUNTA

RESPUESTA

(1) ¿Cómo se les llamaba a los más altos funcionarios de la República romana?

(1) _____

(2) _____

(2) constitución

(3) ¿Qué sucede cuando una parte del gobierno limita o cancela la acción de otra parte?

(3) _____

(4) _____

(4) magistrados

(5) ¿Qué prenda usaban los ciudadanos romanos?

(5) _____

Nombre _____ Clase _____ Fecha _____

Toma notas

Identificar las ideas principales y los detalles En esta sección, leíste sobre cómo estaba compartido el poder en el gobierno romano. En la red de abajo, escribe los detalles sobre cada parte o función en el gobierno romano. Indica las responsabilidades de esta parte del gobierno y quién puede servir en ella.

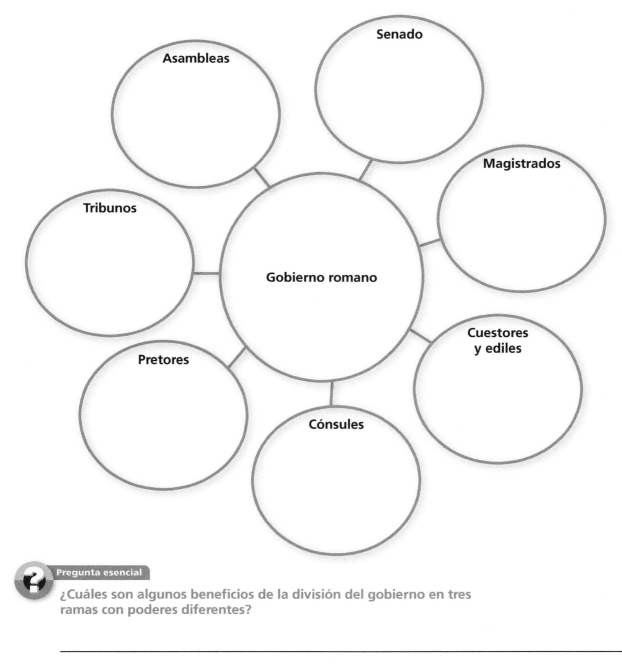

 Pregunta esencial

¿Cuáles son algunos beneficios de la división del gobierno en tres ramas con poderes diferentes?

_____

_____

_____

151

Trabajemos con las palabras

Banco de palabras Elige una palabra del banco de palabras para llenar los espacios en blanco. Cuando termines, tendrás un resumen corto de las ideas importantes de la sección.

sociedad patriarcal   religión establecida
villas   paterfamilias

La vida de las familias romanas variaban según su lugar en la sociedad. La mayoría de los romanos eran pobres y muchos eran esclavos. Su vida consistía en trabajo pesado y condiciones de vida difíciles. Unos cuantos romanos eran ricos y vivían con gran comodidad. Sus casas en la ciudad tenían hermosos patios y jardines e incluso agua corriente. A veces viajaban al campo a sus _____.

Sin importar la clase, a las familias romanas las dirigía el hombre con más edad de la familia. El(La) _____ tenía todo el poder sobre la familia. Era dueño de todos los bienes y tomaba todas las decisiones. Una sociedad que organiza el poder de esta manera recibe el nombre de _____. Los romanos de todas las clases también compartían un(a) _____, apoyada por el gobierno. Por ello, los romanos hacían responsable al gobierno de mantener contentos a los dioses.

Vista reconstruida de la
villa rústica de los *Cornelli*

Nombre _____ Clase _____ Fecha _____

Toma notas

Comparar y contrastar En esta sección, aprendiste cómo la sociedad romana estaba dividida de acuerdo a género y clase. En la tabla siguiente, describe la diferencia entre cada par. Luego usa la cuarta columna para identificar los derechos o la responsabilidad compartida por grupos específicos.

Hombres - Mujeres	Esclavos - Libres	Ricos - Pobres	Coincidencias
			Todos los hombres excepto los esclavos podían _____ _____ _____ _____ Todas las mujeres tenían que _____ _____ _____ Ninguna mujer tenía permitido _____ _____ _____

Pregunta esencial

¿Cuál fue el papel del gobierno en la religión romana?

_____

_____

_____

Trabajemos con las palabras

Mapa de palabras Sigue el modelo de abajo para hacer un mapa de palabras. El término clave *provincia* se encuentra en el óvalo del centro. Escribe la definición en tus propias palabras arriba a la izquierda. Arriba a la derecha, haz una lista de características, es decir, palabras o frases que se relacionen con el término. Abajo a la izquierda haz una lista de las que no son características, es decir, palabras y frases que *no* estarían asociadas con el término. Abajo a la derecha, haz un dibujo del término clave *o* escribe una oración.

Definición en tus propias palabras	**Características**
área o territorio dentro de un país o imperio	• controlada por un país o imperio • a menudo lejos del centro principal de gobierno • gobernada por magistrados
No son características	**Dibujo u oración**
• gobierno de un país • controlaba su propio gobierno • controlaba otros territorios o áreas	El gobierno de Roma enviaba magistrados para que gobernaran cada provincia que estaba bajo su control.

provincia

Ahora, usa el mapa de palabras de abajo para explorar el significado de *guerra civil*. Puedes usar el libro del estudiante, un diccionario y/o un diccionario de sinónimos para completar cada una de las cuatro secciones.

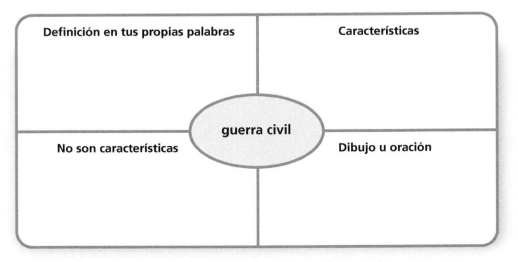

Definición en tus propias palabras	**Características**
No son características	**Dibujo u oración**

guerra civil

Haz tus propios mapas de palabras en hojas de papel separadas para estas palabras: *Augusto* e *imperio*.

Nombre _____ Clase _____ Fecha _____

Toma notas

Resumir En esta sección leíste sobre sucesos que ocurrieron al final de la República romana. En el diagrama de flujo de abajo, explica brevemente las debilidades de la república en el recuadro de la izquierda. Describe las acciones de los responsables de la crisis de la república en el recuadro de la derecha. Luego, resume los efectos de estos problemas durante la crisis final.

Debilidades de la república

Corrupción
_____
_____
_____
_____

Pobres urbanos
_____
_____
_____
_____

Poder del ejército
_____
_____
_____
_____

Acciones de políticos y comandantes militares

Mario y Sila
_____
_____
_____
_____
_____
_____

Pompeyo y César
_____
_____
_____
_____
_____
_____

Crisis final
_____
_____
_____
_____

Pregunta esencial

¿De qué manera la riqueza y el poder cada vez mayores de Roma contribuyeron a la caída de la República romana?

_____

_____

_____

? Pregunta esencial | Taller del escritor

¿Qué deberían hacer los gobiernos?

Prepárate para escribir

En este capítulo, exploraste la Pregunta esencial en tu texto, en tu cuaderno y en *On Assignment* en myworldhistory.com. Usa lo que has aprendido para escribir un ensayo sobre la característica del gobierno romano que crees que es la más importante. Descríbela y toma una posición sobre cómo ayudó a la República romana a crecer o cómo contribuyó a su crisis y fin.

Destreza del taller: Escribe una introducción y una tesis

En esta lección, aprenderás más sobre cómo desarrollar una tesis y una introducción para un ensayo. Una tesis es el punto principal de tu ensayo. No es ni un tema ni un título. Es una idea que explicarás en el ensayo. Los escritores generalmente exponen su tesis en la introducción. El primer párrafo es como un esquema de tu ensayo. Les dice a los lectores cuál es tu punto principal y presenta brevemente una lista de los argumentos que usarás para apoyarlo.

Determina el tipo de ensayo Piensa en las características del tipo de ensayo que vas a escribir. Busca palabras importantes en la pregunta del ensayo. Por ejemplo, las palabras *qué crees* y *toma una posición* te dicen que debes escribir un ensayo persuasivo. Tu ensayo debe expresar tu opinión y tratar de convencer al lector de que ésta es correcta. Describirás la característica de la República romana que elegiste. Luego, explicarás por qué es tan importante. Necesitarás ejemplos para apoyar tu explicación.

Escribe una tesis Considera el punto principal que quieras desarrollar en tu ensayo y redáctalo como tu tesis. Este es un ejemplo: *La separación de poderes, la característica más importante del gobierno de la República romana, contribuyó tanto a su crecimiento como a su crisis final*. Esta oración se refiere específicamente a la pregunta, sólo menciona una característica del gobierno y hace referencia tanto a su crecimiento como a su crisis final.

El resto del ensayo describirá *cómo* la división de poderes contribuyó al crecimiento y a la crisis de la república. Lo más importante, debe explicar *por qué* este factor contribuyó más que ningún otro. La tesis puede aparecer al inicio o al final de tu introducción.

Formula la introducción Una introducción les dice a los lectores de qué se tratará tu ensayo y por qué deben preocuparse por el tema. Por tanto, tienes que darles unos pocos antecedentes. Por ejemplo, puedes explicar por qué los romanos establecieron una república y cómo la división de poderes se relacionaba con esas razones. Debes resumir brevemente los puntos principales que hagas, tal vez en una sola oración. Finalmente, menciona a tus lectores por qué tus ideas son importantes.

Revisa tu tesis mientras escribes A veces, a medida que explicas tus argumentos, puedes encontrar que no apoyan exactamente la tesis. Puedes también cambiar tu tema un poco. Es por eso que es importante que compruebes y revises tu tesis con frecuencia a medida que escribes.

Mientras revisas tu tesis, recuerda que debe:
- cubrir el objetivo del ensayo
- estar claramente expresada y ser fácil de entender
- estar apoyada por hechos y lógica

Ejemplo de introducción Este es un ejemplo de tesis e introducción:

La separación de poderes, la característica más importante del gobierno de la República romana, contribuyó tanto a su crecimiento como a su crisis final. En 509 A.C., los fundadores de la república previeron la separación de poderes entre muchos funcionarios. En los 500 años que prosperó la república, el sistema tuvo éxito para controlar a los ávidos de poder. Con el tiempo, sin embargo, las luchas por el poder debilitaron la república. En 30 A.C. Roma volvió a ser una monarquía. Entender el éxito y el fracaso de la separación de poderes en la antigua Roma es importante. Nos ayuda a reconocer la necesidad de proteger la separación de poderes en nuestro propio gobierno.

Crea tu tesis e introducción
Ahora escribe tu propia tesis e introducción.

Ejemplo de tesis _____

_____

Contexto _____

_____

Punto principal 1 _____

_____

Punto principal 2 _____

_____

Por qué es importante _____

_____

Haz un borrador de tu ensayo
Usa la tesis e introducción de tu ensayo, que escribirás en otra hoja de papel. Complétalo y revísalo con un compañero.

Pregunta esencial

¿Por qué la gente se desplaza?

Vistazo previo Antes de comenzar este capítulo, piensa en la Pregunta esencial. Entender cómo se relaciona la Pregunta esencial con tu vida te ayudará a comprender el capítulo que vas a empezar a leer.

Conexión con tu vida

(1) Piensa en las razones por las que las personas se desplazan. Algunas personas se desplazan por elección y otras porque tienen que hacerlo. Haz una lluvia de ideas de algunas de las razones y luego organízalas por categorías específicas. Enumera tus ideas en la tabla.

Razones por las que las personas se desplazan				
Personales	• Geográficas	• Negocios	• Políticas	• Militares

(2) Considera todas las maneras en que poder elegir desempeña un papel en los desplazamientos que has enumerado. ¿En qué se diferencia el desplazamiento por elección del despazamiento sin elección? ¿En qué se parecen?

_____

_____

Conexión con el capítulo

(3) Dale un vistazo previo al capítulo mirando los títulos, fotografías y gráficas. Luego haz predicciones sobre cómo los desplazamientos han afectado a las naciones y culturas a través de la historia. Enumera tus ideas en la tabla de abajo.

Efectos de los desplazamientos en las comunidades, culturas y naciones				
Idiomas	• Valores/Creencias	• Cultura	• Leyes	• Infraestructura

(4) Después de leer el capítulo, regresa a las ideas que anotaste en la tabla. Escribe una *P* en los cambios positivos y una *N* en los cambios negativos.

Conexión con miHistoria: El naufragio de Pablo

(1) Pablo alentó e inspiró a los que sentían pánico en la tormenta. ¿Alguna vez has sentido miedo como las personas del barco? Comenta sobre alguien en tu vida que te haya alentado cuando tuviste miedo.

_____

_____

(2) Usa este diagrama de Venn para comparar tu experiencia con la de las personas del barco de Pablo. Piensa en lo que se dijo que te tranquilizó. Luego piensa en lo que tranquilizó a las personas del barco.

Lo que te tranquilizó

Lo que tranquilizó a ambos

Lo que tranquilizó a los camaradas de Pablo

(3) En el primer recuadro de la tabla de abajo, enumera los retos que enfrentó Pablo en su viaje y las maneras en que su compromiso con sus ideas le ayudó a enfrentar esos retos.

Retos en el viaje	El papel del compromiso

(4) ¿Cómo crees que la fe religiosa influyó en la población romana mientras enfrentaban los retos de un imperio en extensión?

_____

_____

Trabajemos con las palabras

Constructor de oraciones Completa las oraciones usando la información que aprendiste en esta sección. Tal vez tengas que cambiar la forma de las palabras para completar las oraciones.

deificar   Paz Romana
acueductos   concreto
greco-romano

(1) Los emperadores que son adorados como si fueran dioses han sido

_____.

(2) Los romanos experimentaron un largo período de paz y prosperidad

durante la(el) _____.

(3) La mezcla de piedra y arena con piedra caliza, arcilla y agua produce un

útil material de construcción llamado(a) _____.

(4) La cultura que toma sus rasgos característicos de la antigua Roma y la

antigua Grecia se llama _____.

(5) Las ciudades romanas crecieron rápidamente, en parte debido a que los

ingenieros diseñaron _____ que llevaban agua

a través de grandes distancias.

Nombre _____ Clase _____ Fecha _____

Toma notas

Analizar Causa y efecto Muchos factores ayudaron al crecimiento del Imperio Romano. Mientras lees, anota las formas en las que cada factor contribuyó al crecimiento del Imperio Romano.

Causa	Efectos
Gobierno por emperadores	
Paz Romana	
Logros prácticos de Roma	
Ejército romano	

Pregunta esencial

Si viajaras a las ciudades romanas por todo el imperio en 100 D.C., ¿qué edificios similares verías dondequiera que fueras?

_____

_____

Trabajemos con las palabras

Concurso de vocabulario En algunos concursos se hace una pregunta y se espera que el concursante dé una respuesta. En otros concursos se da la respuesta y el concursante debe proporcionar la pregunta. Si el espacio en blanco se encuentra en la columna de preguntas, escribe la pregunta que resultaría de la respuesta dada. Si se proporciona la pregunta, escribe la respuesta adecuada.

PREGUNTA

(1) ¿Cómo se llaman los hombres que combaten entre sí como parte de un entretenimiento público?

(2) _____

(3) ¿Qué tipo de literatura se burla de su tema?

(4) _____

(5) ¿Qué categoría de idiomas incluye los idiomas español, francés y portugués?

RESPUESTA

(1) _____

(2) mosaico

(3) _____

(4) oratoria

(5) _____

Nombre _____ Clase _____ Fecha _____

Toma notas

Identificar las ideas principales y los detalles En esta sección, leíste cómo
floreció la cultura de Roma durante la Paz Romana. En la red de abajo, anota
detalles sobre cada aspecto de esa cultura.

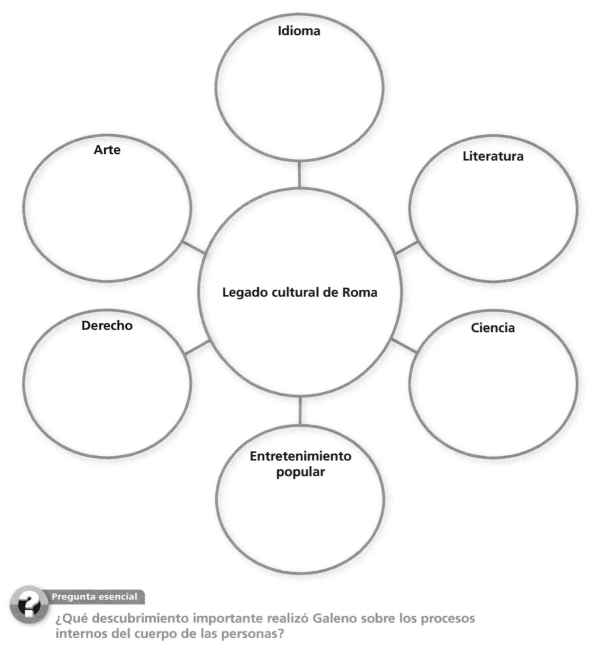

Pregunta esencial

¿Qué descubrimiento importante realizó Galeno sobre los procesos
internos del cuerpo de las personas?

_____

_____

_____

Trabajemos con las palabras

Banco de palabras Elige una palabra del banco de palabras para llenar el espacio en blanco. Cuando termines, tendrás un resumen corto de ideas importantes de la sección.

bautismo	resurrección
crucifixión	conversión
mártires	

El cristianismo surgió en Judea, parte del Imperio Romano. Los judíos de Judea practicaban muchas tradiciones religiosas. Una de estas tradiciones era el ritual de sumergirse en el agua, que posteriormente fue adoptado por el cristianismo como el rito del _____.

Jesús de Nazaret predicó ideas de la Biblia hebrea y de cómo vivir una vida de bien. Muchos creían que Jesús era el mesías, un rey que salvaría a los judíos de la opresión. A medida que más personas seguían a Jesús, el gobierno romano lo veía como una amenaza e hizo que lo ejecutaran mediante la(el) _____. Algunos de los seguidores de Jesús dijeron que lo vieron después de su muerte. Estos creyentes formaron una nueva religión llamada cristianismo. Creían que la(el) _____ de Jesús era la prueba de que era el mesías.

Después de la muerte de Jesús, algunos de sus seguidores difundieron sus enseñanzas. Uno de ellos fue Pablo, quien se oponía el cristianismo, hasta que experimentó un(a) _____ que cambió su forma de pensar. A medida que el cristianismo se difundió, muchos emperadores romanos respondieron con la persecución. Muchos cristianos murieron debido a sus creencias. Estas personas son llamadas _____.

Nombre _____ Clase _____ Fecha _____

Toma notas

Secuencia En esta sección, aprendiste sobre la manera en que el cristianismo se desarrolló a partir del judaísmo para convertirse en una religión separada que se difundió por todas partes. En la línea cronológica de abajo, indica qué pasó en cada una de las fechas enumeradas.

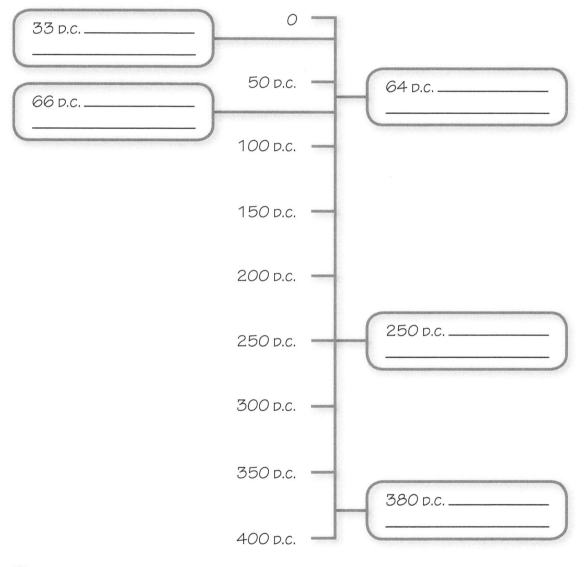

33 D.C. _____
_____

66 D.C. _____
_____

0

50 D.C.

64 D.C. _____
_____

100 D.C.

150 D.C.

200 D.C.

250 D.C.

250 D.C. _____
_____

300 D.C.

350 D.C.

380 D.C. _____
_____

400 D.C.

Pregunta esencial

¿Cómo contribuyeron las acciones del gobierno romano a la difusión del cristianismo y otras ideas?

_____

_____

_____

Trabajemos con las palabras

Crucigrama Las pistas *horizontal* y *vertical* son las definiciones de los términos clave de esta sección. Llena las casillas *horizontales* enumeradas con los términos clave correctos. Después, haz lo mismo con las pistas *verticales*.

Horizontal	Vertical
1. Biblia cristiana, Parte 2	2. Dios el Padre, Dios el Hijo y Dios el Espíritu Santo
5. grupo religioso	3. carta formal, como las que escribió Pablo
6. ideas sobre la manera correcta de actuar	4. cuatro puntos de vista sobre la vida y las enseñanzas de Cristo
7. historia con una moraleja religiosa	

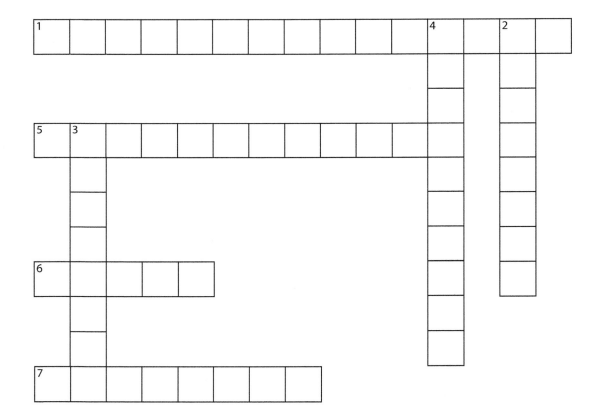

Nombre _____ Clase _____ Fecha _____

Toma notas

Resumir En esta sección leíste sobre las creencias del cristianismo. En los recuadros de la parte superior de la tabla de flujo de abajo, escribe una idea principal, usando los encabezados en rojo de tu libro de texto. Luego escribe una breve oración que explique cómo las creencias del cristianismo, junto con las del judaísmo, moldearon el mundo occidental.

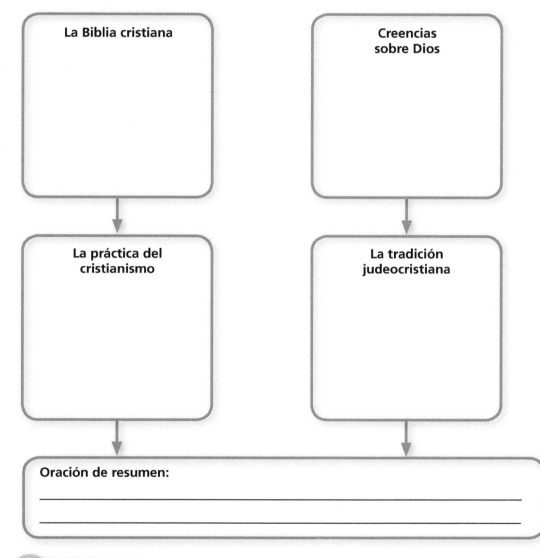

La Biblia cristiana

Creencias sobre Dios

La práctica del cristianismo

La tradición judeocristiana

Oración de resumen:

_____

_____

? Pregunta esencial

¿Viven actualmente más cristianos en Asia, donde se fundó el cristianismo, o en otros continentes?

_____

_____

_____

Trabajemos con las palabras

Palabras en contexto Para cada pregunta, escribe una respuesta que muestre tu comprensión del término clave en negritas.

1 ¿Cuáles son los problemas que las personas podrían tener en una época de **inflación**?

_____

_____

_____

2 Según los romanos, ¿por qué eran **bárbaros** los germanos?

_____

_____

_____

3 ¿Cómo demostró el emperador Teodosio su apoyo a la **ortodoxia** cristiana?

_____

_____

_____

4 ¿Qué papel desempeñaron los **mercenarios** en la lucha del Imperio Romano por su supervivencia?

_____

_____

_____

Nombre _____ Clase _____ Fecha _____

Toma notas

Analizar causa y efecto En esta sección leíste sobre la caída del Imperio Romano. Mientras lees, piensa en las razones de ese declive. Luego completa la tabla de flujo de abajo.

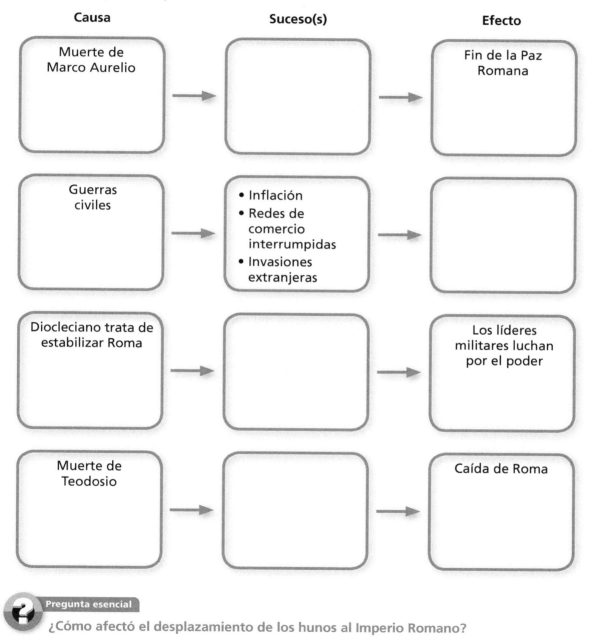

Causa	Suceso(s)	Efecto
Muerte de Marco Aurelio		Fin de la Paz Romana
Guerras civiles	• Inflación • Redes de comercio interrumpidas • Invasiones extranjeras	
Diocleciano trata de estabilizar Roma		Los líderes militares luchan por el poder
Muerte de Teodosio		Caída de Roma

Pregunta esencial

¿Cómo afectó el desplazamiento de los hunos al Imperio Romano?

_____

_____

_____

Pregunta esencial Taller del escritor

¿Por qué la gente se desplaza?

Prepárate para escribir

En este capítulo, has explorado la Pregunta esencial en tu texto, en tu cuaderno y en *On Assignment* en myworldhistory.com. Usa lo que has aprendido para escribir un ensayo sobre el efecto de los desplazamientos en el Imperio Romano. Identifica los tipos de desplazamientos que desempeñaron un papel. Luego categoriza estos tipos de desplazamientos de acuerdo a cómo ayudaron al imperio a crecer o cómo influyeron en su declive.

Destreza del taller: Escribir párrafos de desarrollo

En esta lección, aprenderás cómo escribir párrafos de desarrollo. Revisa cómo hacer un esquema de un ensayo y cómo escribir una introducción. Usa la tesis de tu introducción para revisar los puntos principales que quieras tocar en cada párrafo de desarrollo. Para esta tarea, escribirás un ensayo de cinco párrafos con tres párrafos de desarrollo. Supón que tu tesis es *Los desplazamientos desempeñaron un papel importante tanto en el crecimiento como en el declive del Imperio Romano*. Cada párrafo debe desarrollar un punto principal que apoye la tesis. Usarás evidencia y detalles para apoyar ese punto principal.

Escribe una oración principal Empieza con una oración principal. Una oración principal debe expresar claramente la idea principal del párrafo de desarrollo, conectar esa idea con la tesis del ensayo y proporcionar una transición del párrafo previo. Las palabras de transición, como *primero*, *por otra parte*, y *por último*, conectan las ideas de un párrafo al siguiente.

Apoya la oración principal con evidencia Observa la oración principal que acabas de escribir. Piensa en por lo menos tres detalles que la apoyen. Estos pueden ser hechos, estadísticas, citas, razones y otra evidencia. Cada detalle ayuda a mostrar por qué tu oración principal es correcta.

Termina con una conclusión Termina con una oración que enlace el párrafo y la tesis. Esta oración resume el párrafo y ayuda a los lectores a entender la forma en que los hechos que has presentado apoyan tu tesis.

Un ejemplo de párrafo de desarrollo:

Oración principal *Primero, es importante definir los principales tipos de desplazamientos que se produjeron durante el Imperio Romano.*

Detalle de apoyo *El desplazamiento militar se produjo cuando los soldados romanos viajaron grandes distancias para conquistar nuevas tierras.*

Detalle de apoyo *El comercio era otro tipo de desplazamiento a medida que los comerciantes romanos llevaban los bienes a lugares lejanos y regresaban con otros bienes.*

Detalle de apoyo *Una tercera categoría importante es la difusión de ideas debido a los desplazamientos. La difusión de ideas fue deliberada en algunos casos, como cuando Jesús y sus seguidores viajaron para difundir las ideas cristianas. La difusión de ideas se produjo también como resultado del comercio o de la conquista militar.*

Conclusión *Cada tipo de desplazamiento desempeñó un papel tanto en el crecimiento como en el declive del Imperio Romano.*

Escribe un párrafo de desarrollo

Ahora escribe tu propio párrafo de desarrollo para tu ensayo.

Oración principal

_____

_____

Detalle de apoyo

_____

_____

Detalle de apoyo

_____

_____

Detalle de apoyo

_____

_____

Conclusión

_____

_____

Haz un borrador de tu ensayo

Usa el párrafo central de arriba en tu ensayo completo de cinco párrafos (escrito en otra hoja de papel). Revisa que todos los párrafos de desarrollo tengan una oración principal, detalles de apoyo y una conclusión.

¡Lugares por conocer!

Destreza: Mapas Usa los mapas de esta unidad para identificar los ¡Lugares por conocer! en el croquis. Escribe junto al nombre de cada lugar, la letra que indica su ubicación en el mapa.

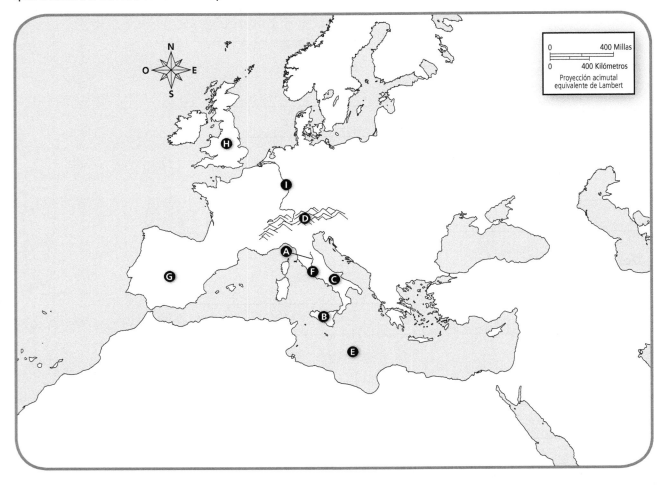

_____ mar Mediterráneo   _____ Italia

_____ río Tíber   _____ Sicilia

_____ río Rin   _____ Britania

_____ Alpes   _____ España

_____ Roma

Nombre _____ Clase _____ Fecha _____

Sucesos clave

Línea cronológica Usa lo que has leído sobre la antigua Roma para completar la línea cronológica de abajo. Dibuja una línea desde cada suceso hasta su posición correcta en la línea cronológica. Luego escribe una breve descripción de cada suceso.

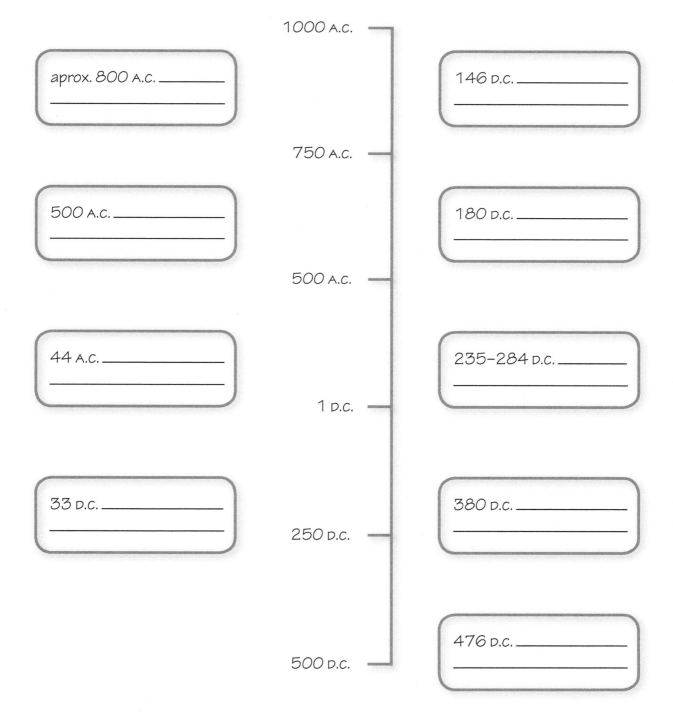

1000 A.C.

aprox. 800 A.C. _____
_____

146 D.C. _____
_____

750 A.C.

500 A.C. _____
_____

180 D.C. _____
_____

500 A.C.

44 A.C. _____
_____

235–284 D.C. _____
_____

1 D.C.

33 D.C. _____
_____

380 D.C. _____
_____

250 D.C.

476 D.C. _____
_____

500 D.C.

¿Qué distingue una cultura de otra?

Pregunta esencial

Vistazo previo Antes de comenzar este capítulo, piensa en la Pregunta esencial. Entender cómo se relaciona la Pregunta esencial con tu vida te ayudará a comprender el capítulo que vas a empezar a leer.

Conexión con tu vida

(1) Piensa qué define la cultura. Por ejemplo, la cultura puede ser el arte, la religión o el gobierno. Identifica todos los elementos que puedas. Luego enumera algunos ejemplos de las maneras en que estos factores influyen en tu vida. Enumera por lo menos un ejemplo en cada columna.

Cómo influye la cultura en mi vida			
Ciencia	Tecnología	Tradiciones familiares	Otro (arte, idioma)

(2) Piensa en algunas de las diferencias en la cultura que tú y tus compañeros de clase han identificado. ¿Por qué podría una cultura cambiar con el tiempo?

_____

_____

Conexión con el capítulo

(3) Explora las formas en que las culturas nacionales pueden cambiar. Dale un vistazo previo al capítulo mirando los títulos, fotografías y gráficas. En la tabla de abajo, escribe tus predicciones sobre cómo cambió la cultura bizantina con el tiempo.

	Cuando cayó el Imperio Romano de Occidente	Durante el Imperio Bizantino
Gobierno/Leyes		
Arte		
Religión		

(4) Después de leer el capítulo, regresa a las predicciones que anotaste en la tabla. Encierra en un círculo tus predicciones correctas.

Conexión con miHistoria:
Los disturbios de Nika:
La gran victoria de Teodora

1. Teodora tenía que tomar una decisión. Podía huir para salvar su vida o luchar por conservar su posición. ¿Qué habrías hecho si hubieras tenido que hacer tal elección? Explica tu respuesta.

_____

_____

2. Usa este diagrama de Venn para comparar tus experiencias con las de Teodora. Piensa en situaciones enfadosas o desagradables, y en las formas en que las has manejado.

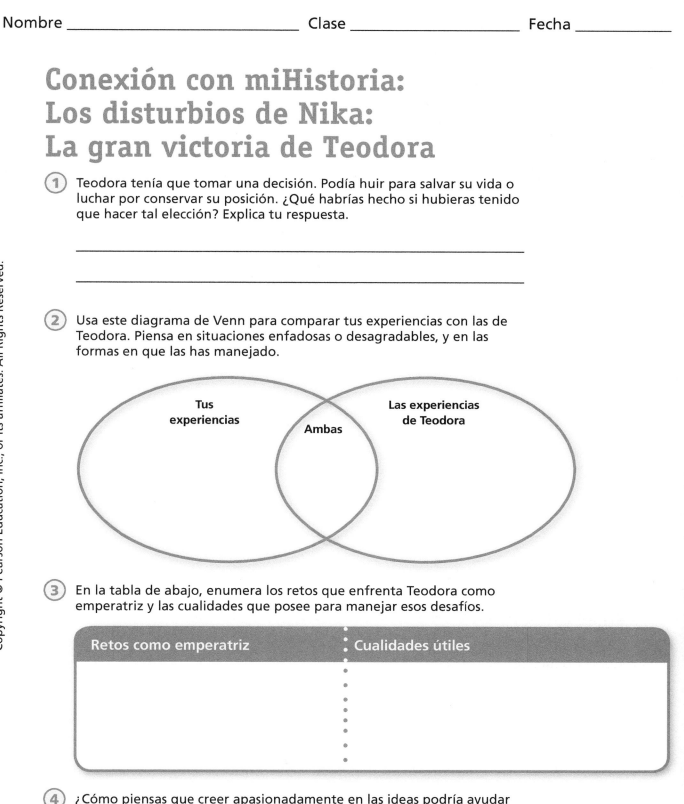

Tus experiencias

Ambas

Las experiencias de Teodora

3. En la tabla de abajo, enumera los retos que enfrenta Teodora como emperatriz y las cualidades que posee para manejar esos desafíos.

Retos como emperatriz	Cualidades útiles

4. ¿Cómo piensas que creer apasionadamente en las ideas podría ayudar a las personas a establecer y expandir el Imperio Bizantino? ¿Cómo podría ayudar tener la capacidad para explicar esas ideas a los demás?

_____

_____

Trabajemos con las palabras

Palabras en contexto Para cada pregunta, escribe una respuesta que muestre tu comprensión del término clave en negritas.

(1) ¿Por qué necesitaban los historiadores un nuevo nombre para el Imperio **Bizantino**?

_____

_____

_____

(2) ¿Cómo ayudaba un **foso** a defender una ciudad?

_____

_____

_____

(3) ¿Por qué tenían tanto miedo los ejércitos invasores del **fuego griego** de los bizantinos?

_____

_____

_____

(4) ¿Cuáles eran las ventajas de Constantinopla al estar ubicada en un **estrecho**?

_____

_____

_____

Nombre _____ Clase _____ Fecha _____

Toma notas

Analizar causa y efecto Muchos factores influyeron en el crecimiento y la expansión del Imperio Bizantino. Mientras lees, escribe detalles que describan cada factor en el lado izquierdo. Luego explica su efecto en el lado derecho.

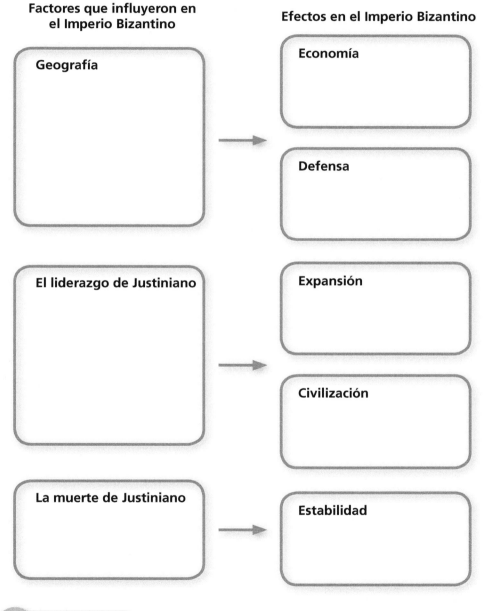

Factores que influyeron en el Imperio Bizantino

Geografía

El liderazgo de Justiniano

La muerte de Justiniano

Efectos en el Imperio Bizantino

Economía

Defensa

Expansión

Civilización

Estabilidad

Pregunta esencial

¿En qué se diferenciaba el Imperio Bizantino del antiguo Imperio Romano?

_____

_____

Trabajemos con las palabras

Constructor de oraciones Completa las oraciones usando la información que has aprendido en esta sección. Tal vez tengas que cambiar la forma de las palabras para completar la oración.

credo   ícono
iconoclasta   papa
Gran Cisma

(1) El liderazgo de la Iglesia fue el tema de división más importante entre

la Iglesia ortodoxa oriental y la Iglesia católica romana en el(la)

_____.

(2) El líder de la Iglesia católica romana y obispo de Roma era el(la)

_____.

(3) Muchos cristianos creían que no era correcto adorar las imágenes

sagradas llamadas _____.

(4) Constantino ordenó a los funcionarios de la Iglesia que crearan un conjunto

claro de creencias religiosas, que se redactaron como un(a)

_____.

(5) A los bizantinos que destruían las imágenes sagradas en la iglesias se les

llamaba _____.

Nombre _____ Clase _____ Fecha _____

Toma notas

Comparar y contrastar En esta sección, has leído cómo se separó la Iglesia cristiana. Enumera las características que compartían la Iglesia católica romana y la Iglesia ortodoxa oriental y las características que distinguían a cada Iglesia.

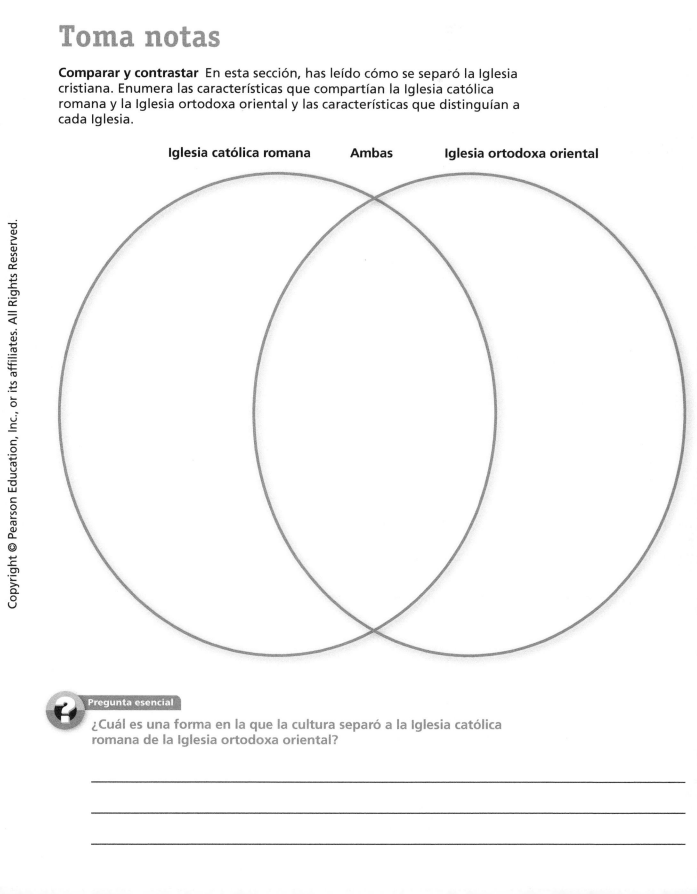

Iglesia católica romana   **Ambas**   **Iglesia ortodoxa oriental**

Pregunta esencial

¿Cuál es una forma en la que la cultura separó a la Iglesia católica romana de la Iglesia ortodoxa oriental?

_____

_____

_____

Trabajemos con las palabras

Mapa de palabras Sigue el modelo de abajo para hacer un mapa de palabras. El término clave *Código de Justiniano* se encuentra en el óvalo del centro. Escribe la definición en tus propias palabras arriba a la izquierda. Arriba a la derecha, haz una lista de características, es decir, palabras o frases que se relacionen con el término. Abajo a la izquierda haz una lista de las que no son características, es decir, palabras y frases que no estarían asociadas con el término. Abajo a la derecha, haz un dibujo del término clave o escribe una oración.

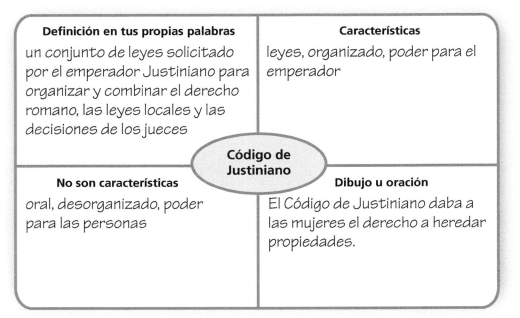

Definición en tus propias palabras
un *conjunto de leyes solicitado por el emperador Justiniano para organizar y combinar el derecho romano, las leyes locales y las decisiones de los jueces*

Características
leyes, organizado, poder para el emperador

Código de Justiniano

No son características
oral, desorganizado, poder para las personas

Dibujo u oración
El Código de Justiniano daba a las mujeres el derecho a heredar propiedades.

Ahora, usa el mapa de palabras de abajo para explorar el significado del término *alfabeto cirílico*. Puedes usar el libro del estudiante, un diccionario y/o un diccionario de sinónimos para completar cada una de las cuatro secciones y comprender el significado de este término.

Definición en tus propias palabras

Características

alfabeto cirílico

No son características

Dibujo u oración

Haz tus propios mapas de palabras en una hoja de papel separada para la palabra *misionero.*

Nombre _____ Clase _____ Fecha _____

Toma notas

Resumir En esta sección, has leído sobre la civilización bizantina y su influencia en el mundo. En cada recuadro de abajo, escribe una idea principal y dos detalles sobre cada subtítulo del texto. Luego escribe una oración que resuma el efecto que tuvo el Imperio Bizantino en el mundo que lo rodeaba.

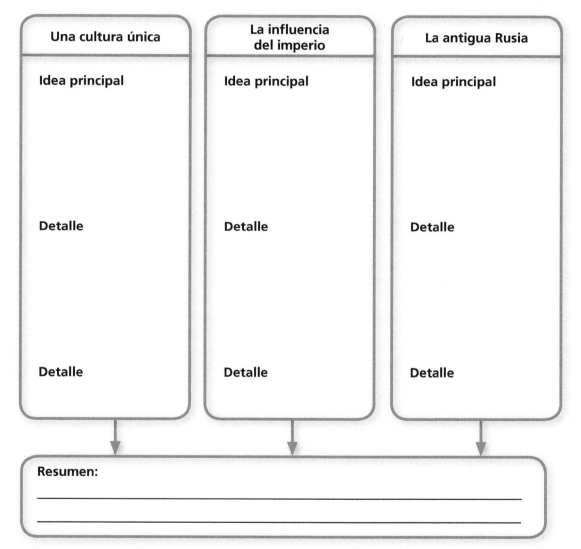

Una cultura única

Idea principal

Detalle

Detalle

La influencia del imperio

Idea principal

Detalle

Detalle

La antigua Rusia

Idea principal

Detalle

Detalle

Resumen:
_____
_____

Pregunta esencial

¿Cómo cambió el Imperio Bizantino las culturas de los pueblos eslavos de Europa oriental?

_____
_____
_____

Pregunta esencial Taller del escritor

¿Qué distingue una cultura de otra?

Prepárate para escribir

En este capítulo, has explorado la Pregunta esencial en tu texto, en tu cuaderno y en *On Assignment* en myworldhistory.com. Usa lo que has aprendido para escribir un ensayo de comparación y contraste sobre cómo se diferenciaba la cultura bizantina de la cultura romana de la cual surgió. Considera los siguientes aspectos de la cultura: étnico, religioso, legal, arte y arquitectura, e incluso ubicación.

Destreza del taller: Escribir una conclusión

Repasa cómo escribir un ensayo. Considera el argumento principal que quieras presentar y redáctalo como la tesis, por ejemplo: *La cultura del Imperio Bizantino conservó muchas de las características de la cultura romana, pero también desarrolló características únicas.* En tu introducción, enumera y describe brevemente tres aspectos de la cultura que vas a comparar y contrastar. En cada párrafo de desarrollo, explica si ambas culturas comparten un mismo aspecto, o si el aspecto es peculiar sólo a una de ellas. Usa detalles y evidencia para apoyar la comparación. Por ejemplo, podrías decir que el cristianismo unificó y dividió las culturas bizantina y romana. Después da ejemplos específicos.

En esta lección, aprenderás cómo completar tu ensayo de comparación y contraste con una conclusión. La conclusión de un ensayo de comparación y contraste tiene tres objetivos: debe exponer nuevamente tu tesis principal. Debe mencionar brevemente las excepciones a tu tesis o puntos principales. Finalmente, debe dar a los lectores una manera de ir más allá del ensayo, tal vez a un tema más amplio o a uno de mayor importancia actual.

Mencionar de nuevo y relacionar Comienza con una oración que vuelva a mencionar tu tema o tesis. Después agrega una oración que use un lenguaje vívido para ayudar a los lectores a visualizar la comparación. Por ejemplo, podrías describir la arquitectura bizantina.

Mencionar las excepciones Después, imagínate que estás respondiendo preguntas sobre tu ensayo. ¿Qué puntos débiles o brechas podría alguien cuestionar en tu comparación y contraste? En una o dos oraciones, identifica uno de estos puntos débiles y explica por qué no es importante para la comparación global.

Otras conexiones Termina tu conclusión mediante la conexión de tu comparación con la Pregunta esencial y con temas de actualidad, respondiendo a la pregunta: ¿por qué es importante esta comparación para tus lectores? Comenta maneras en que las personas pueden entender su mundo de hoy mediante la comprensión de este tema en la historia.

Esta conclusión demuestra las tres partes:

Ejemplo de la nueva mención Como lo muestra la comparación de estas características, el arte, la religión y los sistemas legales bizantinos tenían mucho en común con la cultura romana y sin embargo, tenían varias características únicas. Por ejemplo, las iglesias bizantinas daban forma al horizonte con cúpulas que resaltaban las diferencias entre las dos iglesias.

Ejemplo de discusión de la excepción Es verdad que los primeros iconoclastas eran bizantinos. Sin embargo, con el tiempo este punto de vista fue sólo de los cristianos occidentales y los cristianos ortodoxos tuvieron la libertad de usar los íconos a su antojo en la práctica de su religión.

Ejemplo de otras conexiones Estas dos grandes culturas, y sus religiones, eran tan similares como diferentes. De la misma manera, las grandes culturas de hoy pueden encontrar un punto de acuerdo mientras respetan sus diferencias.

Haz un borrador de tu ensayo

Ahora escribe tu propia conclusión para tu ensayo.

Nueva mención _____

_____

_____

Discusión de la excepción _____

_____

_____

_____

Otras conexiones _____

_____

_____

_____

Usa la conclusión de arriba en tu ensayo completo (escrito en otra hoja de papel). Asegúrate de que tu conclusión exponga nuevamente tu tesis, que incluya la discusión de una excepción, y que presente con claridad otras conexiones que vayan más allá del ensayo.

Nombre _____ Clase _____ Fecha _____

? **Pregunta esencial**

¿Cómo se relacionan la religión y la cultura?

Vistazo previo Antes de comenzar este capítulo, piensa en la Pregunta esencial. Entender cómo se relaciona la Pregunta esencial con tu vida te ayudará a comprender el capítulo que vas a empezar a leer.

Conexión con tu vida

① Piensa en la relación entre la religión y la cultura. ¿Cómo puedes saber si las personas de tu comunidad practican una religión?

_____

_____

② Ahora piensa en la manera en que la religión influye en la cultura. En la tabla de abajo, describe elementos de tu cultura local y explora maneras en que la religión influye en estos elementos.

Elementos de la cultura local	Descripción o ejemplo	Influencia de la religión
Importancia de su estudio		
El papel de los hombres y las mujeres		
Rituales comunes		

Conexión con el capítulo

③ Dale un vistazo previo al capítulo mirando los títulos, imágenes y leyendas. En la tabla de abajo, predice cómo influyó la religión en la cultura de la civilización islámica.

Elementos de la cultura de la civilización islámica	Descripción o ejemplo	Influencia de la religión
Gobierno y gobernantes		
Rituales regulares		
Arte y arquitectura		

④ Lee el capítulo. Luego, encierra en un círculo y revisa las predicciones que no eran correctas.

_____

_____

Conexión con miHistoria:
El viaje de Ibn Battutah

(1) Piensa en maneras en que tu vida se parece a la de Ibn Battutah. ¿Qué has aprendido al visitar lugares nuevos y conocer personas nuevas?

_____

_____

(2) Usa este diagrama de Venn para comparar tu experiencias con las de Ibn Battutah. Piensa en viajes regulares, interacciones con personas y lugares nuevos y lecciones que se aprendieron.

Tus experiencias　　　**Ambos**　　　**Experiencias de Ibn Battutah**

(3) ¿Qué cualidades personales poseía Ibn Battutah que lo llevaron a realizar un viaje tan largo?

_____

_____

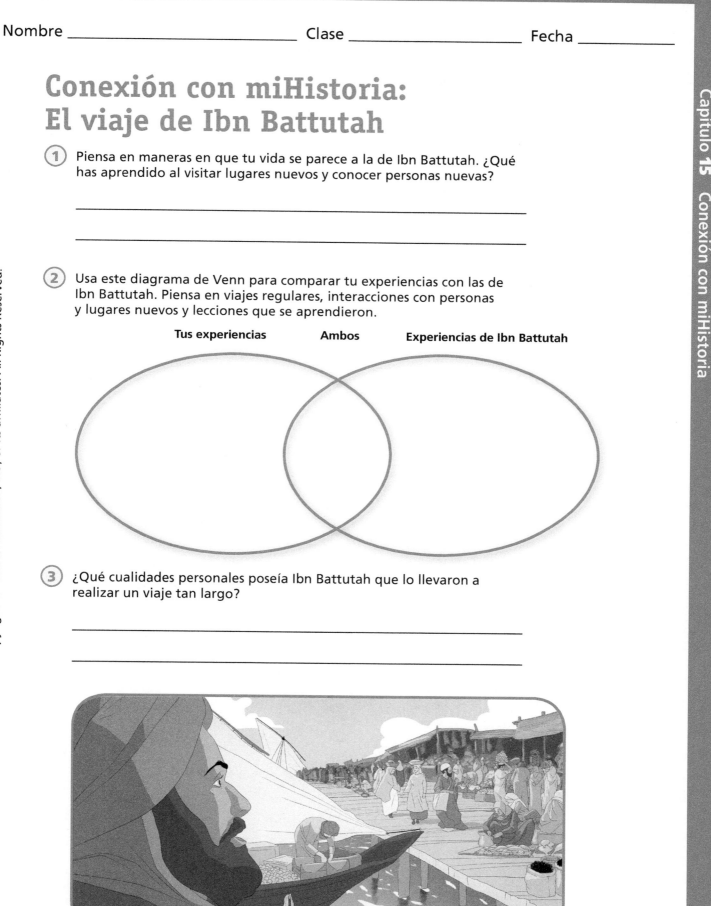

Nombre _____ Clase _____ Fecha _____

Trabajemos con las palabras

Concurso de vocabulario En algunos concursos se hace una pregunta y se espera que el concursante dé una respuesta. En otros concursos se da la respuesta y el concursante debe proporcionar la pregunta. Si el espacio en blanco se encuentra en la columna de preguntas, escribe la pregunta que resultaría de la respuesta dada. Si se proporciona la pregunta, escribe la respuesta adecuada.

PREGUNTA

RESPUESTA

(1) ¿En qué lugar del desierto hay agua?

(1) _____

(2) _____

(2) hégira

(3) ¿Quiénes son los nómadas árabes?

(3) _____

(4) _____

(4) Kaaba

Nombre _____ Clase _____ Fecha _____

Toma notas

Identificar las ideas principales y los detalles En esta sección, leíste sobre la geografía y la cultura en Arabia antes y después del surgimiento del islam. Ahora escribe ideas importantes para cada parte del texto, junto con dos detalles de cada idea principal.

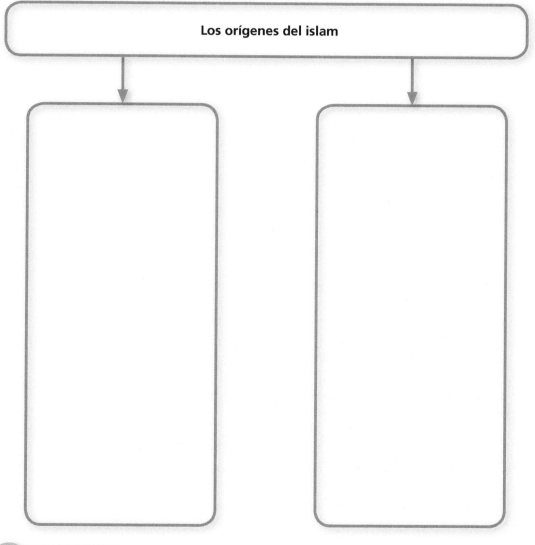

Los orígenes del islam

Pregunta esencial

¿De qué manera la llegada del islam cambió las actividades religiosas que tenían lugar en la Kaaba?

_____

_____

Trabajemos con las palabras

Usa un banco de palabras Elige una palabra del banco de palabras para llenar el espacio en blanco. Cuando termines, tendrás un resumen corto de las ideas importantes de la sección.

Banco de palabras

Corán   sharia   mezquita
hajj   sunna

Según la tradición islámica, Mahoma recitaba las palabras que le fueron reveladas en una cueva en las afueras de La Meca. Estas palabras se pueden encontrar hoy en el libro sagrado islámico, el(la) _____. Cuando los musulmanes necesitan ayuda para entender su libro sagrado, pueden consultar el(la) _____. Estas tradiciones de los profetas están registradas en el Hadiz y se refieren a las palabras y acciones de Mahoma. Con el tiempo, los eruditos musulmanes desarrollaron un conjunto de leyes para guiar a los musulmanes en su conducta personal. El(La) _____ contiene reglas sobre las obligaciones diarias, como los Cinco Pilares del islam, así como las reglas para resolver asuntos familiares.

Los Cinco Pilares del islam guían a los musulmanes en su vida diaria al describir sus obligaciones religiosas. Una de ellas es la obligación de la oración. Los musulmanes rezan cinco veces al día. A menudo van a una casa de culto musulmán, o _____. El quinto pilar es la peregrinación. Esta obligación pide a los musulmanes que vayan a La Meca al menos una vez en su vida. Participar en el(la) _____ a los santuarios de la ciudad santa reúne a musulmanes de todo el mundo.

Nombre _____ Clase _____ Fecha _____

Toma notas

Resumir En la tabla de abajo, anota palabras o frases importantes que resuman cada aspecto de la creencia islámica. Luego, escribe un párrafo breve que resuma estas creencias.

Las fuentes de las enseñanzas islámicas	Las creencias sobre Dios	Los Cinco Pilares del islam	Oración, peregrinación y ley

Resumen

_____

_____

_____

_____

_____

_____

_____

_____

Pregunta esencial

¿Cómo ayuda la hajj a fortalecer a la comunidad musulmana en el mundo?

_____

_____

_____

Trabajemos con las palabras

Palabras en contexto Para cada pregunta, escribe una respuesta que muestre tu comprensión del término clave en negritas.

1 ¿Cuál fue el trabajo de los primeros y luego, los **califas** posteriores, y cómo se aplicaban las ideas musulmanas a esos trabajos?

_____

_____

_____

2 Según los **suníes**, ¿qué características debía tener un líder musulmán?

_____

_____

_____

3 ¿Qué cualidades buscaría un musulmán **chií** en un líder?

_____

_____

_____

4 ¿En qué estados encontrarías **sultanes** y en qué se parecerían y diferenciarían de los califas?

_____

_____

_____

Nombre _____ Clase _____ Fecha _____

Toma notas

Secuencia En esta sección, aprendiste sobre diferentes imperios y estados musulmanes. En el siguiente diagrama de flujo, describe los principales imperios en orden histórico.

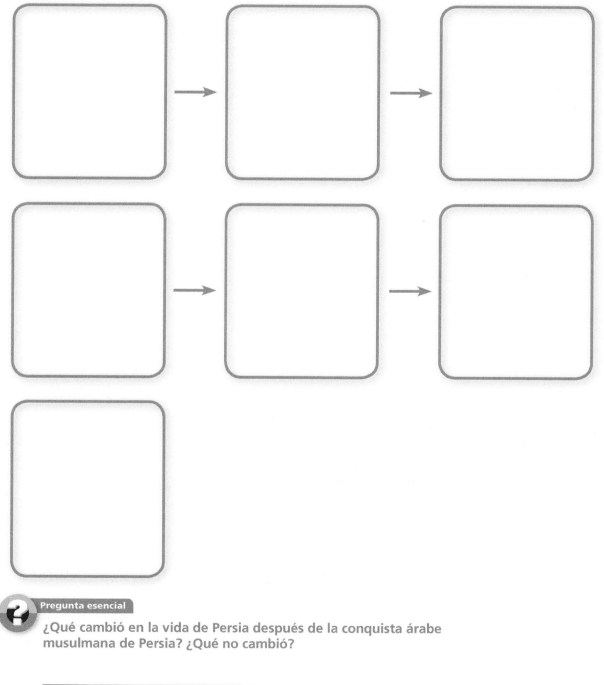

Pregunta esencial

¿Qué cambió en la vida de Persia después de la conquista árabe musulmana de Persia? ¿Qué no cambió?

_____

_____

Trabajemos con las palabras

Constructor de oraciones Completa las oraciones usando la información que aprendiste en esta sección. Tal vez tengas que cambiar la forma de las palabras para completar la oración.

Banco de palabras

caligrafía	números arábigos
textiles	sufismo

(1) Puedes leer versos del Corán bellamente decorados escritos en

_____.

(2) Los artistas musulmanes eran conocidos por sus tejidos de telas

y alfombras llamados _____.

(3) Es probable que los musulmanes que enfatizan una relación directa

entre Dios y los fieles practiquen el(la) _____.

(4) El matemático musulmán Al-Khwarizmi introdujo en Europa un sistema

numérico llamado _____.

Nombre _____ Clase _____ Fecha _____

Toma notas

Analizar causa y efecto En las secciones 1 a 3, leíste cómo se expandió la civilización islámica. En la red de abajo describe algunos logros que esta expansión produjo en diferentes áreas.

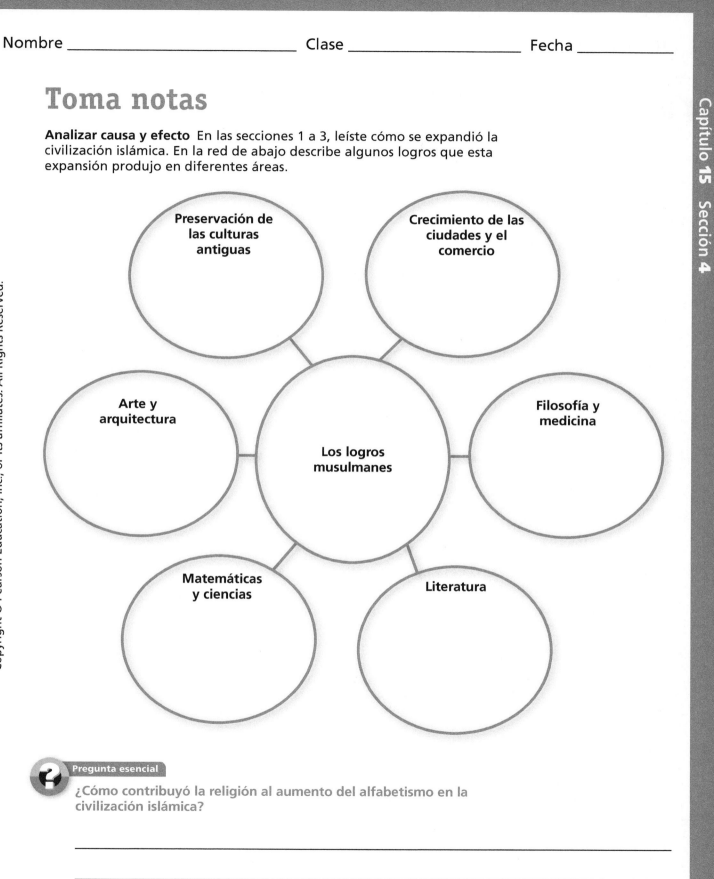

Preservación de las culturas antiguas

Crecimiento de las ciudades y el comercio

Arte y arquitectura

Los logros musulmanes

Filosofía y medicina

Matemáticas y ciencias

Literatura

? Pregunta esencial

¿Cómo contribuyó la religión al aumento del alfabetismo en la civilización islámica?

_____

_____

_____

Pregunta esencial Taller del escritor

¿Cómo se relacionan la religión y la cultura?

Prepárate para escribir

En este capítulo, exploraste la Pregunta esencial en tu texto, en tu cuaderno y en *On Assignment* en myworldhistory.com. Usa lo que has aprendido para escribir un ensayo que describa las maneras en que la civilización islámica ha contribuido a la cultura global.

Destreza del taller: Revisa tu ensayo

Repasa cómo hacer un esquema de tu ensayo y después escribe y desarrolla una introducción, párrafos de desarrollo y una conclusión. Redacta el argumento principal que quieras presentar en tu ensayo como la tesis. Por ejemplo: *La civilización islámica ha influido en la cultura global desde la época del origen del islam hasta hoy.* En tu introducción, enumera tres áreas principales de contribución sobre las que comentarás en tu ensayo, por ejemplo: religión e idioma, aprendizaje y estudio, y las artes. En cada párrafo de desarrollo, explica cada una de estas áreas con detalles y evidencia para apoyarlas. Por ejemplo, podrías escribir: *La civilización islámica difundió su idioma y religión a muchas partes del mundo.* Después, da estadísticas de la población musulmana por región para apoyar tu afirmación.

En esta lección aprenderás más sobre cómo revisar tu ensayo. La revisión tiene varios objetivos importantes: Primero, debes aclarar las ideas principales y relacionarlas con los lectores y el propósito de tu escritura. Segundo, debes evaluar toda la evidencia que aportes para asegurarte de que se ajusta a tu tesis. Tercero, debes revisar las oraciones para asegurarte de que tengan sentido y sean claras y no haya errores gramaticales, de puntuación o de ortografía.

Identifica los puntos principales Empezando por la introducción, verifica que cada párrafo tenga una idea principal. Esta idea debe ser clara y es generalmente la primera o la última oración. Encierra en un círculo tus ideas principales, incluyendo tu tesis.

Piensa en tus lectores y en tu propósito Recuerda quién va a ser tu lector: tu maestro. Asegúrate de que tu lenguaje sea formal. Reemplaza cualquier jerga, y no uses pronombres personales. Usa las instrucciones para la escritura para guiarte en tu propósito. Vuelve a revisar tu ensayo para asegurarte de haber relacionado aspectos de la cultura global con la civilización islámica.

Evalúa la evidencia Vuelve a leer cada idea principal encerrada en un círculo. Después, lee cuidadosamente el resto del párrafo. ¿Apoya la evidencia la idea principal? ¿Está organizada la evidencia de una manera lógica? Por ejemplo, podrías dar una lista de ejemplos de la historia en orden cronológico. Además, asegúrate de que la evidencia apoye tu tesis. Tal vez tengas que cambiar algunas de las palabras de tu tesis para que se ajusten a ella las ideas que expusiste. Debes eliminar las oraciones que no apoyan la tesis y las ideas principales.

Escribe en forma clara y correcta Ahora lee tu ensayo en voz alta para ver si tiene sentido. Vuelve a escribir las oraciones confusas o las que tengan jerga. Después, usa un corrector de gramática y ortografía de computadora para encontrar y corregir cualquier error.

A continuación se muestra un ejemplo de párrafo de desarrollo editado. Las notas entre paréntesis explican las revisiones más importantes:

La civilización islámica ha influido en el idioma y la religión de la

cultura global. Por ejemplo, muchas personas hablan árabe. Otras han

(transición agregada
aprendido a leer árabe para poder estudiar el Corán. Además, a~~A~~ medida
para introducir nueva evidencia de apoyo)
que se difundió la civilización, ésta llevó la fe musulmana a muchas personas

y lugares. De hecho, alrededor del 80 por ciento de los musulmanes hoy viven

fuera de la comunidad árabe en la que comenzó la civilización islámica. Estas

comunidades globales han sido moldeadas por los valores y las prácticas

(no
religiosas islámicas, como las reglas de la sharia para realizar negocios. ~~La~~
está relacionado con la idea principal)
~~llamada del muceín también organiza la vida de las personas comunes~~
(El ritual de rezar cinco veces al día)
~~alrededor de la oración cinco veces al día. Eso es~~ Este ritual es importante
(aclara el enlace con la tesis)
para los musulmanes. El idioma en la plaza del mercado y la fe que las

personas practican todavía reflejan la influencia de la civilización islámica.

Revisa tu ensayo
Ahora escribe un párrafo de tu ensayo y revísalo.

_____

_____

_____

_____

_____

_____

Haz un borrador de tu ensayo
Copia el párrafo revisado en tu ensayo. Úsalo como una guía para revisar el resto de los párrafos. Asegúrate de revisar la idea principal, la evidencia de apoyo y la ortografía, la gramática y la puntuación de cada párrafo.

¡Lugares por conocer!

Destreza: Mapas Usa los mapas de esta unidad para identificar los ¡Lugares por conocer! en el croquis. Escribe junto al nombre de cada lugar que está abajo, la letra que indica su ubicación en el mapa.

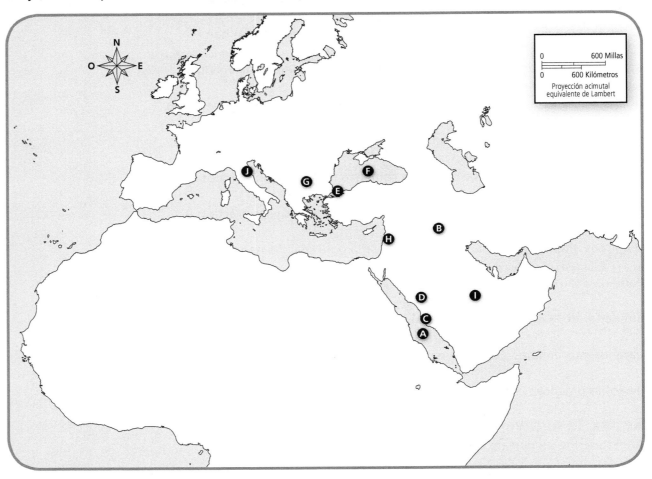

_____ Ravena

_____ La Meca

_____ Constantinopla

_____ Damasco

_____ mar Negro

_____ Medina

_____ Balcanes

_____ Arabia

_____ Bagdad

_____ mar Rojo

Sucesos clave

Línea cronológica Usa lo que has leído sobre el Imperio Bizantino y la civilización islámica para completar la línea cronológica de abajo. Dibuja una línea desde cada suceso hasta su posición correcta en la línea cronológica. Luego, escribe una breve descripción de cada suceso.

527 D.C. _____
_____

529 D.C. _____
_____

610 D.C. _____
_____

630 D.C. _____
_____

500 D.C.

600 D.C.

700 D.C.

800 D.C.

900 D.C.

1000 D.C.

1100 D.C.

1200 D.C.

1300 D.C.

762 D.C. _____
_____

1054 D.C. _____
_____

1204 D.C. _____
_____

1258 D.C. _____
_____

1453 D.C. _____
_____

❓ Pregunta esencial

¿Cuáles son las consecuencias del comercio?

Vistazo previo Antes de comenzar este capítulo, piensa en la Pregunta esencial. Entender cómo se relaciona la Pregunta esencial con tu vida te ayudará a comprender el capítulo que vas a empezar a leer.

Conexión con tu vida

1 Es probable que comas muchos alimentos que se cultiven cerca, pero algunos alimentos sólo pueden cultivarse en otros climas. Se obtienen por medio del comercio internacional. Piensa en dos alimentos que casi seguramente se cultivan en otros países. Luego completa la tabla de abajo.

Mercancía	¿De dónde?	¿Sustituto local?

2 ¿Cómo influye directamente el comercio en tu vida? Explícalo.

_____

_____

Conexión con el capítulo

3 Dale un vistazo previo a los títulos, subtítulos y elementos visuales de este capítulo para aprender sobre el comercio de las primeras civilizaciones de África. Luego, completa el diagrama de Venn de abajo. Predice la influencia del comercio en los individuos, las naciones y en ambos: los individuos y las naciones.

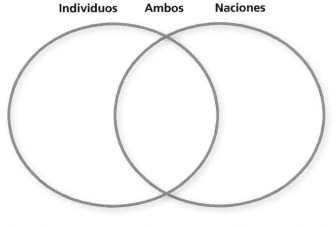

Individuos   Ambos   Naciones

4 Después de leer el capítulo, mira de nuevo este diagrama. Encierra en un círculo tus predicciones correctas.

Conexión con miHistoria:
Mansa Musa: El León de Malí

① Piensa en un viaje que hayas realizado para hacer algo importante, ya sea cerca de tu comunidad o a algún lugar lejano. ¿Hubo distracciones a lo largo de tu ruta? ¿Te detuviste a causa de éstas? ¿Cómo decidiste tus prioridades?

_____

_____

_____

② Mansa Musa tenía muchas razones para creer que no debía arrodillarse ante el sultán. Escríbelas en la tabla de abajo. Luego, escribe lo que hizo Mansa Musa y explica por qué lo hizo.

Razones para no arrodillarse ante el sultán	Qué hizo Mansa Musa y por qué

③ Piensa en los sucesos de la historia del viaje de Mansa Musa. Luego, escribe dos predicciones sobre cosas que aprenderás sobre los imperios de la antigua África.

_____

_____

_____

_____

Nombre _____ Clase _____ Fecha _____

Trabajemos con las palabras

Banco de palabras Elige una palabra del banco de palabras para llenar el espacio en blanco. Cuando termines, tendrás un resumen corto de las ideas importantes de la sección.

Banco de palabras

especialización laboral	recursos naturales
meseta	sabana
transahariano	

África tiene varios tipos de accidentes geográficos, incluyendo el(la)

_____ de superficie plana en forma de plato y el Sahara,

un gran desierto. Bandas de vegetación también atraviesan África. Al norte

hay una zona mediterránea. Por encima y por debajo del ecuador hay una

amplia pradera llamada el(la) _____. La selva tropical

crece a lo largo del ecuador. Los árboles, el oro, la sal y otros

_____ permitieron que florecieran imperios en

África. Ghana se enriqueció porque estaba a lo largo de las rutas

del comercio _____ del oro y la sal.

Como los alimentos se volvieron abundantes, no todas las personas tenían

que ser agricultores. Algunas personas podían hacer otros trabajos. Esta

división de trabajos y destrezas se llama _____.

Nombre _____ Clase _____ Fecha _____

Toma notas

Resumir Usa lo que has aprendido sobre la geografía y los imperios de África para llenar la red de palabras de abajo. Escribe el título de la sección en el óvalo superior. Escribe los encabezados que están impresos en rojo en los óvalos debajo del título. Luego escribe los datos en cada parte de la sección. Agrega más óvalos y conexiones según sea necesario.

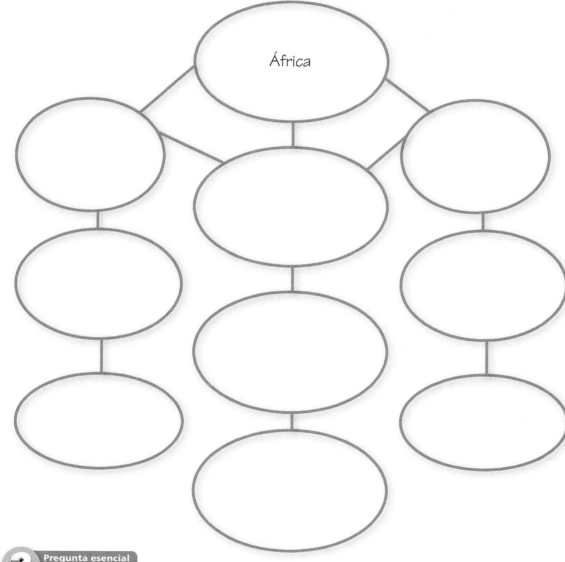

África

? **Pregunta esencial**

El clan sisse se volvió gobernante de los soninke. Explica si éste es un ejemplo de especialización laboral.

_____

_____

_____

Trabajemos con las palabras

Mapa de palabras Sigue el modelo de abajo para hacer un mapa de palabras. El término clave *griot* se encuentra en el óvalo del centro. Escribe la definición en tus propias palabras arriba a la izquierda. Arriba a la derecha, haz una lista de características, es decir, palabras o frases que se relacionen con el término. Abajo a la izquierda haz una lista de las que no son características, es decir, palabras y frases que *no* estarían asociadas con el término. Abajo a la derecha, haz un dibujo del término clave o escribe una oración.

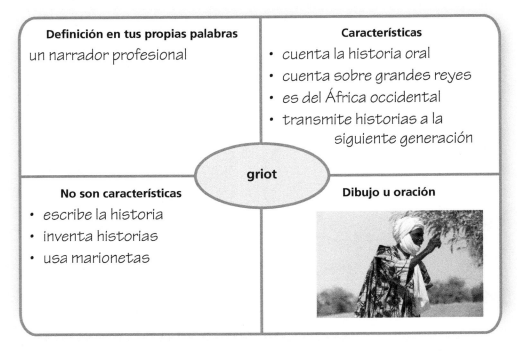

Definición en tus propias palabras
un narrador profesional

Características
- cuenta la historia oral
- cuenta sobre grandes reyes
- es del África occidental
- transmite historias a la siguiente generación

griot

No son características
- escribe la historia
- inventa historias
- usa marionetas

Dibujo u oración

Ahora, usa el mapa de palabras de abajo para explorar el significado de la palabra *caravana*. Puedes usar el libro del estudiante, un diccionario y/o un diccionario de sinónimos para completar cada una de las cuatro secciones.

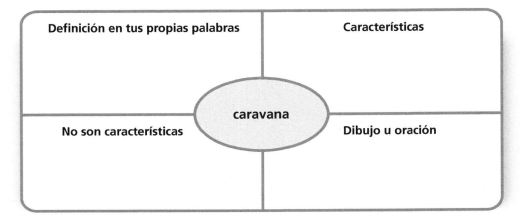

Definición en tus propias palabras

Características

caravana

No son características

Dibujo u oración

Haz tus propios mapas de palabras en hojas de papel separadas para este término clave: *erudición*.

Nombre _____ Clase _____ Fecha _____

Toma notas

Secuencia Usa lo que has leído sobre el ascenso de Malí y Songhai para completar la línea cronológica de abajo. Identifica el suceso clave asociado con cada fecha de la línea cronológica y da una breve descripción del suceso y su importancia.

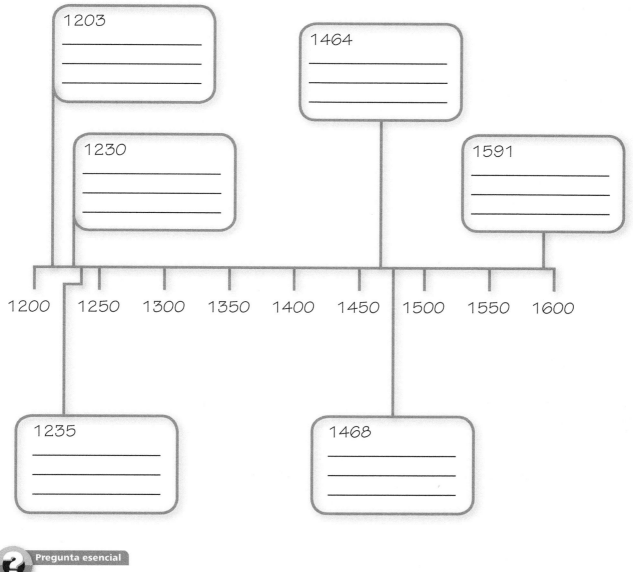

Pregunta esencial

Cuando Songhai se volvió poderoso, ¿qué crees que pasó con los habitantes de Ghana?

_____

_____

_____

Trabajemos con las palabras

Constructor de oraciones Completa las oraciones usando la información que aprendiste en esta sección y los términos clave de abajo.

monje   estela
dinastías   *stonetowns*
greco-romanos

(1) Los miembros de familias de algunas _____ gobernaron

sus imperios durante muchos años.

(2) Los antiguos griegos y romanos fundaron asentamientos

_____ a lo largo del mar Mediterráneo.

(3) Un(una) _____ se dedicaba a hablar a los demás sobre

su religión.

(4) Algunas culturas antiguas usaban un(una) _____ para

marcar las tumbas de sus gobernantes.

(5) Los suajilis construyeron _____ a lo largo de la costa

del África oriental para comerciar por todo el océano Índico.

Toma notas

Analizar causa y efecto Usa lo que has leído sobre las civilizaciones del África oriental para completar la actividad de abajo. En cada uno de los dos recuadros de abajo, escribe un hecho de los párrafos después del encabezado en rojo. Debajo de cada hecho, escribe algo que ocurrió como resultado del hecho. El primer cuadro ya se completó.

Los reinos de Kush y Axum

Hecho 1: Los comerciantes kushitas comerciaban mucho con Egipto, que quería el oro de Kush.

Resultado del hecho 1: Egipto tomó el control directo de Kush.

Hecho 2: La mayor parte del comercio a lo largo del mar Rojo tenía lugar en la ciudad portuaria de Adulis que estaba en Axum.

Resultado del hecho 2: Axum obtuvo gran riqueza y poder.

El cristianismo en el África oriental

Hecho 1:

Resultado del hecho 1:

Hecho 2:

Resultado del hecho 2:

Las ciudades-estado del África oriental

Hecho 1:

Resultado del hecho 1:

Hecho 2:

Resultado del hecho 2:

Pregunta esencial

¿Cómo puede influir la falta de recursos naturales en la capacidad de una región para comerciar?

_____

_____

_____

Trabajemos con las palabras

Crucigrama Las pistas *horizontal* y *vertical* son las definiciones de los términos clave de esta sección. Llena las casillas *horizontales* enumeradas con los términos clave correctos. Después, haz lo mismo con las pistas *verticales*.

Horizontal	Vertical
3. ¿Qué forma musical usa más de un ritmo a la vez?	1. Los griots eran muy importantes en esta forma de comunicación.
6. Cada persona del África occidental nacía en uno de estos lugares de la sociedad.	2. Puedes usar este tipo de dicho breve para compartir un poco de sabiduría.
7. Cada _____ del África occidental tiene sus propias formas de vida y maneras de hacer las cosas.	4. Los primos de una persona son parte de uno de éstos.
	5. Puedes tener esta relación estrecha con tu familia extensa.

Nombre _____ Clase _____ Fecha _____

Toma notas

Ideas principales y detalles Usa lo que has leído sobre la sociedad y la cultura de los antiguos imperios africanos para completar el cuadro de abajo.

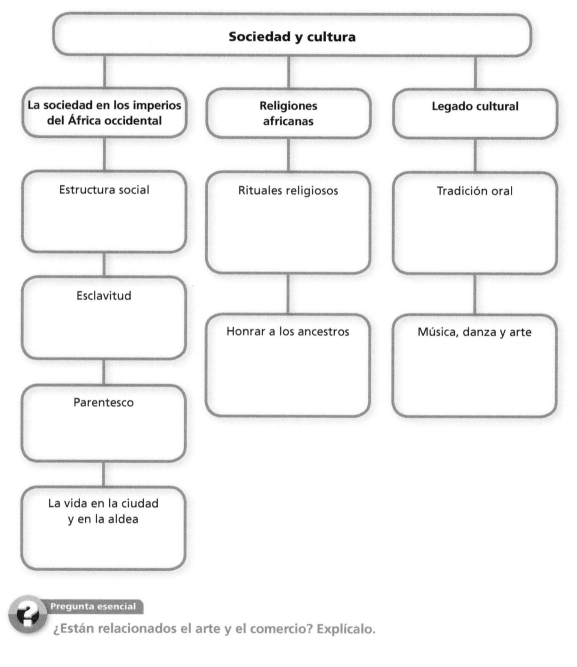

Pregunta esencial

¿Están relacionados el arte y el comercio? Explícalo.

_____

_____

_____

¿Cuáles son las consecuencias del comercio?

Prepárate para escribir

En este capítulo, aprendiste sobre los antiguos imperios del África oriental y occidental y sobre lo importante que fue el comercio en todas las épocas y los lugares. Usarás lo que aprendiste para escribir una carta.

Destreza del taller: Escribir una carta

Hay cartas formales e informales. Usa cartas formales para escribir a periódicos, negocios, gobiernos y otras instituciones. Usa cartas informales para escribirles a tus amigos y familiares.

Tu tarea es escribir una carta informal para contestar la pregunta: "¿Cuáles son las consecuencias del comercio?". Primero, decide quién recibirá tu carta. Le podrías escribir tu carta a un amigo, a un familiar o tal vez a un antiguo maestro. Tu propósito será explicar la importancia del comercio.

¿Quién recibirá tu carta? _____

Las partes de una carta Tu carta debe incluir las siguientes partes: fecha, encabezado, saludo, cuerpo, conclusión, despedida y firma.

Fecha, encabezado y saludo En una carta informal el encabezado se pone en la esquina superior derecha e incluye tu dirección de remitente y la fecha. Deja una línea y pon el saludo. La mayoría de las cartas informales usan "Estimado(a)" y el nombre del destinatario. Asegúrate de poner dos puntos después del saludo.

Cuerpo Usa el cuerpo para explicar tu propósito. ¿Por qué elegiste escribirle a esta persona? ¿Qué ideas sobre el comercio quieres expresar? Por ejemplo, tal vez quieras mencionar que la mayoría de la ropa que usas se fabricó fuera de los Estados Unidos. Comenta lo que los Estados Unidos vende a otros países.

Conclusión, despedida y firma Para concluir, vuelve a expresar tu punto principal de manera breve. Tal vez quieras que tu amigo te responda con lo que piensa sobre el tema. Asegúrate de mencionarlo en tu conclusión. Después de la conclusión, deja una línea y escribe una despedida como "Atentamente," o "Sinceramente," seguida de una coma. A continuación, firma con tu nombre completo.

Haz un borrador de tu carta

Usa el siguiente formato para hacer el primer borrador de tu carta.

(tu dirección y la fecha; no pongas tu nombre) _____

_____

_____

Estimado(a) _____

Cuerpo _____

_____

_____

_____

_____

_____

_____

_____

_____

_____

_____

_____

Conclusión _____

_____

_____

Despedida _____

Tu firma _____

Completa tu carta

Recuerda seguir los pasos del proceso de escritura para revisar y corregir tu carta. Finalmente, cópiala con cuidado en una hoja de papel nueva.

? Pregunta esencial

¿Cuáles son las consecuencias de la tecnología?

Vistazo previo Antes de comenzar este capítulo, piensa en la Pregunta esencial. Entender cómo se relaciona la Pregunta esencial con tu vida te ayudará a comprender el capítulo que vas a empezar a leer.

Conexión con tu vida

(1) Piensa en maneras en que la tecnología influye en tu vida. Nombra la tecnología y luego decide si la influencia es positiva o negativa.

Maneras en que la tecnología influye en mi vida		
Tecnología	Su influencia	¿Positiva o negativa?

(2) Mira la tabla. Compara las influencias de la tecnología en tu vida. ¿Son todas positivas? Explícalo.

_____

_____

Conexión con el capítulo

(3) Dale un vistazo previo al capítulo mirando los títulos, fotografías y gráficas. Busca referencias a la tecnología. Usa la información para identificar un avance tecnológico chino para cada categoría. Luego, predice el papel que desempeñó ese avance tecnológico en el desarrollo de China.

	Tecnología	Predicción
Educación		
Agricultura		
Navegación		
Ejército		

(4) Después de leer el capítulo, regresa a las predicciones que anotaste en la tabla. ¿Cuáles eran incorrectas? Explica por qué.

_____

_____

Conexión con miHistoria:
Kublai Kan: Cómo impresionar

1 Marco Polo vio muchas cosas notables en la corte de Kublai Kan. Si hubieras estado allí con Marco Polo, ¿qué te hubiera impresionado más? Explícalo.

_____

_____

_____

2 ¿Cuáles fueron tres tecnologías que impresionaron a Marco Polo en la corte de Kublai Kan?

Tecnología: _____

Tecnología: _____

Tecnología: _____

3 ¿Cómo crees que el uso del papel moneda influyó en China? ¿A qué sustituyó como medio de intercambio? ¿Cómo influyó en el comercio? Escribe por lo menos dos predicciones.

_____

_____

_____

_____

Trabajemos con las palabras

Concurso de vocabulario En algunos concursos se hace una pregunta y se espera que el concursante dé una respuesta. En otros concursos se da la respuesta y el concursante debe proporcionar la pregunta. Si el espacio en blanco se encuentra en la columna de preguntas, escribe la pregunta que resultaría de la respuesta dada. Si se proporciona la pregunta, escribe la respuesta adecuada.

PREGUNTA

RESPUESTA

(1) ¿Cómo se llama un método de ascensos basado en las destrezas y el talento?

(1) _____

(2) _____

(2) porcelana

(3) ¿Qué sistema usa moneda corriente en lugar de trueque?

(3) _____

(4) _____

(4) urbanización

(5) ¿Cómo se llamaba a los funcionarios públicos en China?

(5) _____

(6) _____

(6) burocracia

Nombre _____ Clase _____ Fecha _____

Toma notas

Identificar las ideas principales y los detalles Usa lo que has leído sobre las dinastías Tang y Song para completar la red de conceptos. Completa la red con ejemplos de tecnologías que se inventaron o mejoraron durante estas dinastías.

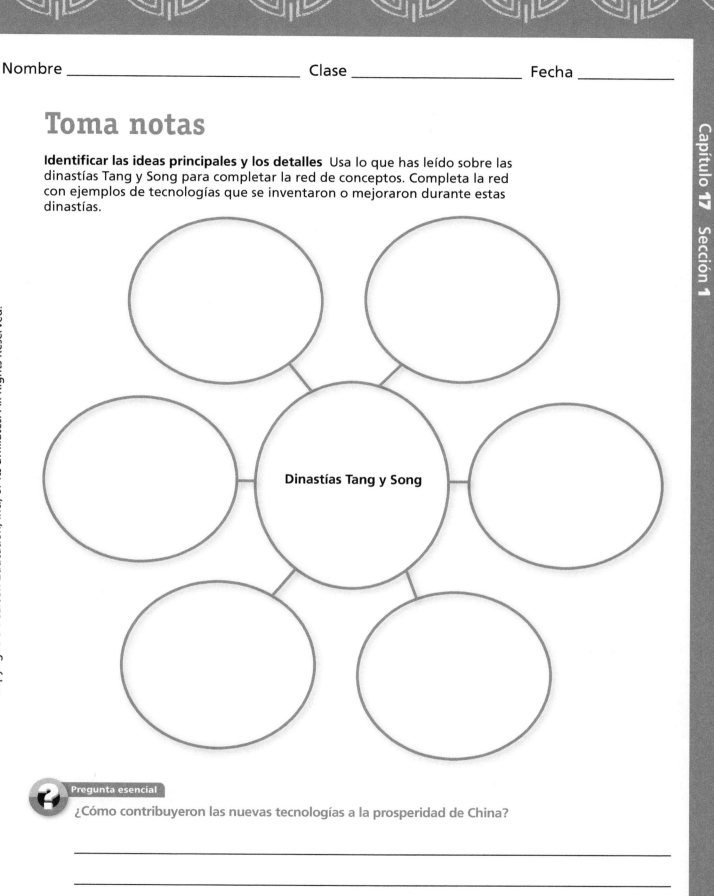

Dinastías Tang y Song

? **Pregunta esencial**

¿Cómo contribuyeron las nuevas tecnologías a la prosperidad de China?

_____

_____

_____

Trabajemos con las palabras

Constructor de oraciones Completa las oraciones usando la información que aprendiste en esta sección.

Banco de palabras

kan   mongol
nómada   estepa

(1) Alguien que se traslada de un lugar a otro según las estaciones se llama

_____.

(2) *Grande, seca* y *cubierta de hierba,* son términos que describen un(a)

_____.

(3) Durante la dinastía Yuan, el grupo con el mayor poder político en China

era el(la) _____

_____.

(4) El término que indica que Gengis y Kublai eran gobernantes es

_____.

Nombre _____ Clase _____ Fecha _____

Toma notas

Secuencia Usa lo que leíste sobre el Imperio Mongol para completar la línea cronológica de abajo. En cada casilla, describe el suceso que ocurrió en esa fecha. Luego, explica brevemente por qué fue importante.

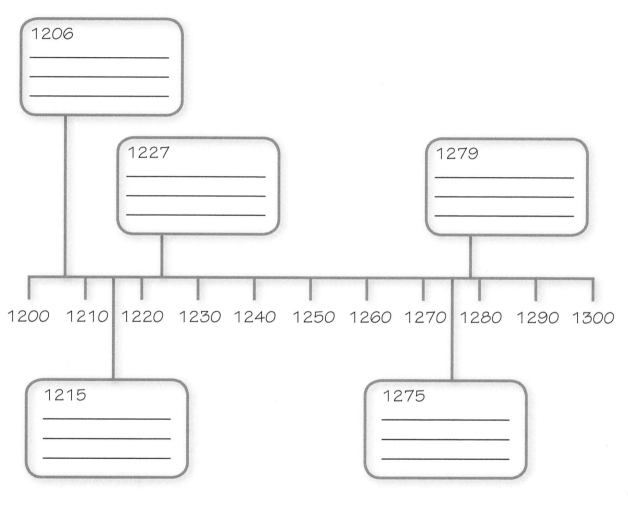

1206 _____ _____ _____

1227 _____ _____ _____

1279 _____ _____ _____

1200 1210 1220 1230 1240 1250 1260 1270 1280 1290 1300

1215 _____ _____ _____

1275 _____ _____ _____

Pregunta esencial

¿Cómo ayudó la tecnología militar a los mongoles?

_____

_____

_____

Trabajemos con las palabras

Mapa de palabras Sigue el modelo de abajo para hacer un mapa de palabras. El término clave *déspota* se encuentra en el óvalo del centro. Escribe la definición en tus propias palabras arriba a la izquierda. Arriba a la derecha, haz una lista de características, es decir, palabras o frases que se relacionen con el término. Abajo a la izquierda haz una lista de las que no son características, es decir, palabras y frases que *no* estarían asociadas con el término. Abajo a la derecha, haz un dibujo del término clave o escribe una oración.

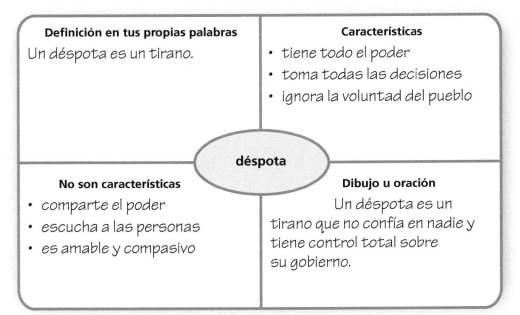

Ahora, usa el mapa de palabras de abajo para explorar el significado de la palabra *contrabandista*. Puedes usar el libro del estudiante, un diccionario y/o un diccionario de sinónimos para completar cada una de las cuatro secciones.

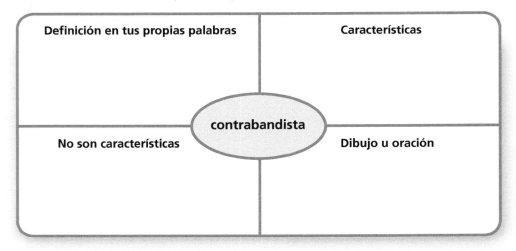

Haz tus propios mapas de palabras en hojas de papel separadas para esta palabra: *tributo*.

Nombre _____ Clase _____ Fecha _____

Toma notas

Resumir Usa la tabla de abajo para resumir aspectos importantes de la dinastía Ming. En el recuadro de la izquierda, anota maneras en que los Ming fortalecieron el gobierno. En el recuadro de la derecha, anota características de la política exterior de los Ming.

Dinastía Ming	
El gobierno se fortaleció gracias a	**Características de la política exterior**

Pregunta esencial

¿Cómo la tecnología le permitió a China expandir su sistema tributario?

_____

_____

Trabajemos con las palabras

Palabras en contexto Para cada pregunta, escribe una respuesta que muestre tu comprensión del término clave en negritas.

(1) ¿Qué pasos incluye la **impresión con bloques**?

_____

_____

_____

(2) ¿Qué ventaja proporciona la **brújula**?

_____

_____

_____

(3) ¿Qué enseña el **taoísmo**?

_____

_____

_____

(4) ¿Cuáles son los valores básicos del **confucianismo**?

_____

_____

_____

(5) ¿Por qué fue atractivo el **budismo** para los chinos durante los tiempos difíciles?

_____

_____

_____

Nombre _____ Clase _____ Fecha _____

Toma notas

Identificar las ideas principales y los detalles Usa la tabla de abajo para proporcionar todos los ejemplos que puedas de tecnología china en cada categoría.

Agricultura	Navegación	Manufactura	Impresión

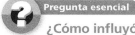 **Pregunta esencial**

¿Cómo influyó la tecnología china en el resto del mundo?

_____

_____

_____

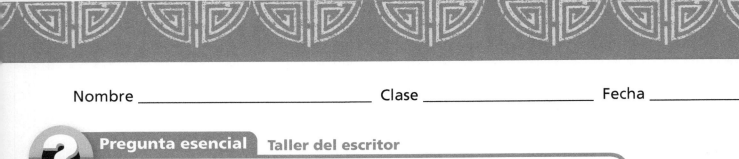

? Pregunta esencial   Taller del escritor

¿Cuáles son las consecuencias de la tecnología?

Prepárate para escribir

En este capítulo, has explorado la Pregunta esencial en tu texto, en tu cuaderno y en *On Assignment* en myworldhistory.com. Usa lo que has aprendido para escribir un ensayo acerca de las consecuencias de la tecnología en China. Escribe sobre dos o tres tecnologías importantes. Describe cómo influyeron en el pueblo chino o en la cultura china. También puedes describir cómo influyeron en otras regiones del mundo.

Destreza del taller: Entender los cuatro tipos de ensayos

Primero, decide qué tipo de ensayo quieres escribir. Hay cuatro tipos de ensayo: narrativo, expositivo, de investigación y persuasivo. Lee una descripción de cada tipo de ensayo abajo.

Ensayo narrativo Este ensayo es más como una historia. Tiene personajes, un ambiente y una trama.
- Los personajes son las personas de las que trata la historia y el ambiente es el tiempo y lugar en el que sucede la historia.
- La trama es la secuencia de sucesos que tienen lugar. La trama incluye el conflicto y conduce al clímax, que es el momento crucial de la historia.

Ensayo expositivo Este ensayo tiene una idea principal apoyada por evidencia y ejemplos.
- Un párrafo introductorio abre con una tesis que expresa la idea principal.
- La introducción va seguida por los párrafos de desarrollo. Cada uno comenta un punto que apoya la idea principal. La evidencia y los ejemplos se usan para mostrar que los puntos de apoyo son verdaderos.
- La conclusión resume el ensayo volviendo a mencionar la tesis y los puntos de apoyo.

Ensayo de investigación Este ensayo tiene la misma estructura que un ensayo expositivo. La diferencia radica en el tipo de evidencia que se usa para demostrar los puntos de apoyo.
- La evidencia y los ejemplos deben venir de una amplia variedad de fuentes confiables.
- Los escritores usan citas, pies de página y una bibliografía para mostrar dónde obtuvieron la evidencia.

Ensayo persuasivo Este ensayo se escribe cuando el autor quiere convencer a los lectores de adoptar una opinión o de tomar acción.
- La introducción dice por qué el tema es importante. Después, la tesis explica lo que el escritor quiere que los lectores piensen o hagan.
- En los párrafos de desarrollo, el escritor usa argumentos y evidencia para comprobar los puntos de apoyo.
- La conclusión vuelve a examinar los puntos principales y exhorta al lector a adoptar la opinión o a tomar la acción mencionada.

Identificar los tipos de ensayo

Lee las descripciones de la tabla de abajo. En la columna de la derecha, identifica el ensayo descrito como narrativo, expositivo, de investigación o persuasivo.

Descripción del ensayo	Tipo
1. Este ensayo muestra que la tecnología en China tuvo como resultado un mayor comercio.	_____
2. Este ensayo usa evidencia de artículos científicos para explicar dónde fue enterrado el primer emperador de China.	_____
3. Este ensayo sostiene que el diseño de los barcos chinos fue la tecnología china más importante.	_____
4. Este ensayo habla sobre las muchas aventuras de Marco Polo en China.	_____

Planifica tu ensayo

Determina el tipo de ensayo que escribirás.

Tipo de ensayo: _____

Tu ensayo tendrá una introducción, tres párrafos de desarrollo y una conclusión.

Ahora expresa el punto principal que quieres exponer sobre la tecnología china como tesis. Por ejemplo, "China tuvo gran éxito en algunas áreas y poco éxito en otras".

Escribe tu tesis:

_____

En tu introducción, apoyarás tu tesis con tres ideas. Cada idea será una oración principal para uno de los párrafos de desarrollo. Recuerda que una oración principal expresa claramente la idea principal del párrafo.

Oración principal del primer párrafo de desarrollo

_____

Oración principal del segundo párrafo de desarrollo

_____

Oración principal del tercer párrafo de desarrollo

_____

Haz un borrador de tu ensayo

Escribe tu ensayo en tu propia hoja de papel. Usa las oraciones principales que escribiste para comenzar cada párrafo de desarrollo. Incluye los detalles de apoyo y una oración de conclusión en cada párrafo de desarrollo. Usa la conclusión para resumir tus ideas o la información que presentaste.

Nombre _____ Clase _____ Fecha _____

Pregunta esencial

¿Qué distingue una cultura de otra?

Vistazo previo Antes de comenzar este capítulo, piensa en la Pregunta esencial. Entender cómo se relaciona la Pregunta esencial con tu vida te ayudará a comprender el capítulo que vas a empezar a leer.

Conexión con tu vida

(1) La cultura influye en tu vida de muchas maneras. Tu vida es diferente de la vida de las personas de otros países y otras épocas. Piensa en algunas maneras en que la cultura de los Estados Unidos influye en tu vida. Anota por lo menos una manera en cada columna.

Cómo influye la cultura en mi vida			
Tradiciones	• Comida	• Entretenimiento	• Educación
	:	:	:

(2) Mira la tabla. ¿Qué aspecto cultural tiene más influencia en tu vida? ¿Sin cuál sería más difícil vivir? Explícalo.

_____

_____

_____

Conexión con el capítulo

(3) Dale un vistazo previo al capítulo mirando los títulos, fotografías y gráficas. En la tabla de abajo, escribe por lo menos un aspecto cultural en cada categoría.

El Japón feudal	Aspecto cultural
Gobierno	:
Tradiciones	:
Entretenimiento	:
Religión	:

(4) Lee el capítulo. Luego, regresa a esta página y encierra en un círculo tus predicciones correctas.

Conexión con miHistoria: Murasaki Shikibu: La vida detrás de la cortina

1 Piensa en algo que tus amigos y tú hacen porque es lo que se espera o se les exige.

_____

_____

Ahora piensa en una actividad o interés que distinga a un amigo o a ti, como ser un buen cantante o ser bueno en un deporte.

_____

_____

2 Se esperaba que Murasaki se comportara de cierta manera en la corte. Había cosas que se esperaba que hiciera. También había cosas que no debía hacer. Escribe tres comportamientos de cada tipo en las líneas de abajo.

Comportamiento esperado

a. _____

b. _____

c. _____

Comportamiento prohibido

a. _____

b. _____

c. _____

3 Basándote en tus conocimientos de la vida en la corte Heian, ¿qué predicción harías sobre la naturaleza de la cultura en el Japón anterior a los tiempos modernos?

_____

_____

_____

_____

Trabajemos con las palabras

Concurso de vocabulario En algunos concursos se hace una pregunta y se espera que el concursante dé una respuesta. En otros concursos se da la respuesta y el concursante debe proporcionar la pregunta. Si el espacio en blanco se encuentra en la columna de preguntas, escribe la pregunta que resultaría de la respuesta dada. Si se proporciona la pregunta, escribe la respuesta adecuada.

PREGUNTA

RESPUESTA

(1) ¿Qué es un área que forma parte de un continente?

(1) _____

(2) _____

(2) archipiélago

(3) ¿Cuál es el nombre de un grupo de personas con un ancestro común?

(3) _____

(4) _____

(4) regente

(5) ¿Qué es un ser sagrado que representa un espíritu de la naturaleza, un lugar sagrado, un antepasado o un clan?

(5) _____

Nombre _____ Clase _____ Fecha _____

Toma notas

Secuencia Usa lo que has leído sobre el ascenso del Japón para completar la línea cronológica de abajo. En cada casilla, escribe el suceso que ocurrió en esa fecha.

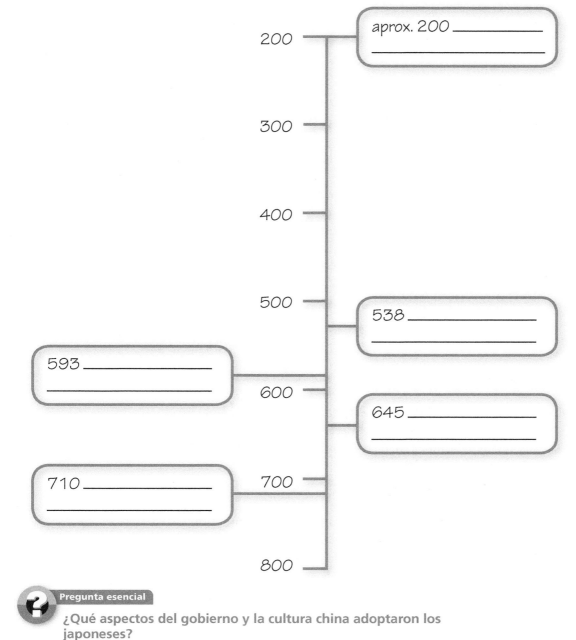

200 — aprox. 200 _____
_____

300 —

400 —

500 —

538 _____
_____

593 _____
_____
600 —

645 _____
_____

710 _____
_____
700 —

800 —

Pregunta esencial

¿Qué aspectos del gobierno y la cultura china adoptaron los japoneses?

_____

_____

_____

Trabajemos con las palabras

Banco de palabras Elige una palabra del banco de palabras para llenar el espacio en blanco. Cuando termines, tendrás un resumen corto de las ideas importantes de la sección.

Banco de palabras

testaferro	feudalismo
shogún	samuráis
daimyo	bushido

Una serie de emperadores gobernaron el Japón. Dieron a los nobles

posiciones de poder dentro de sus cortes. Una familia, los Fujiwara, ganó más

y más poder. Finalmente, los Fujiwara se volvieron más poderosos que el

emperador. Aunque permaneció en el trono, el emperador se convirtió en

un(una) _____ que gobernaba sólo de nombre.

Otros clanes ascendieron y pelearon por el poder. Un miembro del clan

Minamoto ganó el título de _____, o comandante militar

supremo. Llegó a ser tan poderoso que gobernó el Japón. Sin embargo, la

anarquía y la violencia prevalecían. Esto llevó al desarrollo de un nuevo

sistema social. Basado en las relaciones sociales, económicas y políticas, este

sistema se llamó _____. Los señores terratenientes se

hicieron cargo de la protección de las personas. A cambio de su protección,

los(las) _____ recibían trabajo de los campesinos. Los

guerreros llamados _____ también servían a los señores.

Estos guerreros seguían del código del(de la) _____. Cada

guerrero cuidaba mucho su apariencia personal y practicaba una lealtad

extrema a su señor.

Nombre _____ Clase _____ Fecha _____

Toma notas

Analizar causa y efecto Usa lo que has leído sobre el desarrollo del feudalismo en el Japón para completar la actividad de abajo. En la casilla de la izquierda, escribe las causas del feudalismo. En la casilla de la derecha, indica cómo cambió el Japón bajo el feudalismo.

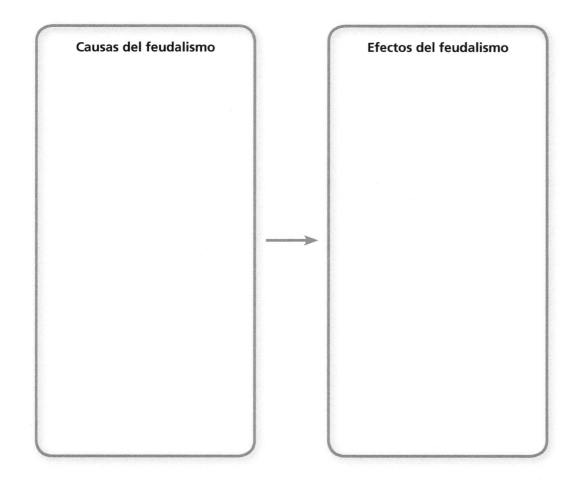

Causas del feudalismo

Efectos del feudalismo

Pregunta esencial

¿En qué se diferenciaba el papel del emperador japonés del papel del emperador chino?

_____

_____

_____

Trabajemos con las palabras

Palabras en contexto Para cada pregunta, escribe una respuesta que muestre tu comprensión del término clave en negritas.

1 ¿Qué clases sociales probablemente disfrutaban el **noh**?

_____

_____

2 ¿Quiénes formaban la audiencia en una representación de **kabuki**?

_____

_____

3 ¿Por qué el confucianismo aconsejaba a las personas que buscaran el **consenso**?

_____

_____

4 ¿En qué se diferenciaba el **sintoísmo** de la mayoría de las otras religiones?

_____

_____

5 ¿Dónde construyen **santuarios** los japoneses?

_____

_____

6 ¿Cuál es el propósito de un **mantra**?

_____

_____

Nombre _____ Clase _____ Fecha _____

Toma notas

Identificar las ideas principales y los detalles Has leído sobre el desarrollo de la cultura única del Japón. En la tabla de abajo aparecen aspectos de la cultura japonesa. Completa la tabla agregando detalles que sean exclusivamente japoneses en cada categoría.

La cultura japonesa	
Las artes	**La religión**

Pregunta esencial

¿De qué manera desarrollaron la cultura japonesa los artistas y escritores japoneses?

_____

_____

_____

Nombre _____ Clase _____ Fecha _____

Copyright © Pearson Education, Inc., or its affiliates. All Rights Reserved.

Pregunta esencial Taller del escritor

¿Qué distingue una cultura de otra?

Prepárate para escribir

En este capítulo, has explorado la Pregunta esencial en tu texto, en tu cuaderno y en *On Assignment* en myworldhistory.com. Usa lo que has aprendido para escribir un ensayo que explique qué distingue a la cultura del Japón anterior a los tiempos modernos de la de otras culturas.

Destreza del taller: Usar el proceso de escritura

En esta lección explorarás los cuatro pasos del proceso de escritura: prepararse para escribir, hacer un borrador, revisar y presentar. Cada paso involucra aspectos de la escritura que es posible que ya hayas estudiado.

Prepárate para escribir Prepararse para escribir es todo lo que haces antes de empezar a escribir. Las actividades de prepararse para escribir pueden incluir reunir información, tomar notas, hacer una lluvia de ideas y crear un esquema.

- **Reunir información** puede incluir investigación, entrevistas y repasar lo que ya sabes.
- **Tomar notas** proporcionará un registro de la información reunida.
- **Hacer una lluvia de ideas** es una forma de reunir tus propias ideas sobre un tema. Usa la red para hacer una lluvia de ideas para tu ensayo. Primero, escribe el tema en el centro de la red. Luego, escribe una idea en cada uno de los óvalos exteriores. A medida que haces la lluvia de ideas, agrega tantos óvalos a tu red como sea necesario.

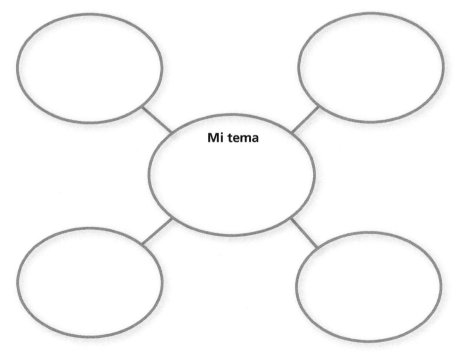

Mi tema

Cuando hayas terminado de hacer la lluvia de ideas, evalúa tus ideas. Decide cuáles usar como puntos principales en tu ensayo.

- **Crear un esquema** En otra hoja de papel, crea un esquema de tu ensayo, usando tus ideas y notas. Antes de comenzar, es posible que quieras repasar la estructura del ensayo de cinco párrafos. Crea un esquema de cada parte: introducción, tres párrafos de desarrollo y conclusión.

Haz un borrador de tu ensayo Ahora pon tus notas e ideas en frases y párrafos. Usa tu esquema como marco básico. No te preocupes demasiado por la ortografía o la gramática. En cambio, concéntrate en explicar tus ideas de una manera tan clara y completa como sea posible. Recuerda incluir una tesis en tu introducción y una oración principal en cada párrafo de desarrollo.

Revisa Revisar te ofrece la oportunidad de mejorar tu ensayo. La clave es ponerte en el lugar del lector. Mientras lees tu ensayo, piensa si el lector podrá entender tus ideas. Usa la lista de verificación de abajo como guía.

_____ ¿Hay términos que los lectores tal vez no conozcan?

_____ ¿Es clara cada oración?

_____ ¿Hay detalles de apoyo o argumentos para cada punto principal?

_____ ¿Tiene sentido la organización?

_____ ¿Son correctas la gramática y la ortografía?

Haz cualquier cambio o corrección que mejore tu ensayo.

Presenta Escribe una versión final de tu ensayo en otra hoja de papel. Incluye tu nombre, la fecha y un título. Usa un formato a doble espacio.

¡Lugares por conocer!

Destreza: Mapas Usa los mapas de esta unidad para identificar los ¡Lugares por conocer! en el croquis. Escribe junto al nombre de cada lugar que está abajo, la letra que indica su ubicación en el mapa.

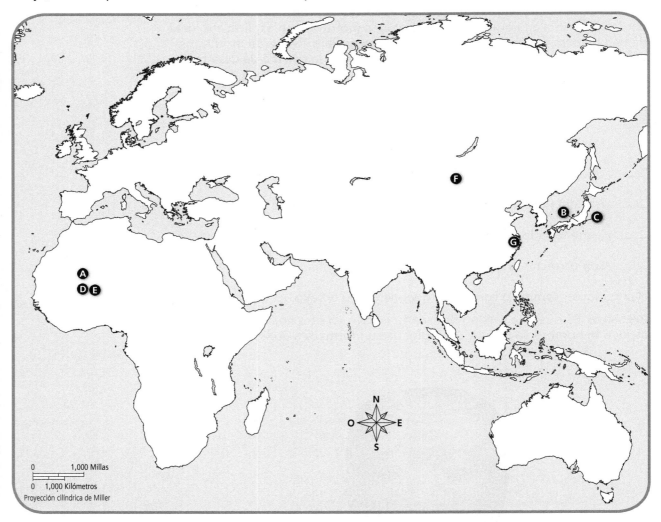

_____ **Edo (Tokio)**   _____ **monte Fuji**

_____ **Gao**   _____ **Songhai**

_____ **Hangzhou**   _____ **Tombuctú**

_____ **Mongolia**

Nombre _____ Clase _____ Fecha _____

Sucesos clave

Línea cronológica Usa lo que has leído sobre las civilizaciones de África y Asia para completar la línea cronológica de abajo. Dibuja una línea desde cada suceso hasta su posición correcta en la línea cronológica. Luego, escribe una breve descripción de cada suceso.

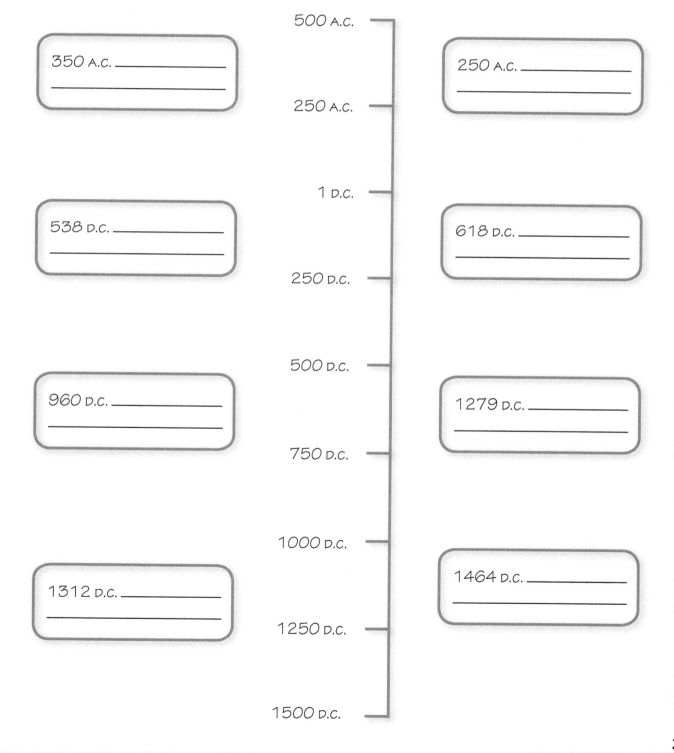

500 A.C.

350 A.C. _____ _____

250 A.C. _____ _____

250 A.C.

1 D.C.

538 D.C. _____ _____

618 D.C. _____ _____

250 D.C.

500 D.C.

960 D.C. _____ _____

1279 D.C. _____ _____

750 D.C.

1000 D.C.

1312 D.C. _____ _____

1464 D.C. _____ _____

1250 D.C.

1500 D.C.

Nombre _____ Clase _____ Fecha _____

Pregunta esencial

¿Qué distingue una cultura de otra?

Vistazo previo Antes de comenzar este capítulo, piensa en la Pregunta esencial. Entender cómo se relaciona la Pregunta esencial con tu vida te ayudará a comprender el capítulo que vas a empezar a leer.

Conexión con tu vida

(1) Hay muchos aspectos de tu vida que son parte de tu cultura, pero que a lo mejor no son parte de otra cultura. En la tabla de abajo, escribe ejemplos de cómo cada aspecto de la cultura influye en tu vida.

Cómo influye la cultura en mi vida			
Música	Escuela	Deportes	Otro

(2) Escribe una o dos oraciones que expliquen por qué uno de los temas de la tabla es parte de tu cultura y en qué se diferencia de otra cultura.

_____

_____

Conexión con el capítulo

(3) Dale un vistazo previo al capítulo mirando los títulos, fotografías y gráficas. En la tabla de abajo, predice cómo la cultura influyó en la vida del pueblo maya.

	Efecto en la vida cotidiana
Gobierno	
Astronomía	
Deportes	
Matemáticas	

(4) Después de leer el capítulo, regresa a la tabla y encierra en un círculo tus predicciones correctas.

Nombre _____ Clase _____ Fecha _____

Conexión con miHistoria: Moctezuma Ilhuicamina: Frunce el ceño como un señor, atraviesa el cielo como una flecha

1 Imagina que fuiste uno de los súbditos de Moctezuma. ¿Cuál de sus cualidades te haría sentir orgulloso de servirle? ¿Qué cualidades te disgustarían? Explica tus respuestas.

_____

_____

_____

2 Moctezuma quería preservar y fortalecer a su pueblo. Para ello, necesitaba prisioneros, así que conquistó a los pueblos cercanos. En la tabla de abajo, escribe las acciones de Moctezuma en el lado izquierdo. En el lado derecho, escribe las razones de Moctezuma para hacer lo que hizo.

Acciones de Moctezuma	Razones de sus acciones

3 Piensa en los sucesos en la historia de Moctezuma. Después escribe dos predicciones sobre cosas que vas a aprender sobre el Imperio Azteca.

_____

_____

_____

_____

Nombre _____ Clase _____ Fecha _____

Trabajemos con las palabras

Banco de palabras Elige una palabra del banco de palabras para llenar el espacio en blanco. Cuando termines, tendrás un resumen corto de ideas importantes de la sección.

Banco de palabras

sequía	jeroglíficos
observatorio	quetzal
obsidiana	agricultura de tala y quema

Entre aproximadamente 1200 A.C. y 1500 D.C. se desarrollaron varias

civilizaciones en Mesoamérica. Los agricultores olmecas no usaban

fertilizantes artificiales para mejorar sus tierras. En su lugar, usaban un

método llamado _____. Usando este método, talaban los

árboles y otras plantas de un área que sería cultivada. Luego quemaban las

plantas y usaban sus cenizas como fertilizante. La _____, un

tipo de vidrio natural que producen los volcanes, era un elemento comercial

importante para los comerciantes mayas. La intercambiaban por las plumas

de un pájaro tropical llamado _____. Los mayas también

tuvieron muchos logros en la arquitectura, incluyendo la creación de un(una)

_____ para estudiar las estrellas y los planetas. Entre 800 y

1000 D.C., muchas de las ciudades mayas cayeron en la ruina. Es posible que

una causa haya sido los largos períodos de _____, en los que

caía poca lluvia. Sabemos algo acerca de los gobernantes mayas gracias a los

pilares de piedra tallada que cuentan sus hazañas. La información está

grabada en _____, un sistema de escritura en el que un

símbolo representa una palabra.

Nombre _____ Clase _____ Fecha _____

Toma notas

Secuencia Usa lo que has aprendido sobre las civilizaciones mesoamericanas para completar la línea cronológica. Identifica los sucesos clave asociados con cada fecha de la línea cronológica y da una breve descripción del suceso y su importancia.

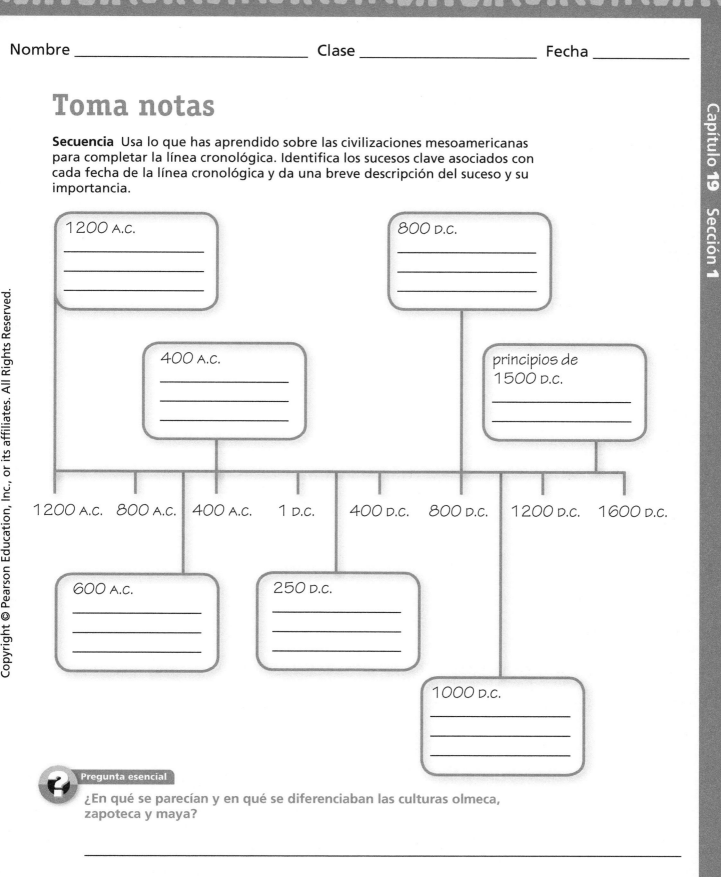

Pregunta esencial

¿En qué se parecían y en qué se diferenciaban las culturas olmeca, zapoteca y maya?

_____

_____

_____

Trabajemos con las palabras

Concurso de vocabulario En algunos concursos se hace una pregunta y se espera que el concursante dé una respuesta. En otros concursos se da la respuesta y el concursante debe proporcionar la pregunta. Si el espacio en blanco se encuentra en la columna de preguntas, escribe la pregunta que resultaría en la respuesta en la columna de respuestas. Si se proporciona la pregunta, escribe la respuesta adecuada.

PREGUNTA	RESPUESTA
① _____	① dique
② ¿Qué es un área geográfica en forma de cuenco?	② _____
③ _____	③ monarquía absoluta
④ ¿Qué es un canal o una tubería construido para transportar agua?	④ _____
⑤ _____	⑤ chinampa

Nombre _____ Clase _____ Fecha _____

Toma notas

Resumir Usa lo que has leído sobre los aztecas para completar la tabla de abajo. Para cada tema, da detalles y luego escribe un resumen de una oración.

Tierra	Gobierno	Sociedad	Logros

_____

_____

_____

_____

Pregunta esencial

¿En qué se parecían y en qué se diferenciaban la civilización azteca y la civilización maya?

_____

_____

_____

¿Qué distingue una cultura de otra?

Prepárate para escribir

En este capítulo, has explorado la Pregunta esencial en tu texto, en tu cuaderno y en *On Assignment* en myworldhistory.com. Usa lo que has aprendido para escribir un ensayo sobre el tema de qué hace que las culturas sean similares o diferentes.

Destreza del taller: Haz el esquema del ensayo

Un ensayo de cinco párrafos tiene una introducción que engancha al lector, plantea una tesis y presenta tres ideas de apoyo. Después de la introducción siguen tres párrafos de desarrollo. Cada párrafo desarrolla una de las ideas de apoyo. El párrafo final es una conclusión que resume las ideas de apoyo y vuelve a plantear la tesis.

Identifica la idea principal Recuerda que la idea principal no es lo mismo que el tema. El tema de tu ensayo es en qué se parecen o diferencian las culturas. Tu idea principal será tu *opinión* sobre el tema. Expresa tu idea principal como una tesis.

Elige puntos de apoyo Después, elige tres puntos de apoyo para probar tu tesis. Por ejemplo, si piensas que los mayas tenían la cultura más avanzada, un punto podría ser el hecho de que desarrollaron un calendario.

_____

_____

Haz un esquema del párrafo introductorio

Haz aquí el esquema de tu párrafo introductorio:

_____

Tesis _____

_____

Ideas de apoyo _____

_____

Haz un esquema de los párrafos de desarrollo

Cada párrafo necesita una oración principal que mencione la idea principal. Incluye evidencia para apoyar la idea principal. Termina el párrafo con una conclusión que diga cómo la información apoya tu tesis.

Párrafo de desarrollo 1
Oración principal

_____

_____

Detalle de apoyo

_____

_____

Detalle de apoyo

_____

_____

Conclusión

_____

_____

Sigue este formato para escribir otros dos párrafos de desarrollo.

Haz un esquema de tu conclusión

En la conclusión, revisa tu tesis, resume tus puntos de apoyo, explica cómo prueban esos puntos tu tesis, y dile al lector por qué es importante este tema.

Párrafo 5: Conclusión

Vuelve a exponer la tesis _____

_____

Resumen de los puntos de apoyo _____

_____

Qué prueban los puntos de apoyo _____

_____

Por qué es importante el tema _____

_____

Haz un borrador de tu ensayo

Escribe tu ensayo en tu propia hoja de papel. Cuando termines, revísalo con un compañero.

Nombre _____ Clase _____ Fecha _____

? Pregunta esencial

¿Cuánto influye la geografía en la vida de las personas?

Vistazo previo Antes de comenzar este capítulo, piensa en la Pregunta esencial. Entender cómo se relaciona la Pregunta esencial con tu vida te ayudará a comprender el capítulo que vas a empezar a leer.

Conexión con tu vida

1 Piensa en el clima y en las características físicas de tu comunidad. Descríbelos abajo.

Clima: _____

Paisaje/Vías fluviales: _____

Recursos: _____

2 Ahora considera cómo estas características geográficas influyen en ti y en tu comunidad. Completa la tabla de abajo con tus ideas. Enumera tanto los efectos positivos como los negativos.

Características geográficas locales	Efectos positivos de las características geográficas	Efectos negativos de las características geográficas
Clima		
Paisaje/Vías fluviales		
Recursos		

Conexión con el capítulo

3 Dale un vistazo previo al capítulo mirando los títulos, fotografías y gráficas. En la tabla de abajo, predice cómo influyó la geografía en las civilizaciones de América del Norte y América del Sur.

Características geográficas	Efecto en los incas	Efecto en los primeros pueblos de América del Norte
Clima		
Paisaje/Vías fluviales		
Recursos		

4 Después de leer el capítulo, regresa a esta página. Encierra en un círculo tus predicciones correctas.

Conexión con miHistoria:
La doncella de hielo inca:
Congelada durante quinientos años

① Nombra dos maneras en que tú y otros pueden ayudar a tu vecindario o región.

_____

_____

_____

② ¿Cómo ayudó Juanita a su pueblo?

_____

_____

③ ¿Por qué creían los incas que su ayuda era necesaria?

_____

_____

④ ¿Dónde fue descubierta?

_____

_____

⑤ ¿Por qué es importante el descubrimiento de Juanita?

_____

_____

⑥ ¿Cómo crees que influían los Andes en la vida en el Imperio Inca? Escribe por lo menos dos predicciones.

_____

_____

_____

Trabajemos con las palabras

Concurso de vocabulario En algunos concursos se hace una pregunta y se espera que el concursante dé una respuesta. En otros concursos se da la respuesta y el concursante debe proporcionar la pregunta. Si el espacio en blanco se encuentra en la columna de preguntas, escribe la pregunta que resultaría en la respuesta en la columna de respuestas. Si se proporciona la pregunta, escribe la respuesta adecuada.

PREGUNTA

1. ¿Qué sistema de rango social usaban los incas?

2. _____

3. ¿Qué cordillera era el hogar de los incas?

4. _____

5. ¿Cómo se llamaba un grupo de familias emparentadas?

6. _____

RESPUESTA

1. _____

2. Aumentaron las tierras de cultivo.

3. _____

4. una herramienta usada para llevar registros

5. _____

6. proporcionar trabajo para pagar los impuestos

Nombre _____ Clase _____ Fecha _____

Toma notas

Resumir Usa el diagrama de abajo para resumir las características del Imperio Inca. Escribe al menos dos características o logros en cada categoría.

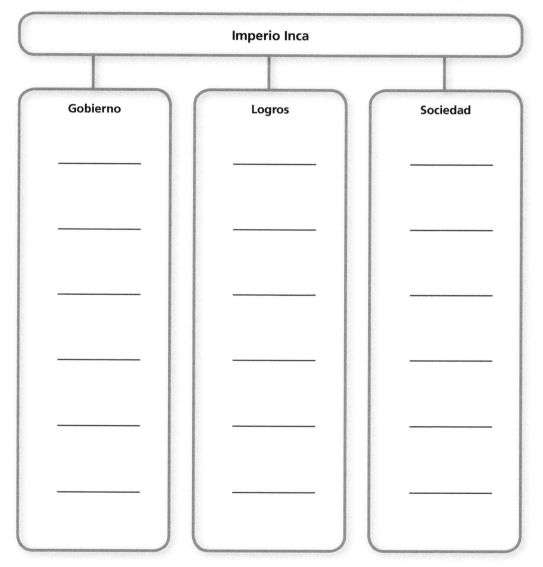

Imperio Inca

Gobierno	Logros	Sociedad
_____	_____	_____
_____	_____	_____
_____	_____	_____
_____	_____	_____
_____	_____	_____
_____	_____	_____

Pregunta esencial

¿Cómo influyó el medio ambiente en la formación del Imperio Inca?

_____

_____

_____

Nombre _____ Clase _____ Fecha _____

Trabajemos con las palabras

Crucigrama Las pistas *horizontal* y *vertical* son las definiciones de los términos clave de esta sección. Llena las casillas *horizontales* enumeradas con los términos clave correctos. Después, haz lo mismo con las pistas *verticales*.

Horizontal	Vertical
3. Un objeto que hizo una persona se llama un _____.	1. Las personas doblaban los troncos de los árboles jóvenes para hacer un _____.
5. Un refugio portátil hecho de piel de animal es un _____.	2. Una ceremonia en la que las personas dan muchos regalos.
6. En la zona boscosa del Este, las ramas de una familia extensa a veces vivían juntas en una _____.	4. Un refugio hecho de bloques de nieve.
7. Un período con poca lluvia o sin lluvia.	

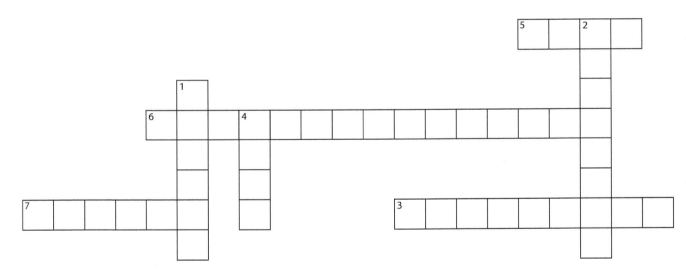

Nombre _____ Clase _____ Fecha _____

Toma notas

Comparar y contrastar Usa lo que has leído sobre las primeras culturas de América del Norte para completar la tabla de abajo. Para cada región, nombra el tipo o tipos de casas en que vivían las personas y los materiales usados.

Zona boscosa del Noreste	Zona boscosa del Sureste	Grandes Llanuras	Norte y Noroeste

Pregunta esencial

Elige una región cultural indígena norteamericana. ¿Cómo influyó la geografía en el tipo de viviendas que se usaban allí?

_____

_____

_____

? Pregunta esencial   Taller del escritor

¿Cuánto influye la geografía en la vida de las personas?

Prepárate para escribir

En este capítulo, has explorado la Pregunta esencial en tu texto, en tu
cuaderno y en *On Assignment* en myworldhistory.com. Usa lo que has
aprendido para escribir un ensayo que hable sobre la influencia de la
geografía en los primeros pueblos de América del Norte y América del Sur.
Piensa en cómo se adaptaron a su medio ambiente las personas que vivían
en distintas regiones. Incluye cómo influían el clima, los accidentes
geográficos y los recursos disponibles en la forma en que vivían.

Destreza del taller: Escribe una introducción y una tesis

En esta lección, aprenderás o repasarás cómo escribir una introducción y
una tesis.

Primero tienes que decidir qué tipo de ensayo quieres escribir.
Repasa los cuatro tipos de ensayo: narrativo, persuasivo, expositivo y de
investigación. Elige el que crees que será mejor para responder la Pregunta
esencial. Escribe tu elección aquí.

_____

La introducción

La introducción es el primer párrafo de un ensayo de cinco párrafos. Le dice
al lector de qué trata el ensayo y por qué el tema es importante. Para crear
un ensayo exitoso, el escritor debe usar los siguientes elementos para
construir la introducción.

El gancho La introducción comienza con un gancho, que tiene como
objetivo atrapar la atención del lector. Puede estar en forma de una pregunta
o una afirmación, y puede ser una oración o más, siempre que sea breve. Por
ejemplo, si estuvieras escribiendo un ensayo sobre Juanita, la doncella de
hielo, podrías usar el siguiente gancho: *¿Estarías dispuesto a morir por el bien
de los demás? Juanita fue una joven que respondió: "Sí".*

Escribe tu gancho:

_____

La tesis La tesis expresa la idea principal de tu ensayo e incluye un resumen
de tres puntos que apoyan tu idea principal. En el ensayo que estás a punto
de escribir, la tesis responderá la pregunta *¿Cuánto influye la geografía en la
vida de las personas?* El enunciado debe ser claro y específico.

Ejemplo *La geografía tiene una influencia importante en la vida de las personas en las áreas de* _____, _____ y

_____.

Si crees que tu oración es muy larga, expresa tus puntos de apoyo en una oración aparte.

Ejemplo *La geografía tiene una influencia importante en la vida de las*

personas. La geografía determina _____,

_____ y _____.

Escribe tu tesis:

_____

Puntos de apoyo Amplía cada punto de apoyo en una oración.

Punto de apoyo _____

Punto de apoyo _____

Punto de apoyo _____

Escribe tu introducción

_____

_____

_____

_____

_____

_____

Revisa y corrige tu ensayo Vuelve a leer tu introducción y plantéate las siguientes preguntas. ¿Comienza tu introducción con un gancho? ¿Expresa claramente tu tesis la idea principal de tu ensayo? ¿Es tu tesis concreta? ¿Has incluido tres puntos que apoyan tu idea principal? Si respondiste "no" a cualquier pregunta, corrige tu introducción. Después de hacer un borrador de tu ensayo, vuelve a responder las preguntas. Podrías descubrir que tus ideas cambiaron mientras escribías.

Haz un borrador de tu ensayo

Escribe tu ensayo en otra hoja de papel, comenzando con la introducción que acabas de escribir. Cuando termines tu ensayo, revísalo con un compañero.

Nombre _____ Clase _____ Fecha _____

¡Lugares por conocer!

Destreza: Mapas Usa los mapas de esta unidad para identificar los ¡Lugares por conocer! en el croquis. Antes del nombre de cada lugar, escribe la letra que muestra su ubicación en el mapa.

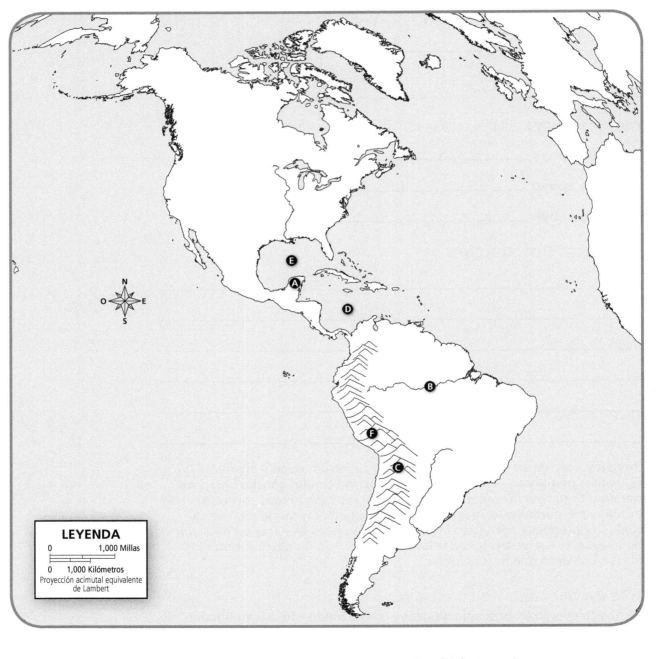

_____ **Cuzco**

_____ **Andes**

_____ **golfo de México**

_____ **península de Yucatán**

_____ **mar Caribe**

_____ **río Amazonas**

Sucesos clave

Línea cronológica Usa lo que has leído sobre las civilizaciones de las Américas para completar la línea cronológica de abajo. Dibuja una línea desde cada suceso hasta su posición correcta en la línea cronológica. Luego escribe una breve descripción de cada suceso.

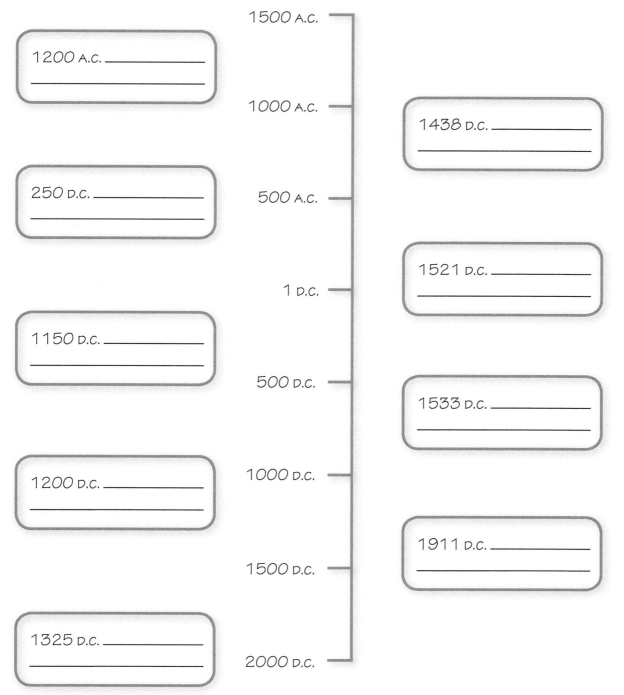

1500 A.C.

1200 A.C. _____
_____

1000 A.C.

1438 D.C. _____
_____

250 D.C. _____
_____

500 A.C.

1 D.C.

1521 D.C. _____
_____

1150 D.C. _____
_____

500 D.C.

1533 D.C. _____
_____

1200 D.C. _____
_____

1000 D.C.

1911 D.C. _____
_____

1500 D.C.

1325 D.C. _____
_____

2000 D.C.

? Pregunta esencial

¿Qué es el poder? ¿Quién debe tenerlo?

Vistazo previo Antes de comenzar este capítulo, piensa en la Pregunta esencial. Entender cómo se relaciona la Pregunta esencial con tu vida te ayudará a comprender el capítulo que vas a empezar a leer.

Conexión con tu vida

(1) Piensa en los niveles de poder que puedes observar en la vida pública. Por ejemplo, es posible que en tu ciudad trabajen muchos funcionarios con diferentes niveles de poder. Enumera a cinco personas que tienen poder en tu comunidad.

a. _____   d. _____

b. _____   e. _____

c. _____

(2) Coloca la letra de cada persona o grupo de arriba en la línea de abajo para mostrar dónde va cada uno en la escala de poder de abajo, de poco poder a mucho poder.

|———————————————————————|
0   10

Poco poder _____ **Mucho poder**

Conexión con el capítulo

(3) Mira los textos, subtítulos y elementos visuales de este capítulo para encontrar información sobre la división del poder en la Europa medieval. En la tabla de abajo, haz predicciones sobre cómo estaba dividido el poder en Europa durante la Edad Media.

División del poder en la Europa medieval				
¿Quién tiene el poder?	• Carlomagno y • los francos	• Vikingos •	• Magiares	• Musulmanes
¿Dónde?	•	•	•	•
¿Cuándo?	•	•	•	•

(4) Después de leer el capítulo, regresa a esta página. Encierra en un círculo tus predicciones correctas.

Nombre _____ Clase _____ Fecha _____

Conexión con miHistoria: Carlomagno y León: La espada y la corona

(1) Piensa cómo Carlomagno ayudó a proteger a León de sus enemigos. Supón que alguien que conoces necesita protección contra bravucones. ¿Lo ayudarías? ¿Qué harías? Explica tu respuesta.

_____

_____

(2) Piensa en la lucha de poder entre Carlomagno y León. ¿Por qué le pidió León ayuda a Carlomagno? ¿Por qué accedió Carlomagno a ayudarlo?

_____

_____

(3) Usa las pistas de la historia de Carlomagno y León para predecir cómo influían las luchas por el poder en la vida de la Europa medieval. Escribe tus predicciones en la tabla de abajo.

El poder en la Europa medieval	
Iglesia	
Gobierno	
Nobleza	
Sociedad	

Trabajemos con las palabras

Concurso de vocabulario En algunos concursos se hace una pregunta y se espera que el concursante dé una respuesta. En otros concursos se da la respuesta y el concursante debe proporcionar la pregunta. Si el espacio en blanco se encuentra en la columna de preguntas, escribe la pregunta que resultaría de la respuesta dada. Si se proporciona la pregunta, escribe la respuesta adecuada.

PREGUNTA

(1) ¿Cuál es el término para el período comprendido entre 500 D.C. y 1500 D.C.?

(2) _____

(3) ¿Cuál es el término para las características físicas de la superficie de la Tierra?

(4) _____

RESPUESTA

(1) _____

(2) medieval

(3) _____

(4) clero

Nombre _____ Clase _____ Fecha _____

Toma notas

Secuencia Vuelve a leer el texto debajo de cada encabezado en rojo de tu libro de texto. Toma notas sobre la información que está debajo de cada encabezado para completar la red de conceptos de abajo.

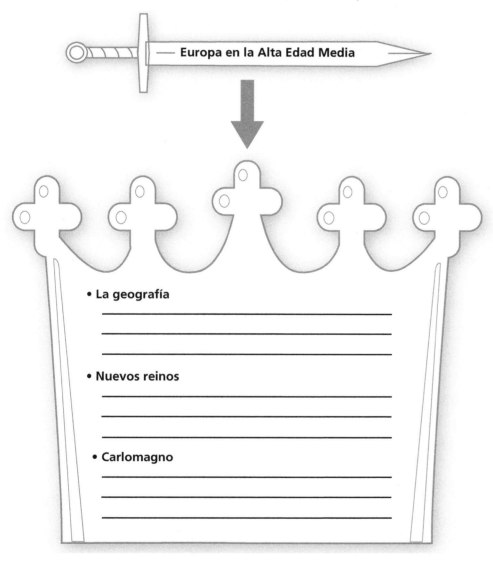

Europa en la Alta Edad Media

• **La geografía**
_____
_____
_____

• **Nuevos reinos**
_____
_____
_____

• **Carlomagno**
_____
_____
_____

Pregunta esencial

¿Cómo tomaban el poder los diferentes grupos e individuos en la Alta Edad Media?

_____

_____

_____

Trabajemos con las palabras

Constructor de oraciones Completa las oraciones usando la información que aprendiste en esta sección.

(1) Un(a) _____ es una comunidad aislada, donde hombres llamados monjes se centran en la oración y la escritura.

(2) Un(a) _____ es una comunidad religiosa para mujeres conocidas como monjas.

(3) Un(a) _____ es un seguidor de una religión politeísta, o una religión que tiene más de un dios.

(4) Un(a) _____ es una persona que trata de convertir a otros a una religión en particular.

(5) Patricio, quien fundó cientos de iglesias cristianas en Irlanda, fue reconocido como un(a) _____, o una persona especialmente sagrada.

(6) Los(as) _____ son los ritos sagrados de la Iglesia cristiana, como el bautismo y la comunión.

(7) Los cristianos se consideraban a sí mismos parte de la

_____, la gran comunidad de cristianos

que viven en diferentes partes del mundo.

Nombre _____ Clase _____ Fecha _____

Toma notas

Resumir Los encabezados de las columnas de la tabla de abajo coinciden con los encabezados de tu libro de texto. Vuelve a leer cada sección. Resume la información que está debajo de cada subtítulo de las columnas para completar la actividad de abajo. Recuerda que un resumen es una o dos oraciones que dan una visión general de la información, no detalles específicos.

La expansión del cristianismo en Europa

Monasterios y conventos	La conversión de Europa	La Iglesia medieval
La Regla de San Benito	San Patricio convierte a Irlanda	Las enseñanzas católicas
_____ _____ _____	_____ _____ _____	_____ _____ _____
La vida cotidiana en los monasterios	Misioneros a Britania	El poder de la Iglesia
_____ _____ _____	_____ _____	_____ _____ _____
	El cristianismo se propaga en Europa	La cristiandad
	_____ _____ _____	_____ _____ _____

Pregunta esencial

Describe el poder de la Iglesia católica en la Europa medieval.

_____

_____

_____

Trabajemos con las palabras

Palabras en contexto Para cada pregunta, escribe una respuesta que muestre tu comprensión del término clave en negritas.

(1) A cambio de tierras, ¿qué prometía un **vasallo** a un señor más poderoso?

_____

_____

(2) ¿Qué importancia tiene un **feudo** en el sistema feudal?

_____

_____

(3) ¿Cómo se convertía un joven en **caballero**?

_____

_____

(4) ¿Qué exigía el **Código de Caballería** a un caballero?

_____

_____

(5) ¿Por qué se consideraba que el **señorío** era el corazón de la economía medieval?

_____

_____

(6) ¿Qué posición tenía un **siervo** en la sociedad medieval?

_____

_____

Nombre _____ Clase _____ Fecha _____

Toma notas

Identificar las ideas principales y los detalles Usa lo que has leído sobre el desarrollo del feudalismo europeo para completar las ideas clave de esta sección del capítulo en la tabla de abajo.

Una época violenta	Una sociedad feudal	El señorío medieval
Ideas clave	**Ideas clave**	**Ideas clave**
•	•	•
•	•	•
•	•	•

Pregunta esencial

¿Cómo influyeron el feudalismo y la institución señorial en la vida de las personas de la Europa medieval?

_____

_____

_____

Pregunta esencial Taller del escritor

¿Qué es el poder? ¿Quién debe tenerlo?

Prepárate para escribir

En este capítulo, has explorado la Pregunta esencial en tu texto, en tu cuaderno y en *On Assignment* en myworldhistory.com. Usa tus notas y lo que has aprendido para escribir un ensayo que describa qué efecto tuvieron las luchas por el poder en la Europa de la Edad Media.

Destreza del taller: Escribir párrafos de desarrollo

Repasa cómo hacer un esquema de tu ensayo. Considera el punto principal que quieras desarrollar en tu ensayo. Tu ensayo tendrá cinco párrafos: una introducción, tres párrafos de desarrollo y una conclusión. En esta lección, aprenderás cómo escribir los párrafos de desarrollo de tu ensayo.

Escribe una oración principal Cada párrafo de desarrollo debe comenzar con una oración principal. Una oración principal debe expresar claramente la idea principal del párrafo de desarrollo. También debe conectar la idea a la tesis del ensayo. Repasa el capítulo y toma notas acerca de cómo el poder desempeñó un papel en la Europa medieval. Por ejemplo, el papa León III fortaleció el poder de la Iglesia cuando coronó emperador a Carlomagno.

Apoya la oración principal con detalles de apoyo Cada una de tus oraciones principales debe estar apoyada con hechos y detalles. Estos detalles deben proporcionar pruebas de que tu enunciado es verídico. Por ejemplo, al coronar a Carlomagno, León III estableció la idea de que sólo el papa tenía el poder de nombrar a un emperador. Esta oración apoya la idea de que la coronación de Carlomagno fortaleció el poder de la Iglesia.

Termina con una conclusión Cada párrafo debe terminar con una o dos oraciones de conclusión. La conclusión debe relacionarse con la oración principal y resumir los detalles de apoyo.

Un ejemplo de párrafo de desarrollo:

Oración principal *La relación entre Carlomagno y el papa León III muestra cómo el poder cada vez mayor de la Iglesia produjo conflictos durante la Edad Media.*

Detalle de apoyo *Carlomagno ayudó a proteger al papa León III de sus enemigos en Roma; a cambio, León coronó emperador a Carlomagno.*

_____

Detalle de apoyo *Al coronar a Carlomagno, León III estableció la idea de que sólo el papa tenía el poder de nombrar a un emperador.*

_____

Detalle de apoyo *La acción de León enfureció al Imperio Bizantino y a la Iglesia ortodoxa oriental.*

_____

Detalle de apoyo *Este conflicto produjo una división entre el mundo cristiano oriental y el occidental.*

_____

Oración de conclusión *Como resultado del poder del papa León para coronar emperador a Carlomagno, el poder de la Iglesia creció. Aunque esto aumentó el poder de la Iglesia, el conflicto produjo una división en la Iglesia durante la Edad Media.*

Escribe un párrafo de desarrollo

Ahora, escribe tu propio párrafo de desarrollo para tu ensayo.

Oración principal _____

_____

Detalle de apoyo _____

_____

Detalle de apoyo _____

_____

Detalle de apoyo _____

_____

Detalle de apoyo _____

_____

Conclusión _____

_____

Haz un borrador de tu ensayo

Revisa y corrige tus párrafos de desarrollo para asegurarte de que tus ideas están claramente presentadas. Úsalos en tu ensayo completo (escrito en otra hoja de papel). Asegúrate de que tus párrafos de desarrollo tengan una oración principal, detalles de apoyo y una conclusión. Luego escribe tu ensayo y revísalo con un compañero.

❓ Pregunta esencial

¿Cómo debemos manejar los conflictos?

Vistazo previo Antes de comenzar este capítulo, piensa en la Pregunta esencial. Entender cómo se relaciona la Pregunta esencial con tu vida te ayudará a comprender el capítulo que vas a empezar a leer.

Conexión con tu vida

1 ¿Cuáles crees que son las causas más comunes de los conflictos? _____

_____

2 Completa la tabla con ejemplos de maneras de resolver conflictos.

Conflicto	Mejor manera de resolver el conflicto
Alguien te empuja de tu lugar para ser el primero en la fila.	
Dos personas quieren ser capitán del equipo.	
Alguien ha estado diciendo mentiras sobre tu mejor amigo.	

Conexión con el capítulo

3 Dale un vistazo previo al capítulo mirando los textos, subtítulos y elementos visuales del capítulo, y busca información sobre conflictos en la Europa medieval. En la tabla de abajo, usa la información para hacer predicciones sobre las razones de esos conflictos.

Adversarios en conflicto	Fuentes del conflicto
Papas y reyes	
Reyes y nobles	
Cruzados y musulmanes	
Cristianos y moros	

4 Después de leer el capítulo, regresa a esta página. Corrige tus predicciones incorrectas.

Nombre _____ Clase _____ Fecha _____

Conexión con miHistoria: Las mortíferas palabras de Enrique II

(1) Piensa en una persona en tu vida o en la historia estadounidense que se haya enfrentado a conflictos por defender un principio. ¿Cómo resolvió esa persona el conflicto?

_____

_____

(2) ¿Cuál crees que es la mejor manera de "luchar" por algo en lo que crees?

_____

_____

(3) En miHistoria, ¿cuál era el conflicto entre la Iglesia y la monarquía en Inglaterra?

_____

_____

(4) En miHistoria, ¿por qué estaba Enrique II tan enojado?

_____

_____

(5) ¿Cuál fue el resultado de la furia de Enrique II?

_____

_____

(6) ¿Quién crees que debe tener más poder en un país: un líder del gobierno o un líder religioso? ¿Por qué?

_____

_____

Trabajemos con las palabras

Palabras en contexto Para cada pregunta, escribe una respuesta que muestre tu comprensión del término clave en negritas.

1 ¿Por qué es probable que Enrique IV se haya sorprendido cuando el papa Gregorio declaró autoridad sobre los líderes **laicos**?

_____

_____

_____

2 ¿Qué hizo Enrique IV después de que fue **excomulgado** por el papa Gregorio?

_____

_____

_____

3 ¿Por qué hacían las personas un **peregrinaje** a Canterbury?

_____

_____

_____

Nombre _____ Clase _____ Fecha _____

Toma notas

Comparar y contrastar Usa lo que has leído sobre los papas y los gobernantes en la Sección 1 para completar la actividad de abajo.

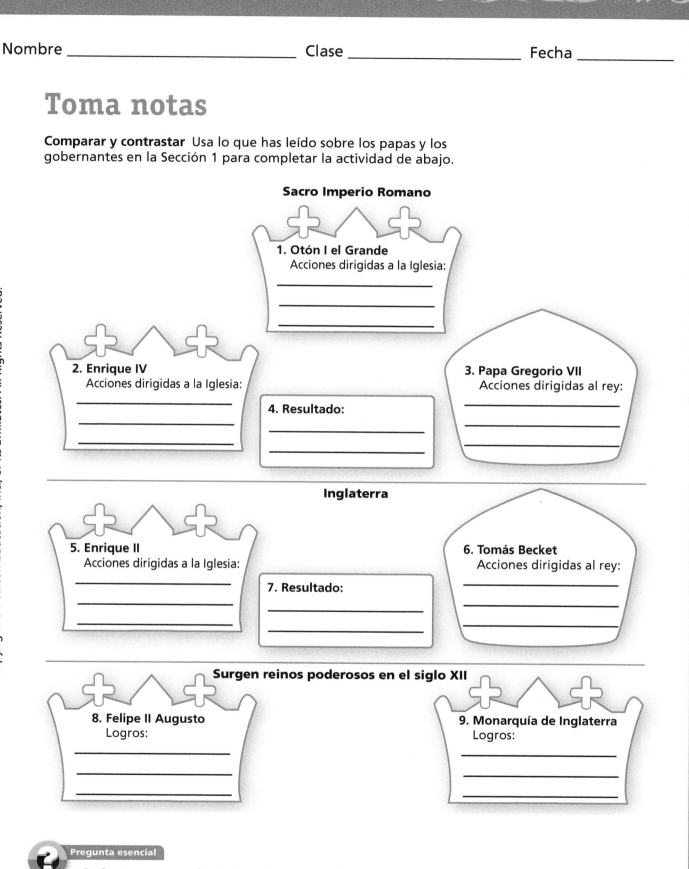

Sacro Imperio Romano

1. Otón I el Grande
Acciones dirigidas a la Iglesia:
_____
_____
_____

2. Enrique IV
Acciones dirigidas a la Iglesia:
_____
_____
_____

4. Resultado:
_____
_____
_____

3. Papa Gregorio VII
Acciones dirigidas al rey:
_____
_____
_____

Inglaterra

5. Enrique II
Acciones dirigidas a la Iglesia:
_____
_____
_____

7. Resultado:
_____
_____
_____

6. Tomás Becket
Acciones dirigidas al rey:
_____
_____
_____

Surgen reinos poderosos en el siglo XII

8. Felipe II Augusto
Logros:
_____
_____
_____

9. Monarquía de Inglaterra
Logros:
_____
_____
_____

Pregunta esencial

¿Qué errores cometió Enrique II en su conflicto con la Iglesia?

_____

Trabajemos con las palabras

Concurso de vocabulario En algunos concursos se hace una pregunta y se espera que el concursante dé una respuesta. En otros concursos se da la respuesta y el concursante debe proporcionar la pregunta. Si el espacio en blanco se encuentra en la columna de preguntas, escribe la pregunta que resultaría de la respuesta dada. Si se proporciona la pregunta, escribe la respuesta adecuada.

PREGUNTA

RESPUESTA

(1) _____

(1) Carta Magna

(2) _____

(2) derecho consuetudinario

(3) ¿Qué frase se refiere a una orden de una corte de justicia para llevar a una persona arrestada ante un juez o tribunal?

(3) _____

(4) ¿Qué término significa "orden de una corte de justicia"?

(4) _____

(5) _____

(5) parlamento

Nombre _____ Clase _____ Fecha _____

Toma notas

Identificar las ideas principales y los detalles Los encabezados de las columnas de abajo coinciden con los temas de la Sección 2 de tu libro de texto. Debajo de cada encabezado de las columnas, escribe la idea principal del tema y detalles que la apoyen.

Reyes, nobles y la Carta Magna

La conquista normanda	La Inglaterra normanda	Límites al poder real
Idea principal:	**Idea principal:**	**Idea principal:**
_____	_____	_____
_____	_____	_____
_____	_____	_____
_____	_____	_____
_____	_____	_____
Detalles	**Detalles**	**Detalles**
• _____	• _____	• _____
_____	_____	_____
_____	_____	_____
• _____	• _____	• _____
_____	_____	_____
_____	_____	_____
• _____	• _____	• _____
_____	_____	_____
_____	_____	_____
• _____	• _____	• _____
_____	_____	_____
_____	_____	_____
• _____	• _____	• _____
_____	_____	_____
_____	_____	_____

Pregunta esencial

¿Cómo resolvieron los barones sus conflictos con el rey Juan?

_____

_____

_____

Trabajemos con las palabras

Mapa de palabras Sigue el modelo de abajo para hacer un mapa de palabras. El término clave *Cruzadas* se encuentra en el óvalo del centro. Escribe la definición en tus propias palabras arriba a la izquierda. Arriba a la derecha, haz una lista de características, es decir, palabras o frases que se relacionen con el término. Abajo a la izquierda haz una lista de las que no son características, es decir, palabras y frases que no estarían asociadas con el término. Abajo a la derecha, haz un dibujo del término clave o escribe una oración.

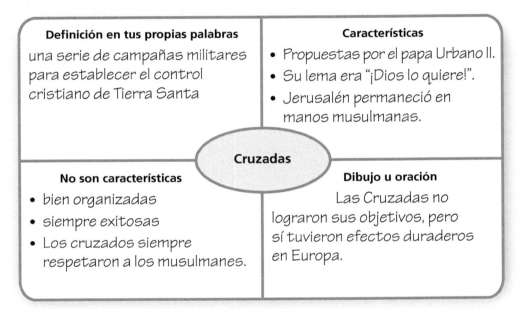

Definición en tus propias palabras
una serie de campañas militares para establecer el control cristiano de Tierra Santa

Características
- Propuestas por el papa Urbano II.
- Su lema era "¡Dios lo quiere!".
- Jerusalén permaneció en manos musulmanas.

Cruzadas

No son características
- bien organizadas
- siempre exitosas
- Los cruzados siempre respetaron a los musulmanes.

Dibujo u oración
Las Cruzadas no lograron sus objetivos, pero sí tuvieron efectos duraderos en Europa.

Ahora, usa el mapa de palabras de abajo para explorar el significado del término *herejía*. Puedes usar el libro del estudiante, un diccionario y/o un diccionario de sinónimos para completar cada una de las cuatro secciones.

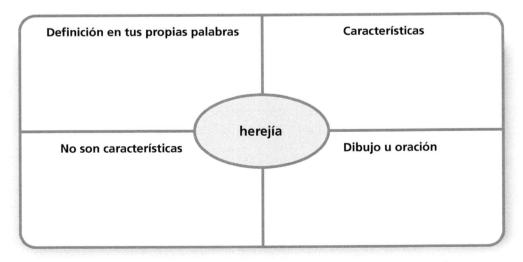

Definición en tus propias palabras

Características

herejía

No son características

Dibujo u oración

Haz tu propio mapa de palabras en una hoja de papel separada para el siguiente término: *Inquisición*.

Nombre _____ Clase _____ Fecha _____

Toma notas

Secuencia Usa lo que has leído en esta sección para añadir detalles a la línea cronológica de abajo.

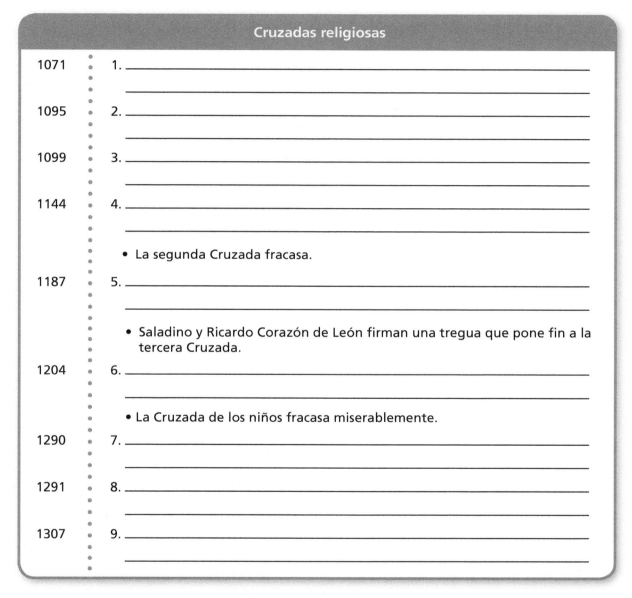

Cruzadas religiosas

1071 · 1. _____
            _____

1095 · 2. _____
            _____

1099 · 3. _____
            _____

1144 · 4. _____

      · • La segunda Cruzada fracasa.

1187 · 5. _____
            _____

      · • Saladino y Ricardo Corazón de León firman una tregua que pone fin a la tercera Cruzada.

1204 · 6. _____
            _____

      · • La Cruzada de los niños fracasa miserablemente.

1290 · 7. _____
            _____

1291 · 8. _____
            _____

1307 · 9. _____
            _____

Pregunta esencial

¿Por qué los conflictos conocidos como las Cruzadas no lograron su objetivo?

_____

_____

_____

269

Trabajemos con las palabras

Palabras en contexto Para cada pregunta, escribe una respuesta que muestre tu comprensión del término clave en negritas.

1 ¿Qué tipo de cultura se desarrolló en la **península Ibérica** durante el siglo VIII?

_____

_____

_____

2 ¿Quiénes eran los **moros**?

_____

_____

_____

3 ¿Qué ocurrió durante la **Reconquista**?

_____

_____

_____

Nombre _____ Clase _____ Fecha _____

Toma notas

Resumir Usa lo que has leído en la Sección 4 para resumir las ideas clave de
los temas de la tabla de abajo.

España bajo el dominio musulmán	
Cultura morisca	
Una sociedad multicultural	

La Reconquista	
Campañas militares	
Unificación de los reinos	
Persecuciones religiosas	

Pregunta esencial

¿Por qué produjo la intolerancia religiosa conflictos en España?

_____

_____

_____

¿Cómo debemos manejar los conflictos?

Prepárate para escribir

En este capítulo, has explorado la Pregunta esencial en tu texto, en tu cuaderno y en *On Assignment* en myworldhistory.com. Usa lo que has aprendido en este capítulo para escribir un esquema sobre el conflicto en la Europa medieval. Considera los conflictos entre reyes y papas, reyes y barones, cruzados y musulmanes, y católicos y no cristianos en la España musulmana.

Destreza del taller: Escribir una conclusión

Recuerda que hacer un borrador de un ensayo requiere escribir una tesis, una introducción, al menos tres párrafos de desarrollo y una conclusión. La conclusión completa y da coherencia a todos los elementos del ensayo.

Antes de escribir tu conclusión Antes de escribir tu conclusión, vuelve a leer tu ensayo. Piensa en la tesis, así como en las ideas principales y los detalles que la apoyan.

¿Qué hace que una conclusión sea fuerte? Una buena conclusión debe unir los diferentes elementos de tu ensayo. Debe darle al lector la impresión de que todo cuadra y tiene sentido.

Sigue estos pasos Cuando estés listo para escribir tu conclusión, hazlo de una manera lógica y organizada. Sigue una lista de verificación como la que se muestra abajo. A medida que termines cada tarea, táchala de tu lista.

_____ Escribe una oración tema para recordarle al lector la idea principal de tu ensayo.

_____ Resume las ideas más importantes.

_____ Vuelve a mencionar tu tesis de una manera que sea diferente de tu introducción.

_____ Escribe una oración de conclusión.

Escribir una buena conclusión requiere pensar y esforzarse. Recuerda que es la última impresión que tu ensayo proporciona a tus lectores.

Muestra de conclusión Aquí hay unas oraciones de muestra que se pueden usar para formar una conclusión coherente.

- Muestra de oración tema *Los reyes y los papas lucharon por el poder durante la Edad Media.*

- Resumen de una idea importante *Los papas creían que tenían autoridad sobre la Iglesia y los líderes laicos.*

- Ejemplo de tesis *En una época en que la religión influía en todos los ámbitos de la vida cotidiana, la Iglesia tenía tanto o más poder que los reyes.*

- Ejemplo de oración de conclusión *Los reyes pudieron haber ejercido su poder por medio de los ejércitos, pero los papas usaban su poder de excomunión.*

Escribe tu conclusión

Ahora escribe tu propio párrafo de conclusión para tu ensayo.

Oración principal

_____

_____

Resumen de una idea importante

_____

_____

Resumen de otra idea importante

_____

_____

Resumen de una idea importante final

_____

_____

Vuelve a exponer la tesis

_____

_____

Oración de conclusión

_____

_____

Haz un borrador de tu ensayo

Usa el párrafo de conclusión de arriba para completar tu ensayo. Escribe tu ensayo en otra hoja de papel.

Pregunta esencial

¿Cómo se relacionan la religión y la cultura?

Vistazo previo Antes de comenzar este capítulo, piensa en la Pregunta esencial. Entender cómo se relaciona la Pregunta esencial con tu vida te ayudará a comprender el capítulo que vas a empezar a leer.

Conexión con tu vida

(1) ¿Qué religiones conoces en tu comunidad local?

_____

(2) En la tabla de abajo, da ejemplos de elementos de tu cultura local. Luego, di si la religión influye en estos elementos y cómo lo hace.

Elementos de la cultura local	Descripción o ejemplo	Influencia de la religión
Ropa		
Comercio		
Celebraciones		

Conexión con el capítulo

(3) Dale un vistazo previo al capítulo mirando los títulos, fotografías y gráficas. En la tabla de abajo, predice cómo influyó la religión en Europa durante la Edad Media.

Elementos de la cultura medieval	Descripción o ejemplo	Influencia de la religión
Granjas		
Pueblos		
Arquitectura		

(4) Después de leer el capítulo, regresa a esta página. Encierra en un círculo tus predicciones correctas.

Nombre _____ Clase _____ Fecha _____

Conexión con miHistoria: Juana de Arco: Las voces de la victoria

1. ¿Qué estaba ocurriendo en Europa en la época de esta miHistoria?

   _____

   _____

2. ¿Habrías seguido a Juana de Arco? ¿Por qué?

   _____

   _____

3. ¿Qué características crees que describen mejor a Juana de Arco? Escribe estas características en el diagrama de abajo.

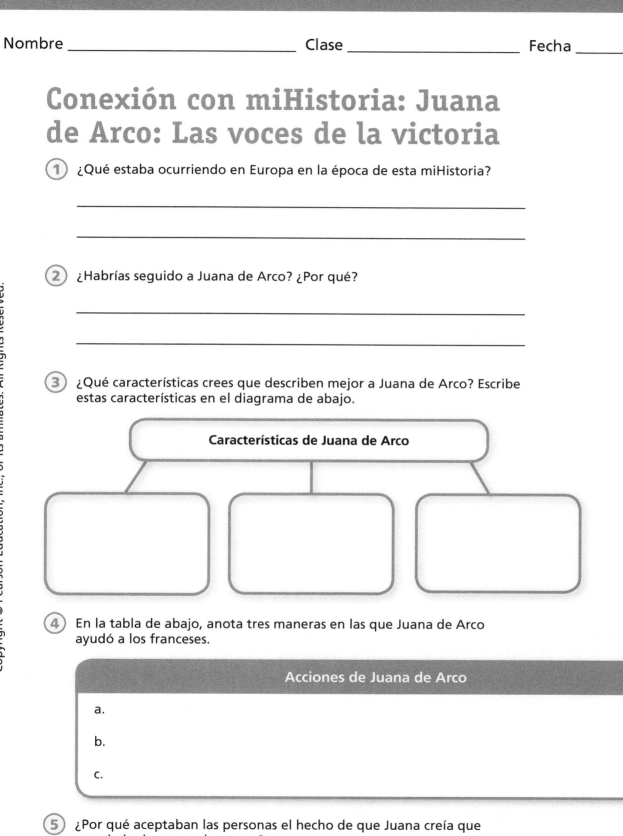

Características de Juana de Arco

4. En la tabla de abajo, anota tres maneras en las que Juana de Arco ayudó a los franceses.

Acciones de Juana de Arco
a.
b.
c.

5. ¿Por qué aceptaban las personas el hecho de que Juana creía que escuchaba las voces de santos?

   _____

   _____

Trabajemos con las palabras

Constructor de oraciones Completa las oraciones siguientes con un término clave de esta sección. Tal vez tengas que cambiar la forma de las palabras para completar las oraciones.

Banco de palabras

rotación de cultivos	barbecho
rotación trienal	gremio

1. Los agricultores sembraban cultivos de primavera, cultivos de invierno y ningún cultivo en el(la) _____.

2. Para permitir que el suelo recuperara algo de su fertilidad natural, los agricultores dejaban cada año un campo en _____.

3. La práctica de cambiar el uso de campos con el tiempo se conoce como _____.

4. Los trabajadores que practicaban el mismo oficio se unieron para proteger sus intereses económicos en un(una) _____.

Nombre _____ Clase _____ Fecha _____

Toma notas

Comparar y contrastar En el diagrama de abajo, describe y compara los cambios realizados en la vida en las granjas, el comercio y la vida en los pueblos durante la Edad Media.

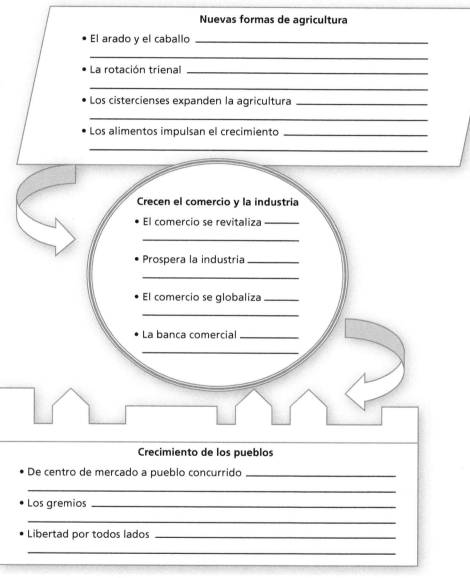

Nuevas formas de agricultura

- El arado y el caballo _____
  _____
- La rotación trienal _____
  _____
- Los cistercienses expanden la agricultura _____
  _____
- Los alimentos impulsan el crecimiento _____
  _____

Crecen el comercio y la industria

- El comercio se revitaliza _____
  _____
- Prospera la industria _____
  _____
- El comercio se globaliza _____
  _____
- La banca comercial _____
  _____

Crecimiento de los pueblos

- De centro de mercado a pueblo concurrido _____
  _____
- Los gremios _____
  _____
- Libertad por todos lados _____
  _____

? Pregunta esencial

¿Qué influencia tuvo el aumento de la riqueza de los pueblos en la construcción de iglesias?

_____

_____

_____

Trabajemos con las palabras

Palabras en contexto Para cada pregunta, escribe una respuesta que muestre tu comprensión del término clave en negritas.

(1) ¿Cómo ayudaban las **órdenes mendicantes** a las personas de los pueblos en crecimiento?

_____

_____

(2) ¿Cómo influyó la Iglesia en el crecimiento de las **universidades**?

_____

_____

(3) ¿Cómo usó Tomás de Aquino la **ley natural** para explicar que tanto la fe como la razón provienen de Dios?

_____

_____

Nombre _____ Clase _____ Fecha _____

Toma notas

Resumir Usa la Sección 2 para resumir la información sobre la religión durante la Edad Media en el diagrama de abajo.

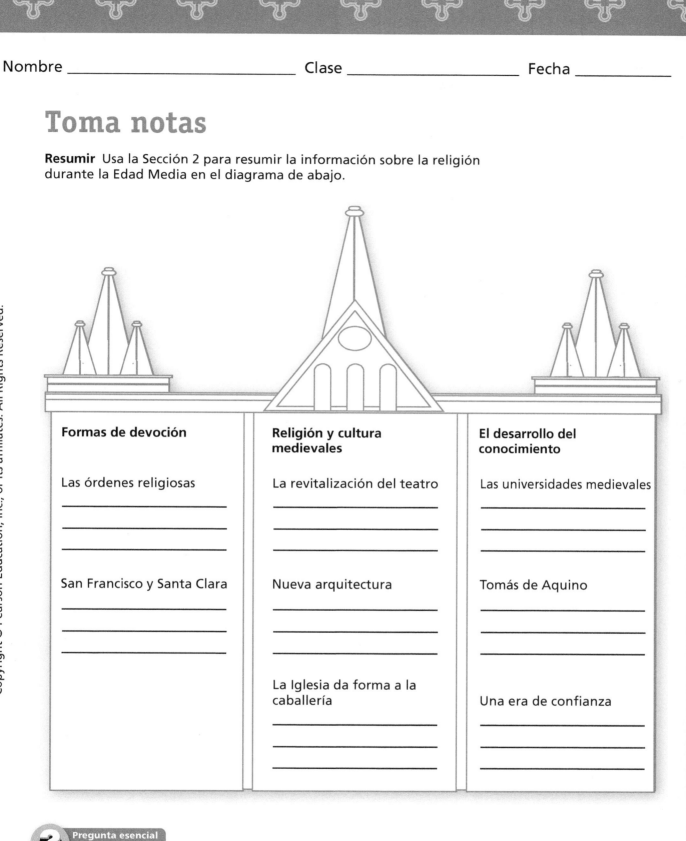

Formas de devoción

Las órdenes religiosas
_____
_____
_____

San Francisco y Santa Clara
_____
_____
_____

Religión y cultura medievales

La revitalización del teatro
_____
_____
_____

Nueva arquitectura
_____
_____
_____

La Iglesia da forma a la caballería
_____
_____
_____

El desarrollo del conocimiento

Las universidades medievales
_____
_____
_____

Tomás de Aquino
_____
_____
_____

Una era de confianza
_____
_____
_____

Pregunta esencial

¿De qué manera influyó la religión en la cultura de la Edad Media?

_____

_____

Trabajemos con las palabras

Concurso de vocabulario En algunos concursos se hace una pregunta y se espera que el concursante dé una respuesta. En otros concursos se da la respuesta y el concursante debe proporcionar la pregunta. Si el espacio en blanco se encuentra en la columna de preguntas, escribe la pregunta que resultaría de la respuesta dada. Si se proporciona la pregunta, escribe la respuesta adecuada.

PREGUNTA	RESPUESTA
(1) _____	(1) Guerra de los Cien Años
(2) ¿Qué nombre se le dio más tarde a la epidemia conocida como la Gran Mortandad?	(2) _____
(3) _____	(3) peste bubónica
(4) Después de que los señores de los señoríos limitaran los salarios y los movimientos de los siervos que habían sobrevivido, ¿qué suceso ocurrió?	(4) _____

Nombre _____ Clase _____ Fecha _____

Toma notas

Analizar causa y efecto Para cada una de las causas de abajo, describe el(los) efecto(s).

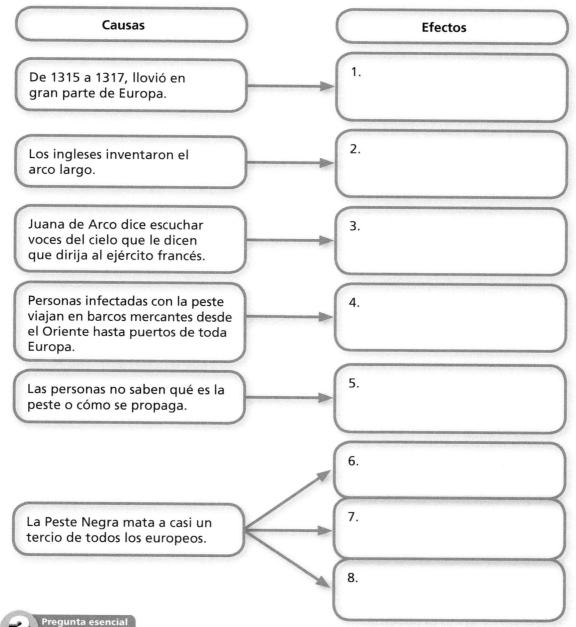

Causas	Efectos
De 1315 a 1317, llovió en gran parte de Europa.	1.
Los ingleses inventaron el arco largo.	2.
Juana de Arco dice escuchar voces del cielo que le dicen que dirija al ejército francés.	3.
Personas infectadas con la peste viajan en barcos mercantes desde el Oriente hasta puertos de toda Europa.	4.
Las personas no saben qué es la peste o cómo se propaga.	5.
La Peste Negra mata a casi un tercio de todos los europeos.	6.
	7.
	8.

Pregunta esencial

¿Por qué es posible que la Peste Negra quebrantara la confianza de las personas en la Iglesia?

_____

_____

_____

Nombre _____ Clase _____ Fecha _____

¿Cómo se relacionan la religión y la cultura?

Prepárate para escribir

En este capítulo, exploraste la Pregunta esencial en tu texto, en tu cuaderno y en *On Assignment* en myworldhistory.com. Usa lo que aprendiste en este capítulo para escribir un ensayo sobre cómo la religión y la cultura estaban relacionadas en la Europa medieval. Considera lo siguiente: cómo ayudaron los monjes cistercienses a la siembra de cultivos y a la cría de ovejas, cómo influyeron las Cruzadas en el comercio y la banca, cómo atraían a los peregrinos las ciudades con reliquias, cómo influyeron las órdenes mendicantes en los ciudadanos y cómo influyó la Iglesia en la educación, el teatro, el arte, la escultura, la arquitectura y el Código de Caballería.

Destreza del taller: Revisa tu trabajo

Repasa cómo hacer un esquema de tu ensayo y después escribe y desarrolla una introducción, párrafos de desarrollo y una conclusión. Redacta el argumento principal que quieras presentar en tu ensayo como la tesis. Por ejemplo: *La Iglesia católica influyó en cada aspecto de la vida durante la Edad Media.* En tu introducción, enumera tres influencias de la Iglesia. En cada párrafo de desarrollo, explica cada una de estas influencias con detalles y evidencia para apoyarla.

En esta lección aprenderás más sobre cómo revisar tu ensayo. La revisión tiene varios objetivos importantes: Primero, debes aclarar las ideas principales y relacionarlas con los lectores y el propósito de tu escritura. Segundo, debes evaluar toda la evidencia que aportes para asegurarte de que se ajusta a tu tesis. Tercero, debes revisar las oraciones para asegurarte de que tengan sentido y no tengan errores gramaticales, de puntuación o de ortografía.

Identifica los puntos principales

_____ Empezando por la introducción, verifica que cada párrafo tenga una idea principal.

_____ Esta idea debe ser clara y es generalmente la primera o la última oración.

_____ Encierra en un círculo tus ideas principales, incluyendo tu tesis.

Piensa en tus lectores y en tu propósito

_____ Recuerda quién va a ser tu lector: tu maestro.

_____ Asegúrate de que tu lenguaje sea formal. Reemplaza cualquier jerga y no uses pronombres personales.

_____ Usa las instrucciones para la escritura para guiarte en tu propósito.

_____ Vuelve a revisar tu ensayo para asegurarte de haber relacionado las causas y los efectos.

Evalúa la evidencia

_____ Vuelve a leer cada idea principal encerrada en un círculo. Después, lee cuidadosamente el resto del párrafo.

_____ ¿Apoya la evidencia la idea principal?

_____ ¿Está organizada la evidencia de una manera lógica o cronológica?

_____ Asegúrate de que la evidencia apoye tu tesis.

_____ Cambia algunas de las palabras de tu tesis para que se ajusten a ella las ideas que expusiste. Debes eliminar las oraciones que no apoyan la tesis y las ideas principales.

Escribe en forma clara y correcta

_____ Lee tu ensayo en voz alta. ¡Nunca te saltes este paso! Escuchar las oraciones te ayudará a notar cuándo no fluyen o si no tienen sentido.

_____ Pregúntate qué quisiste decir y usa esa nueva mención para volver a escribir las oraciones confusas.

_____ Vuelve a leer en silencio o usa un corrector de gramática y ortografía de computadora para encontrar y corregir cualquier error.

Revisa tu ensayo

Ahora, observa críticamente un párrafo de tu ensayo y revísalo para mejorarlo. Escribe abajo tu párrafo corregido.

_____

_____

_____

_____

_____

_____

_____

_____

_____

_____

Haz un borrador de tu ensayo

Copia el párrafo revisado en tu ensayo. Úsalo como una guía para revisar el resto de los párrafos. Asegúrate de revisar la idea principal, la evidencia de apoyo y la ortografía, la gramática y la puntuación de cada párrafo.

¡Lugares por conocer!

Destreza: Mapas Usa los mapas de esta unidad para identificar los ¡Lugares por conocer! en el croquis. Escribe junto al nombre de cada lugar que está abajo, la letra que indica su ubicación en el mapa.

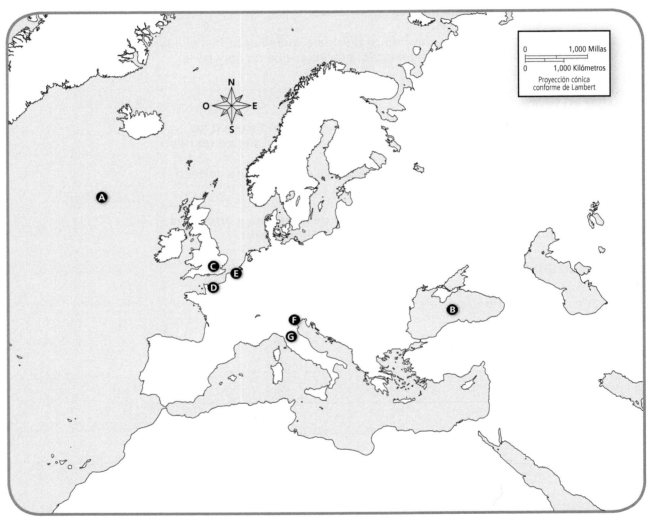

_____ Florencia

_____ Londres

_____ mar Negro

_____ Venecia

_____ océano Atlántico

_____ Normandía

_____ Flandes

Sucesos clave

Línea cronológica Usa lo que has leído sobre Europa en la Edad Media para completar la línea cronológica de abajo. Dibuja una línea desde cada suceso hasta su posición correcta en la línea cronológica. Luego, escribe una breve descripción de cada suceso.

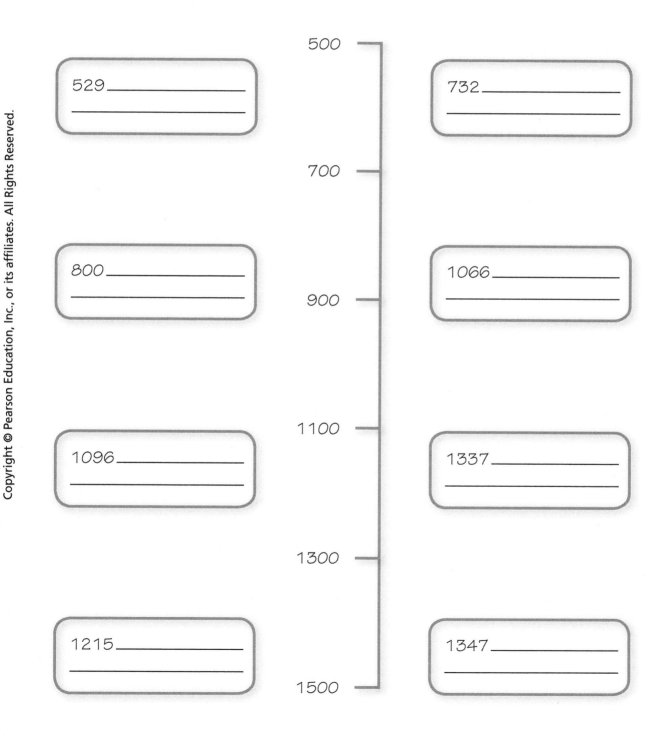

500

529 _____
_____

732 _____
_____

700

800 _____
_____

1066 _____
_____

900

1096 _____
_____

1337 _____
_____

1100

1300

1215 _____
_____

1347 _____
_____

1500

? Pregunta esencial

¿Qué distingue una cultura de otra?

Vistazo previo Antes de comenzar este capítulo, piensa en la Pregunta esencial. Entender cómo se relaciona la Pregunta esencial con tu vida te ayudará a comprender el capítulo que vas a empezar a leer.

Conexión con tu vida

(1) Piensa en tu cultura: las cosas que hacen que tu vida diaria sea diferente de la vida en otros países o en otros siglos. Principalmente, ¿de qué manera influye la cultura en tu vida? Explica tu respuesta.

_____

_____

_____

(2) Anota tus ideas sobre cómo la cultura influye en tu vida, en los aspectos de abajo.

Cómo influye la cultura en mi vida, en estos aspectos:			
Gobierno/Leyes	Tecnología	Tradiciones	Otro

Conexión con el capítulo

(3) Dale un vistazo previo al capítulo mirando los títulos, fotografías y gráficas. En la tabla de abajo, predice qué tipos de cambios culturales ocurrieron durante el Renacimiento.

	Cambio cultural
Gobierno	
Idioma	
Ciencia y tecnología	
Arte	

(4) Lee el capítulo. Luego, regresa a esta página y encierra en un círculo tus predicciones correctas.

Nombre _____ Clase _____ Fecha _____

Conexión con miHistoria:
"Tantas cosas desconocidas"

1 Leonardo da Vinci dijo: "Los obstáculos no pueden doblegarme. Quien se prende a una estrella no cambia de parecer". ¿Estás de acuerdo con Leonardo? ¿Cómo podría influir dicha creencia en tu vida?

_____

_____

_____

2 Leonardo da Vinci fue un hombre brillante que trabajó en muchos campos. Anota detalles de sus intereses y logros en la red de abajo.

Intereses
y logros
de Leonardo

3 Los artistas y eruditos como Leonardo dependían de las personas ricas y poderosas para que los apoyaran. ¿Cuáles eran algunos problemas de esta forma de vida?

_____

_____

_____

Nombre _____ Clase _____ Fecha _____

Trabajemos con las palabras

Mapa de palabras Sigue el modelo de abajo para hacer un mapa de palabras.
El término clave *mercantil* se encuentra en el óvalo del centro. Escribe la
definición en tus propias palabras arriba a la izquierda. Arriba a la derecha,
haz una lista de características, es decir, palabras o frases que se relacionen con
el término. Abajo a la izquierda haz una lista de las que no son características,
es decir, palabras y frases que *no* estarían asociadas con el término. Abajo a la
derecha, haz un dibujo del término clave *o* escribe una oración.

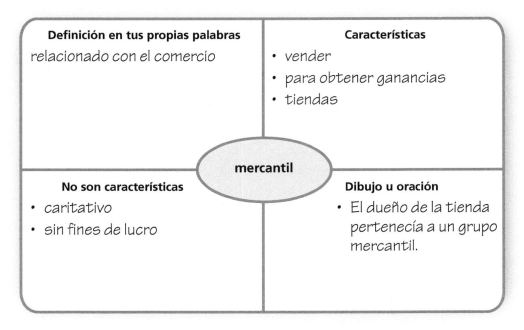

Ahora, usa el mapa de palabras de abajo para explorar el significado de la
palabra *Renacimiento*. Puedes usar el libro del estudiante, un diccionario y/o
un diccionario de sinónimos para completar cada una de las cuatro secciones.

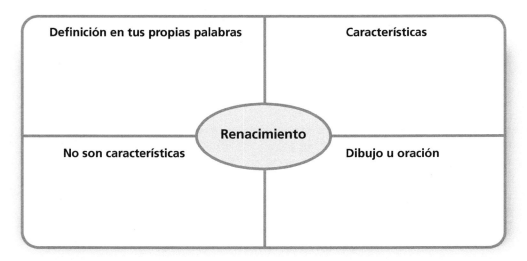

Haz tus propios mapas de palabras en hojas de papel separadas para este
término clave: *mecenas*.

Nombre _____ Clase _____ Fecha _____

Toma notas

Causa y efecto Usa lo que has leído sobre los orígenes del Renacimiento para completar la tabla de causa y efecto de abajo.

1. CAUSAS

EFECTO

> El feudalismo y la institución señorial se debilitaron.

2. CAUSAS

EFECTO

> Italia se convirtió en la cuna del Renacimiento.

3. CAUSAS

EFECTO

> Florencia se convirtió en un centro del Renacimiento

Pregunta esencial

¿En qué se diferenciaba la cultura de las ciudades italianas de la cultura rural? ¿En qué se diferenciaban las culturas de Venecia y Florencia?

_____

_____

_____

Trabajemos con las palabras

Concurso de vocabulario En algunos concursos se hace una pregunta y se espera que el concursante dé una respuesta. En otros concursos se da la respuesta y el concursante debe proporcionar la pregunta. Si el espacio en blanco se encuentra en la columna de preguntas, escribe la pregunta que resultaría de la respuesta dada. Si se proporciona la pregunta, escribe la respuesta adecuada.

PREGUNTA

(1) ¿Qué nombre se le dio a la creencia de que el individuo era más importante que la comunidad?

(2) _____

(3) ¿Qué movimiento cultural del Renacimiento se basaba en el estudio de obras clásicas?

(4) _____

RESPUESTA

(1) _____

(2) lengua vernácula

(3) _____

(4) laicismo

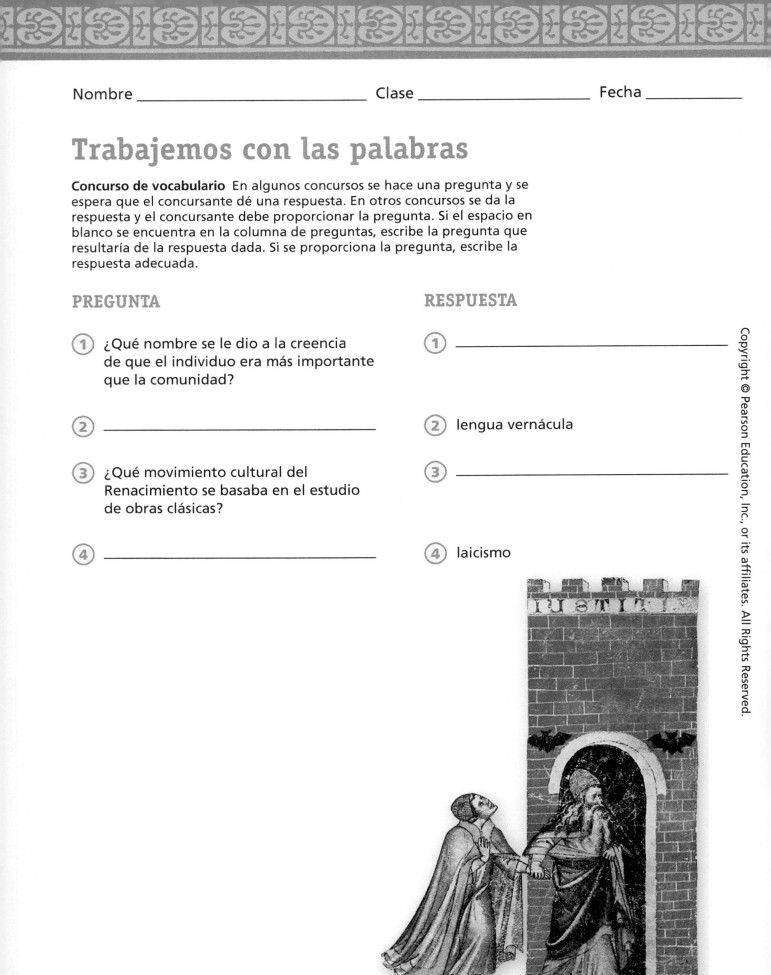

Nombre _____ Clase _____ Fecha _____

Toma notas

Comparar y contrastar Usa lo que has leído sobre la Edad Media y el Renacimiento para anotar las semejanzas y las diferencias entre los dos períodos en el diagrama de Venn de abajo.

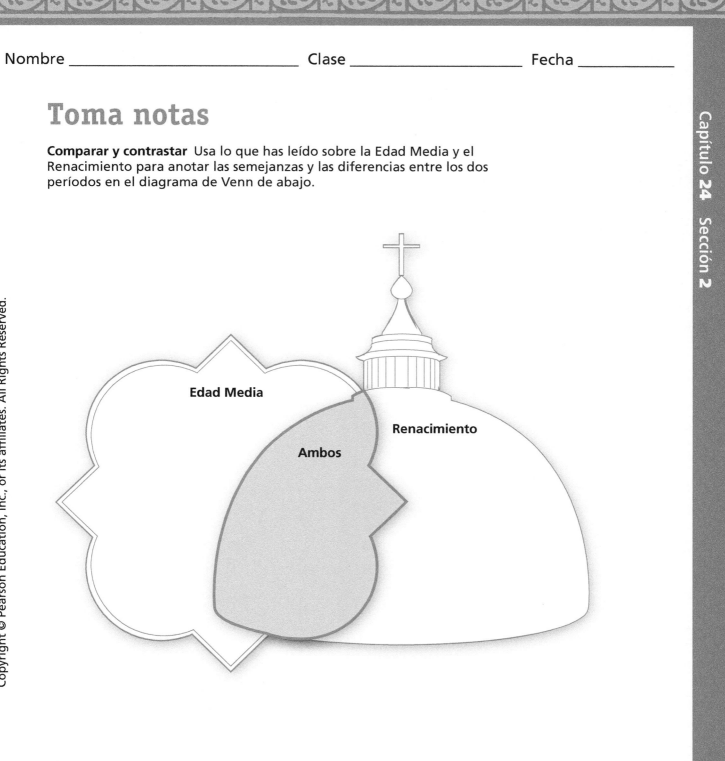

Edad Media

Ambos

Renacimiento

Pregunta esencial

¿En qué se diferenciaban el humanismo y la educación medieval? ¿En qué se diferenciaba el arte renacentista del arte medieval?

_____

_____

_____

Nombre _____ Clase _____ Fecha _____

Trabajemos con las palabras

Crucigrama Las pistas *horizontal* y *vertical* son las definiciones de los términos clave de esta sección. Llena las casillas *horizontales* enumeradas con los términos clave correctos. Después, haz lo mismo con las pistas *verticales*.

Horizontal	Vertical
2. retirar materiales de obras publicadas o impedir su publicación	1. un lugar ideal
4. escrito que critica los vicios o los absurdos	3. forma artística en la que un artista graba un diseño en una placa de metal usando una aguja y ácido

Nombre _____ Clase _____ Fecha _____

Toma notas

Identificar las ideas principales y los detalles Usa lo que has leído sobre
el Renacimiento para agregar detalles en la tabla de abajo.

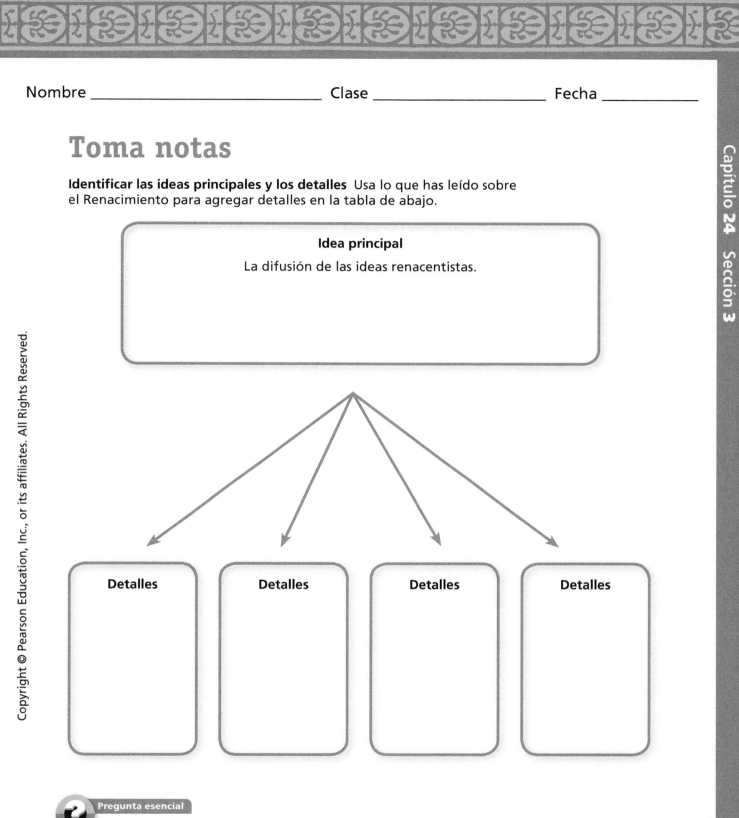

Idea principal

La difusión de las ideas renacentistas.

Detalles

Detalles

Detalles

Detalles

Pregunta esencial

¿En qué se diferenciaban los humanistas del norte y los humanistas
italianos? ¿En qué se diferenciaban la imprenta y el método chino de
impresión con bloques?

_____

_____

_____

Trabajemos con las palabras

Palabras en contexto Para cada pregunta, escribe una respuesta que muestre tu comprensión del término clave en negritas.

(1) ¿Qué tipo de historia cuenta una novela **picaresca**?

_____

_____

_____

(2) ¿Qué les permite hacer a los artistas la **perspectiva lineal**?

_____

_____

_____

(3) ¿Cuáles son las características de un **soneto**?

_____

_____

_____

(4) ¿Cómo ayuda la **proporción** a los arquitectos para hacer diseños agradables?

_____

_____

_____

Nombre _____ Clase _____ Fecha _____

Toma notas

Resumir Usa lo que has leído sobre el Renacimiento para resumir los principales logros en la arquitectura, el arte y la literatura en la tabla de abajo.

Arquitectura renacentista	Arte renacentista	Literatura renacentista

Pregunta esencial

¿En qué sentido recurrió Miguel de Cervantes a la cultura medieval para escribir su novela? ¿En qué se diferencia el ideal del hombre renacentista de los ideales medievales?

_____

_____

_____

? Pregunta esencial Taller del escritor

¿Qué distingue una cultura de otra?

Prepárate para escribir

En este capítulo, exploraste la Pregunta esencial en tu texto, en tu cuaderno y en *On Assignment* en myworldhistory.com. Usa lo que has aprendido para escribir una carta de correo electrónico a un ministro de turismo europeo. Dile al ministro del departamento que te estás preparando para un viaje y quieres saber en qué se diferencia la cultura de su país de la cultura estadounidense.

Destreza del taller: Escribe una carta de correo electrónico

Revisa lo que ya has aprendido sobre la escritura de cartas, incluyendo los saludos y las conclusiones y lo que se incluye en el cuerpo de la carta. Después, piensa sobre cómo una carta escrita en un correo electrónico es diferente de una carta enviada por correo.

En esta lección, aprenderás a escribir una carta de correo electrónico. Primero, piensa en cómo escribir el asunto de manera concisa y clara. Después, aprenderás a modificar lo que ya sabes sobre la escritura de cartas para adaptarlas al formato de un correo electrónico. También tomarás en cuenta cómo presentar la página para reforzar tu carta de correo electrónico.

Expresa claramente el asunto A diferencia de las cartas formales, en un correo electrónico no es necesario escribir los encabezados con las direcciones antes del saludo. Sin embargo, lo que escribes en el asunto del correo electrónico debe ser claro y conciso. Muchas personas no abren los correos electrónicos de personas que no conocen. Por tanto, tu oración en la línea del asunto debe explicar el propósito de tu carta de tal manera que el destinatario considere si es seguro abrir el correo electrónico.

Por ejemplo, si estás escribiendo a un departamento de servicio al cliente acerca de un problema con algo que compraste, una buena línea de asunto sería *Queja sobre producto.*

Escribe un asunto claro y conciso para tu correo electrónico dirigido al ministerio de turismo:

_____

Llega al punto rápidamente Así como el asunto, una carta de correo electrónico debe ser lo más concisa posible. La mayoría de las personas tienen más dificultad para procesar la información de un correo electrónico largo que para leer una carta larga en papel. Trata de escribir un correo electrónico lo suficientemente corto para que el lector no tenga que desplazarse demasiado para leer el texto en la pantalla.

Planea tus párrafos Supón que tu correo electrónico para el ministro de turismo europeo tiene tres párrafos, como se describe en la tabla de abajo. Anota los puntos principales que quieras tocar en cada párrafo.

Párrafo 1: Preséntate brevemente y presenta tus planes de viaje.	_____ _____
Párrafo 2: Describe el tipo de información que quieres sobre la cultura europea. Explica cómo te ayudará la información.	_____ _____ _____ _____
Párrafo 3: Proporciona tus datos de contacto y las fechas de tu viaje. Agradece al ministro por su tiempo.	_____ _____ _____ _____

Aprovecha la tecnología Piensa cómo usar las herramientas de los programas de correo electrónico para tu beneficio. Por ejemplo, el corrector de ortografía es útil. Tal vez quieras usar herramientas de formateo como escribir palabras en negrita o en cursiva para que tu texto resalte. No abuses de estas herramientas. Evita el uso de los emoticones y las abreviaturas informales. Tampoco escribas palabras en mayúsculas ya que muchas personas lo consideran ofensivo en un correo electrónico.

Ahora, escribe un borrador del segundo párrafo de tu correo electrónico usando las notas de arriba. Encierra en un círculo las partes en las que quieras usar herramientas de tu programa de correo electrónico, como el corrector de ortografía o las herramientas de formateo.

_____

_____

_____

Mantente preparado para una respuesta rápida Termina tu correo electrónico dando las gracias apropiadamente, escribe tu información de contacto (como tu dirección postal y tu número de teléfono) y tu nombre completo. No es necesario que incluyas tu dirección de correo electrónico ya que el destinatario sólo oprimirá el botón de responder. La velocidad del correo electrónico significa que tal vez recibas una respuesta más rápido de lo que esperabas. Debes estar preparado para contestar rápidamente agradeciéndole su respuesta.

Escribe tu carta de correo electrónico

Ahora usa la información que escribiste en la tabla de arriba para crear un correo electrónico completo en una computadora. Asegúrate de que tu correo electrónico incluya un asunto claro, un cuerpo conciso, un formato ordenado y una conclusión apropiada. Envía tu correo a un compañero de clase que haga de "ministro" y te brinde comentarios.

? Pregunta esencial

¿Cómo debemos manejar los conflictos?

Vistazo previo Antes de comenzar este capítulo, piensa en la Pregunta esencial. Entender cómo se relaciona la Pregunta esencial con tu vida te ayudará a comprender el capítulo que vas a empezar a leer.

Conexión con tu vida

(1) Piensa en los conflictos que has visto en las noticias o en tu vida cotidiana. ¿Dónde es más probable que surjan la mayoría de los conflictos? ¿Qué causa el conflicto? ¿Por qué las tensiones a veces se convierten en peleas?

_____

_____

(2) Completa la tabla de abajo con ejemplos de conflictos que hayas observado.

	Tipo de conflicto	Fuente del conflicto
Vecindario		
Lugares públicos (tiendas, carreteras, etc.)		
Entre amigos		

Conexión con el capítulo

(3) Dale un vistazo al texto, los encabezados en rojo, los mapas y otras imágenes. En la tabla de abajo, haz predicciones sobre qué tipos de conflictos se produjeron durante la Reforma.

	Quién estaba involucrado	Fuente del conflicto
Conflictos dentro de la Iglesia católica		
Conflictos entre diferentes grupos de cristianos		

(4) Después de leer el capítulo, regresa a esta página. Cambia tus predicciones que fueron incorrectas.

_____

_____

Conexión con miHistoria: "¡Secuestrado!"

1 ¿Por qué secuestraron los jinetes a Martín Lutero?

_____

_____

_____

2 En la tabla de abajo, anota lo que hizo Martín Lutero durante su estancia en Wartburg y el efecto de sus acciones.

Las acciones de Lutero mientras estuvo en Wartburg	El efecto de esas acciones

3 ¿Cómo manejó Lutero el conflicto? ¿Qué podría haber hecho de otra manera?

_____

_____

_____

Trabajemos con las palabras

Constructor de oraciones Completa las oraciones usando la información que aprendiste en esta sección.

(1) Las personas que creen en la **predestinación** piensan que _____

_____.

(2) Ginebra era considerada una **teocracia** bajo Juan Calvino porque _____

_____.

(3) Lutero se oponía a la venta de **indulgencias** porque _____

_____.

(4) Durante la **Reforma**, Martín Lutero y Juan Calvino _____

_____.

(5) Al pedirle a Martín Lutero que **abjurara**, los líderes de la Iglesia querían

que él _____.

(6) La difusión de las ideas de Lutero aumentó el número de **sectas** en

Europa, lo que significa _____.

Nombre _____ Clase _____ Fecha _____

Toma notas

Analizar causa y efecto Usa lo que has leído sobre la Reforma para completar la actividad de causa y efecto de abajo.

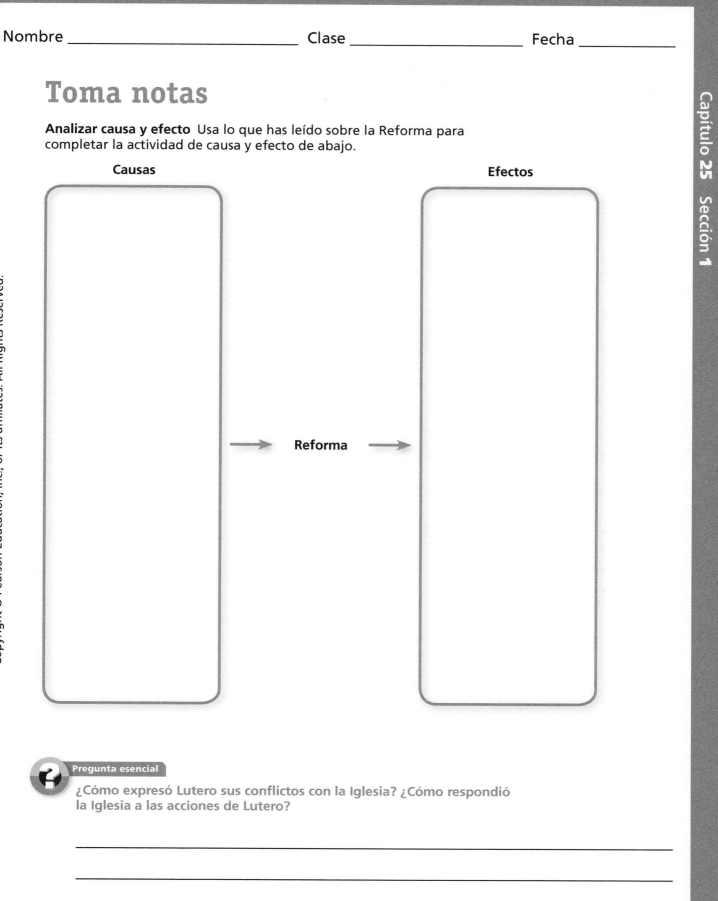

Causas

Efectos

Reforma

Pregunta esencial

¿Cómo expresó Lutero sus conflictos con la Iglesia? ¿Cómo respondió la Iglesia a las acciones de Lutero?

_____

_____

_____

Nombre _____ Clase _____ Fecha _____

Trabajemos con las palabras

Banco de palabras Elige una palabra del banco de palabras para llenar el espacio en blanco. Cuando termines, tendrás un resumen corto de las ideas importantes de la sección.

Banco de palabras

Concilio de Trento	Contrarreforma
gueto	jesuitas

En respuesta a las críticas de los reformadores protestantes, los líderes de la Iglesia católica comenzaron a hacer reformas. El movimiento resultante para fortalecer a la Iglesia católica fue llamado el(la) _____.

Un líder importante durante esta época fue Ignacio de Loyola. Él fue un soldado español que abandonó el ejército y se comprometió a llevar una vida religiosa. Él y un grupo de seguidores fundaron una orden religiosa llamada la Compañía de Jesús, o los(las) _____, en 1534. El objetivo de este grupo era defender y difundir la fe católica.

El papa Paulo III convocó el(la) _____, una serie de reuniones para detener la difusión del protestantismo y fortalecer la autoridad de la Iglesia católica. En estas reuniones, los líderes católicos tomaron muchas decisiones importantes sobre las prácticas y las creencias de la Iglesia.

La Iglesia hizo cumplir esas decisiones a través de la Inquisición, un tribunal que enjuiciaba a las personas sospechosas de herejía. Durante este período, se extendió la intolerancia religiosa y ocurrieron conflictos entre católicos y protestantes. Además, los judíos sufrieron discriminación. Por ejemplo, en Venecia, los judíos fueron obligados a vivir en el(la) _____, un área separada.

Nombre _____ Clase _____ Fecha _____

Toma notas

Resumir Usa lo que has leído sobre la Contrarreforma para anotar las
decisiones tomadas por el Concilio de Trento en la tabla de abajo.

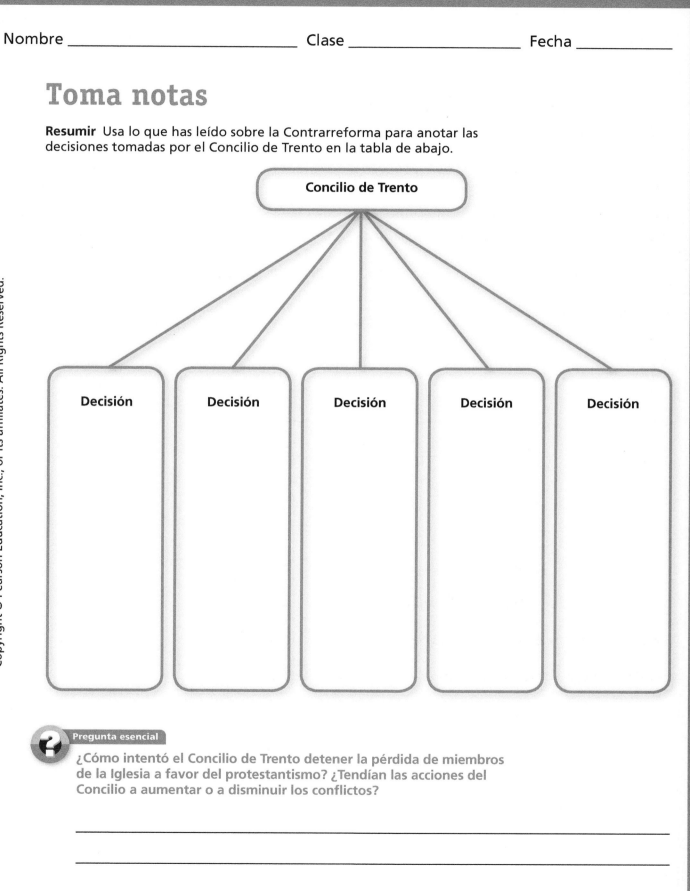

Concilio de Trento

| Decisión | Decisión | Decisión | Decisión | Decisión |

? Pregunta esencial

¿Cómo intentó el Concilio de Trento detener la pérdida de miembros
de la Iglesia a favor del protestantismo? ¿Tendían las acciones del
Concilio a aumentar o a disminuir los conflictos?

_____

_____

_____

Trabajemos con las palabras

Crucigrama Las pistas *horizontal* y *vertical* son las definiciones de los términos clave de esta sección. Llena las casillas *horizontales* enumeradas con los términos clave correctos. Después, haz lo mismo con las pistas *verticales*.

Horizontal	Vertical
2. un sistema en el que el poder es compartido entre los gobiernos local y nacional	1. una decisión legal que convirtió a Enrique VIII en el líder de la Iglesia de Inglaterra
4. protestantes franceses	3. una acción oficial que pone fin a un matrimonio
5. una flota de barcos	
6. una orden pública oficial	

Nombre _____ Clase _____ Fecha _____

Toma notas

Secuencia Usa lo que has leído sobre la Reforma para añadir detalles sobre conflictos religiosos en la línea cronológica de abajo.

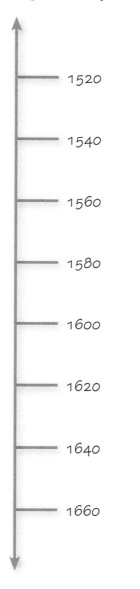

1520

1540

1560

1580

1600

1620

1640

1660

Pregunta esencial

¿Cómo puso fin Enrique de Navarra a la guerra civil en Francia?
¿Cómo se resolvió la Guerra de los Treinta Años?

_____

_____

_____

Pregunta esencial · Taller del escritor

¿Cómo debemos manejar los conflictos?

Prepárate para escribir

En este capítulo, has explorado la Pregunta esencial en tu texto, en tu cuaderno y en *On Assignment* en myworldhistory.com. Usa lo que has aprendido para hacer un esquema y un borrador de un ensayo explicativo sobre el tema de cómo manejar los conflictos.

Destreza del taller: Haz el esquema de un ensayo

Un ensayo de cinco párrafos tiene una introducción que engancha al lector, plantea una tesis y presenta tres ideas de apoyo. Después de la introducción siguen tres párrafos de desarrollo. Cada párrafo desarrolla una de las ideas de apoyo. El párrafo final es una conclusión que resume las ideas de apoyo y vuelve a plantear la tesis. En este taller aprenderás cómo hacer el esquema de un ensayo usando esta estructura.

Identifica la idea principal y los puntos de apoyo

Recuerda que la idea principal no es lo mismo que el tema. El tema de tu ensayo es cómo manejar los conflictos. Tu idea principal será tu opinión sobre la mejor manera de hacer eso. Expresa tu idea principal como una tesis.

Escribe una tesis _____

_____

Elige puntos de apoyo Después, elige tres puntos de apoyo para probar tu tesis. Por ejemplo, si piensas que es mejor resolver los conflictos negociando en vez de peleando, un punto de apoyo podría ser que la negociación permite a ambos lados expresar sus puntos de vista.

1. _____

2. _____

3. _____

Haz un esquema del ensayo

Usa el formato de abajo para hacer un esquema de tu ensayo. Como este es un esquema, puedes anotar tus ideas con palabras y frases en lugar de oraciones completas.

I. Párrafo de introducción

Gancho _____

Tesis _____

_____

Tres ideas de apoyo _____

_____

II. Párrafo de desarrollo A
Oración principal _____

Detalle de apoyo _____

Detalle de apoyo _____

Conexión con la tesis _____

III. Párrafo de desarrollo B
Oración principal _____

Detalle de apoyo _____

Detalle de apoyo _____

Conexión con la tesis _____

IV. Párrafo de desarrollo C
Oración principal _____

Detalle de apoyo _____

Detalle de apoyo _____

Conexión con la tesis _____

V. Conclusión
Vuelve a exponer la tesis _____

_____

Vuelve a exponer los puntos de apoyo _____

_____

_____

Qué prueban los puntos de apoyo _____

_____

Por qué es importante el tema _____

_____

Haz un borrador de tu ensayo

Felicitaciones. Has hecho un esquema de un ensayo de cinco párrafos. Recuerda que debes usar los pasos del proceso de escritura para hacer un borrador, revisar y editar el ensayo.

Nombre _____ Clase _____ Fecha _____

Pregunta esencial

¿Cuáles son las consecuencias del comercio?

Vistazo previo Antes de comenzar este capítulo, piensa en la Pregunta esencial. Entender cómo se relaciona la Pregunta esencial con tu vida te ayudará a comprender el capítulo que vas a empezar a leer.

Conexión con tu vida

(1) Piensa en una ocasión en que comerciaste con otra persona. Quizás comerciaste tarjetas deportivas, alimentos, juegos, quehaceres o algo más. ¿Qué diste y qué recibiste?

Lo que diste	Lo que recibiste a cambio

(2) ¿Crees que el trato fue justo? ¿Qué "reglas" seguiste para que fuera así? ¿Alguno de ustedes le sacó más provecho al trato? Explícalo.

_____

_____

Conexión con el capítulo

(3) Dale un vistazo previo al capítulo. Observa cómo fue el comercio entre las naciones europeas y sus colonias en las Américas. ¿Cómo podrían haber sido diferentes las consecuencias de ese comercio para las dos regiones? Anota tus predicciones en el diagrama de Venn de abajo.

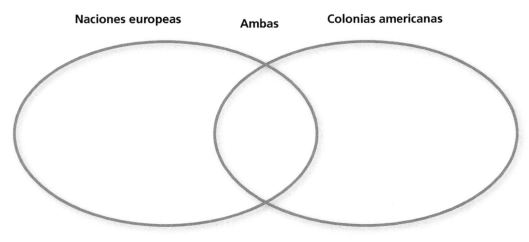

Naciones europeas   **Ambas**   Colonias americanas

(4) Lee el capítulo. Cuando termines, regresa a las predicciones que acabas de hacer. Encierra en un círculo tus predicciones correctas.

Nombre _____ Clase _____ Fecha _____

Conexión con miHistoria: Viaje a aguas desconocidas

1 ¿Por qué era el diario de Colón tan importante para él? Explícalo usando detalles de la historia.

_____

_____

_____

2 ¿Cómo era un largo viaje por mar para los marineros comunes? Anota los detalles en la tabla de abajo.

¿A qué le temían los marineros?	¿Cómo era la vida a bordo del barco?

3 ¿Cuál era la razón de Colón para la realización de este viaje? ¿Cómo se relacionaba con el comercio?

_____

_____

_____

4 ¿Cómo trató Colón de mantener a sus hombres en calma durante el viaje?

_____

_____

_____

Trabajemos con las palabras

Haz un mapa de palabras Sigue el modelo de abajo para hacer un mapa de palabras. El término clave *misionero* se encuentra en el óvalo del centro. Escribe la definición en tus propias palabras arriba a la izquierda. Arriba a la derecha, haz una lista de características, es decir, palabras o frases que se relacionen con el término. Abajo a la izquierda haz una lista de las que no son características, es decir, palabras y frases que no estarían asociadas con el término. Abajo a la derecha, haz un dibujo del término clave o escribe una oración.

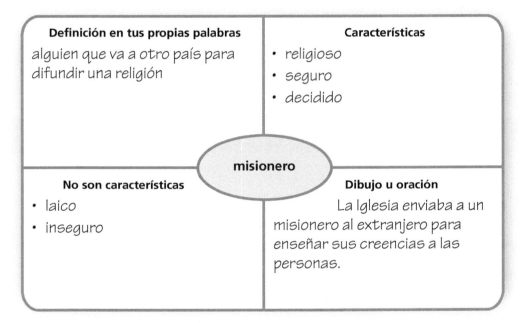

Definición en tus propias palabras
alguien que va a otro país para difundir una religión

Características
- religioso
- seguro
- decidido

misionero

No son características
- laico
- inseguro

Dibujo u oración
La Iglesia enviaba a un misionero al extranjero para enseñar sus creencias a las personas.

Ahora, usa el mapa de palabras de abajo para explorar el significado de la palabra *cartografía*. Puedes usar el libro del estudiante, un diccionario y/o un diccionario de sinónimos para completar cada una de las cuatro secciones.

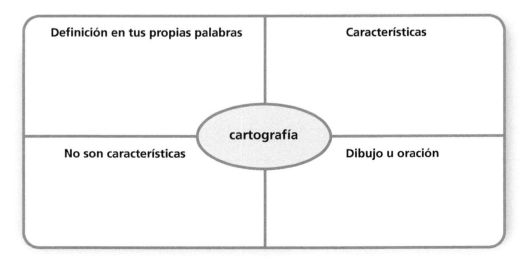

Definición en tus propias palabras

Características

cartografía

No son características

Dibujo u oración

Haz mapas de palabras en una hoja de papel separada para estos términos clave: *carabela, circunnavegar.*

Toma notas

Analizar causa y efecto Usa lo que has leído sobre los viajes de descubrimiento para completar la actividad de causa y efecto de abajo.

Causas   **Efectos**

→ **Los viajes de descubrimiento** →

Pregunta esencial

¿Quién ganó y quién perdió debido al control italiano sobre el comercio en el Mediterráneo? ¿Qué ganó Portugal al encontrar una ruta marítima hacia la India?

_____

_____

_____

Trabajemos con las palabras

Banco de palabras Elige una palabra del banco de palabras para llenar el espacio en blanco. Tal vez tengas que cambiar las terminaciones de algunas palabras. Cuando termines, tendrás un resumen corto de las ideas importantes de la sección.

Banco de palabras

colonización	conquistador
lingotes	quipu
inmunidad	

Durante la Era de la exploración, los exploradores reclamaron partes de las Américas para España. Se enviaron soldados españoles llamados _____ a conquistar estas tierras. España quería ocupar el territorio, establecer nuevos gobiernos y enviar colonos a las Américas. Este proceso se llamaba _____.

Los ejércitos españoles derrotaron al Imperio Azteca en México y al Imperio Inca en el Perú. Desataron un brote de viruela que mató a miles de aztecas. La enfermedad no se conocía en las Américas, por lo que los aztecas no tenían _____ a ella.

La viruela también mató a miles de incas, contribuyendo a su derrota. Los españoles fundieron muchos objetos decorativos para quedarse con el oro. También extrajeron oro y plata. Los barcos llevaron toneladas de metales preciosos en barras llamados _____ de regreso a España.

Los españoles creían que la religión azteca y la inca eran formas paganas de adoración. Los conquistadores quemaron libros aztecas y registros incas llamados _____. Esta destrucción dio como resultado la pérdida de gran parte de las culturas azteca e inca.

Nombre _____ Clase _____ Fecha _____

Toma notas

Secuencia Usa lo que has leído sobre la conquista de las Américas para agregar sucesos importantes a la línea cronológica de abajo.

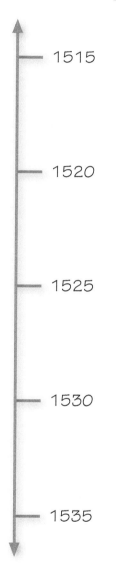

1515

1520

1525

1530

1535

Pregunta esencial

¿Qué ganaron o perdieron los pueblos de las Américas de sus relaciones con los españoles? ¿Es posible tener un comercio justo entre un grupo de conquistadores y los pueblos conquistados? Explícalo.

_____

_____

_____

Trabajemos con las palabras

Concurso de vocabulario En algunos concursos se hace una pregunta y se espera que el concursante dé una respuesta. En otros concursos se da la respuesta y el concursante debe proporcionar la pregunta. Si el espacio en blanco se encuentra en la columna de preguntas, escribe la pregunta que resultaría de la respuesta dada. Si se proporciona la pregunta, escribe la respuesta adecuada.

PREGUNTA	RESPUESTA
1 ¿En qué tipo de sistema están los precios de los bienes y servicios basados en la competencia?	**1** _____
2 _____	**2** intercambio colombino
3 ¿Cómo se llama al sistema en que los trabajadores fabrican bienes en su casa usando su propio equipo?	**3** _____
4 _____	**4** capitalismo
5 ¿Qué política económica promueve la expansión del comercio?	**5** _____
6 _____	**6** economía tradicional
7 ¿Qué término describe un aumento de los precios y un aumento del efectivo disponible?	**7** _____

Nombre _____ Clase _____ Fecha _____

Toma notas

Resumir Usa lo que has leído sobre el crecimiento del comercio para anotar consecuencias importantes del comercio en la tabla de abajo.

El crecimiento del comercio	
Intercambio colombino	**Cambios económicos**

Pregunta esencial

¿Quiénes se beneficiaron más del mercantilismo, las naciones europeas o sus colonias? Explícalo. ¿Cómo benefició el aumento del precio de la tierra a unos y no a otros?

_____

_____

_____

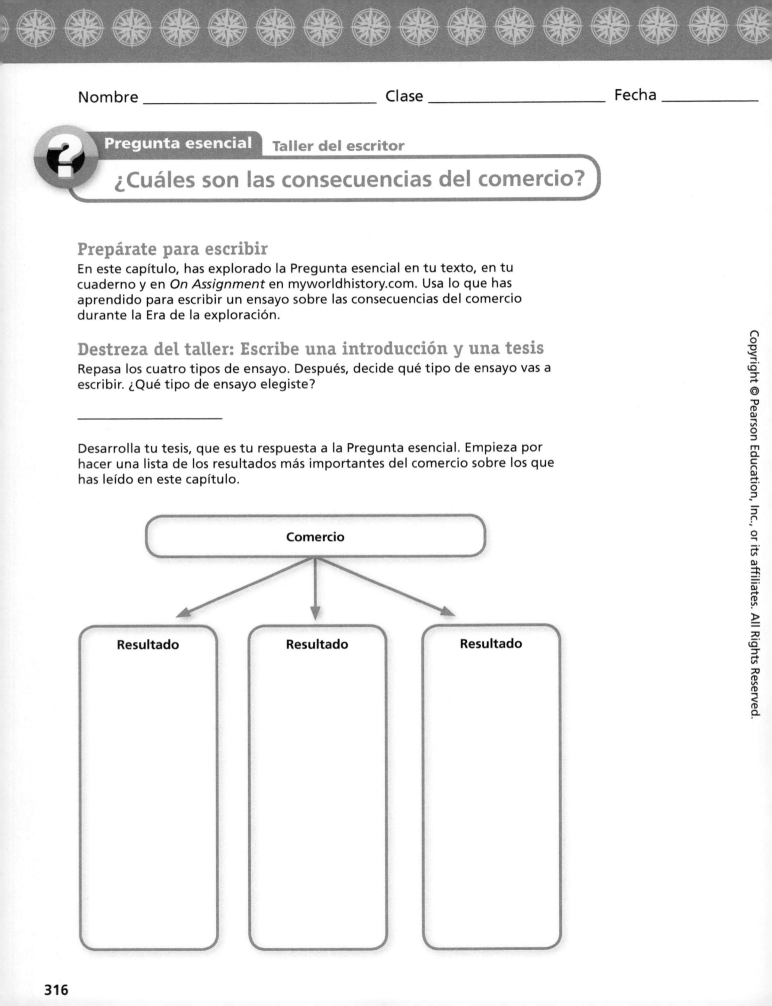

Nombre _____ Clase _____ Fecha _____

¿Cuáles son las consecuencias del comercio?

Prepárate para escribir

En este capítulo, has explorado la Pregunta esencial en tu texto, en tu cuaderno y en *On Assignment* en myworldhistory.com. Usa lo que has aprendido para escribir un ensayo sobre las consecuencias del comercio durante la Era de la exploración.

Destreza del taller: Escribe una introducción y una tesis

Repasa los cuatro tipos de ensayo. Después, decide qué tipo de ensayo vas a escribir. ¿Qué tipo de ensayo elegiste?

_____

Desarrolla tu tesis, que es tu respuesta a la Pregunta esencial. Empieza por hacer una lista de los resultados más importantes del comercio sobre los que has leído en este capítulo.

```
                    Comercio

   Resultado       Resultado       Resultado
```

Escribe tu tesis

Tu tesis establece tu posición y tres razones que la apoyan. La(s) tesis será(n) la(s) última(s) oración(es) que escribas en tu párrafo introductorio. Por ejemplo: *Las principales consecuencias del comercio durante la Era de la exploración fueron* _____, _____ y

_____.

Si tu oración es demasiado larga, puedes poner tus razones en otra oración.

Ahora escribe tu tesis:

_____

Escribe tu introducción

En un ensayo, el primer párrafo introduce el tema al lector. Una introducción tiene tres partes:

1. Una oración que indica de qué trata el ensayo.

Ejemplo: *El comercio durante la Era de la exploración tuvo consecuencias que*

_____.

2. Una indicación de por qué el tema o problema es importante.

Ejemplo: *Entender las consecuencias del comercio es esencial para entender*

_____.

3. Una tesis.

Escribe tu oración introductoria: _____.

Establece la importancia del asunto: _____.

Escribe tu tesis incluyendo tres argumentos que la apoyen:

_____

Haz un borrador de tu ensayo

Introducción: Vuelve a escribir el párrafo introductorio en tu propia hoja de papel.

Párrafos de desarrollo: Desarrolla cada argumento que apoya tu posición en diferentes párrafos. Incluye detalles y ejemplos.

Conclusión: Resume tus argumentos. Cuando termines, revisa y corrige tu ensayo.

¡Lugares por conocer!

Destreza: Mapas Usa los mapas de esta unidad para identificar los ¡Lugares por conocer! en el croquis. Escribe junto al nombre de cada lugar que está abajo, la letra que indica su ubicación en el mapa.

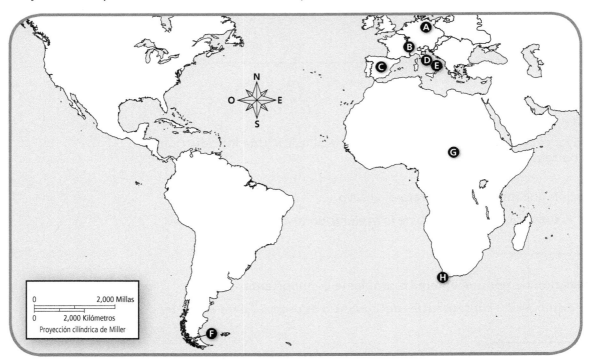

_____ Wittenberg, Alemania

_____ Ginebra, Suiza

_____ España

_____ Roma

_____ Italia

_____ estrecho de Magallanes

_____ África

_____ cabo de Buena Esperanza

Sucesos clave

Línea cronológica Usa lo que has leído sobre el ascenso de Europa para completar la línea cronológica de abajo. Dibuja una línea desde cada suceso hasta su posición correcta en la línea cronológica. Luego, escribe una breve descripción de cada suceso.

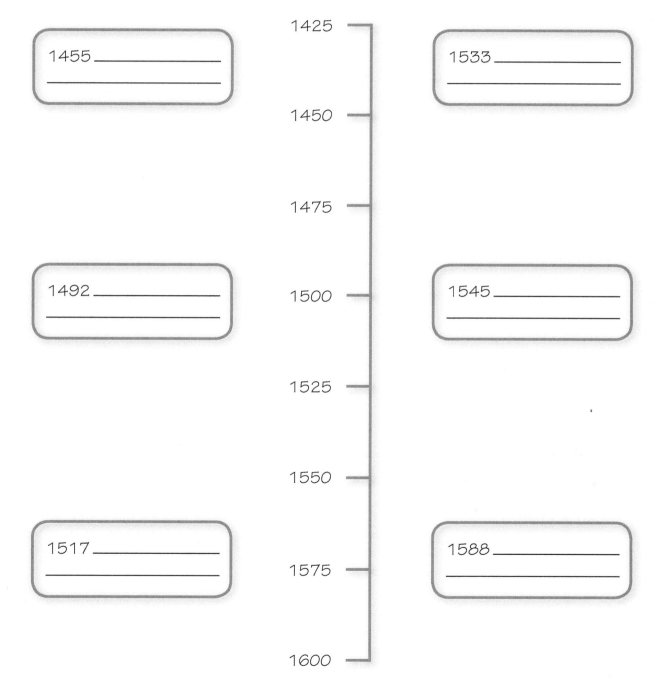

1455 _____
_____

1425

1533 _____
_____

1450

1475

1492 _____
_____

1500

1545 _____
_____

1525

1550

1517 _____
_____

1575

1588 _____
_____

1600

Nombre _____ Clase _____ Fecha _____

? Pregunta esencial

¿Por qué la gente se desplaza?

Vistazo previo Antes de comenzar este capítulo, piensa en la Pregunta esencial. Entender cómo se relaciona la Pregunta esencial con tu vida te ayudará a comprender el capítulo que vas a empezar a leer.

Conexión con tu vida

(1) ¿Tú o alguien que conoces se ha desplazado alguna vez? ¿Cuál fue la razón?

_____

_____

(2) Bajo cada categoría de la tabla, enumera razones por las que las personas se desplazan. Incluye razones que motivan a las personas a desplazarse y que obligan a las personas a desplazarse.

Razones por las que las personas se desplazan				
Económicas	• Geográficas	• Políticas	• Familiares	• Militares

Conexión con el capítulo

(3) Antes de leer el capítulo, mira los títulos, mapas e imágenes. ¿Cómo crees que el desplazamiento de personas afecta a las culturas y naciones? Anota tus predicciones en la tabla de abajo.

Efectos del desplazamiento en comunidades, culturas y naciones				
Idiomas	• Cultura	• Gobierno	• Tecnología	• Vida pública

(4) Cuando termines el capítulo, regresa a esta página. Encierra en un círculo tus predicciones inexactas.

Nombre _____ Clase _____ Fecha _____

Conexión con miHistoria: La historia de Malinche

(1) Esta historia describe cómo Malinche ayudó a Cortés y a sus soldados a manejar una nueva cultura. ¿Alguna vez has conocido a un recién llegado a tu escuela? ¿Cómo ayudaron los profesores y los estudiantes a esta persona a manejar los nuevos entornos?

_____

_____

_____

(2) ¿Cómo ayudó Malinche a los españoles? ¿Cómo cambiaron los españoles a Malinche? Escribe tus respuestas en las categorías correspondientes de la tabla.

	Religión	Idioma	Política
Cómo ayudó Malinche a los españoles			
Cómo cambiaron los españoles a Malinche			

(3) ¿Cómo crees que cambiaron los españoles la geografía, el idioma y la política de México? Escribe por lo menos tres predicciones.

_____

_____

_____

Trabajemos con las palabras

Banco de palabras Elige una palabra del banco de palabras para llenar el espacio en blanco. Tal vez tengas que cambiar las terminaciones de algunas palabras.

Banco de palabras

mestizo	encomienda
criollo	virrey
peninsular	mulato
misiones	

Para la década de 1570, muchos españoles vivían en las Américas.

Para gobernar de manera eficiente, el rey de España designaba a un(una)

_____, un funcionario que gobernaba en nombre del rey.

Bajo el sistema de _____, los colonos exigían trabajo o

tributo a los indígenas americanos de un área determinada. Este sistema dio

lugar a la esclavización de los trabajadores indígenas americanos.

Los sacerdotes jesuitas y franciscanos llegaron a las colonias españolas

para establecer _____, o comunidades dedicadas a la

difusión de la fe o a la educación y la protección de las personas.

Con el tiempo se desarrolló un sistema de clases en la sociedad colonial

española. En la parte superior estaban los _____, las

personas nacidas en España. Luego estaban los _____, los

descendientes de los colonos españoles nacidos en las Américas. Las clases

más bajas incluían a los _____, las personas de ascendencia

indígena americana y europea, y los _____, personas de

ascendencia africana y europea. Los indígenas americanos y las personas de

ascendencia africana ocupaban las clases sociales más bajas.

Nombre _____ Clase _____ Fecha _____

Toma notas

Identificar las ideas principales y los detalles Usa lo que has leído sobre el Imperio Español en las Américas para completar la red de conceptos de abajo.

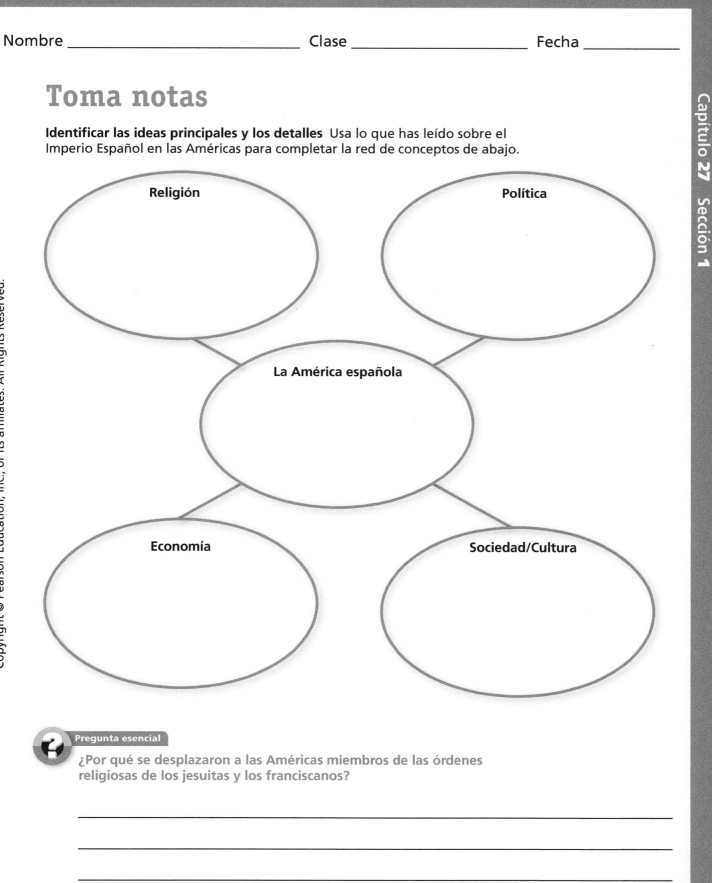

Pregunta esencial

¿Por qué se desplazaron a las Américas miembros de las órdenes religiosas de los jesuitas y los franciscanos?

_____

_____

_____

Trabajemos con las palabras

Concurso de vocabulario En algunos concursos se hace una pregunta y se espera que el concursante dé una respuesta. En otros concursos se da la respuesta y el concursante debe proporcionar la pregunta. Si el espacio en blanco se encuentra en la columna de preguntas, escribe la pregunta que resultaría de la respuesta dada. Si se proporciona la pregunta, escribe la respuesta adecuada.

PREGUNTA

1. ¿Qué exportación del Brasil colonial se usaba para hacer un tinte rojo púrpura?

2. _____

3. ¿Qué nombre se da a la actividad económica que llevó los condimentos de África y Asia a los mercados europeos?

4. _____

5. ¿Cómo se llaman los piratas holandeses, franceses e ingleses que atacaban los barcos del tesoro español y portugués de las Américas?

RESPUESTA

1. _____

2. Línea de demarcación

3. _____

4. Tratado de Tordesillas

5. _____

Nombre _____ Clase _____ Fecha _____

Toma notas

Analizar causa y efecto Usa lo que has leído sobre el Imperio Portugués para completar la actividad de causa y efecto de la tabla de abajo. En la columna de la izquierda, enumera por lo menos tres maneras en que los portugueses influenciaron enormemente la vida en las Américas. En la columna de la derecha, escribe los efectos de esas influencias.

Causas

España temía que Portugal compitiera por las tierras y riquezas de las Américas.

_____
_____
_____

Los colonos portugueses necesitan mano de obra para trabajar en las plantaciones.

_____
_____
_____

Vasco da Gama dirigió viajes a la India.

_____
_____
_____

Afonso de Albuquerque conquistó Goa, Malaca y Ormuz.

_____
_____
_____

Efectos

_____
_____
_____

Portugal reclamó al Brasil como parte de su imperio.

_____
_____
_____

Los jesuitas entraron en conflicto con los colonos.

_____
_____
_____
_____
_____

Se disuelve el Imperio de Portugal.

Pregunta esencial

¿Por qué viajaban los exploradores portugueses a la India?

_____
_____

Trabajemos con las palabras

Palabras en contexto Para cada pregunta, escribe una respuesta que muestre tu comprensión del término clave en negritas.

(1) ¿Por qué vinieron los **peregrinos** a América del Norte?

_____

_____

_____

(2) ¿Qué era el **paso del noroeste**?

_____

_____

_____

(3) ¿Qué son los **factores de expulsión y de atracción?**

_____

_____

_____

(4) ¿Cómo obtenían los **siervos por contrato** su pasaje a América del Norte?

_____

_____

_____

(5) ¿Cómo cambió el **Tratado de París** a América del Norte?

_____

_____

_____

Nombre _____ Clase _____ Fecha _____

Toma notas

Comparar y contrastar Usa lo que has leído sobre la colonización de América del Norte para anotar las similitudes y diferencias entre las colonias francesas e inglesas en el diagrama de Venn de abajo.

Inglesas

Francesas

Ambas

Pregunta esencial

¿Qué valioso recurso atrajo a muchos colonos franceses a América del Norte?

_____

_____

_____

Trabajemos con las palabras

Haz un mapa de palabras Sigue el modelo de abajo para hacer un mapa de palabras. El término clave *comercio triangular* se encuentra en el óvalo del centro. Escribe la definición en tus propias palabras arriba a la izquierda. Arriba a la derecha, haz una lista de características, es decir, palabras o frases que se relacionen con el término. Abajo a la izquierda haz una lista de las que no son características, es decir, palabras y frases que no estarían asociadas con el término. Abajo a la derecha, haz un dibujo del término clave o escribe una oración.

Definición en tus propias palabras	Características
Una ruta comercial que vinculaba a Europa, África y las Américas e implicaba el transporte de esclavos al Nuevo Mundo	• proporcionaba mano de obra a las colonias europeas • 1 a 2 millones de africanos murieron en el mar • Los africanos eran vendidos por azúcar y oro

comercio triangular

No son características	Dibujo u oración
• trataba a los africanos esclavizados de manera humanitaria • sin fines de lucro • implicaba al comercio asiático	El comercio triangular proporcionaba mano de obra de esclavos para las plantaciones en las Américas y ganancias para los europeos.

Ahora, usa el mapa de palabras de abajo para explorar el significado de la palabra *Travesía intermedia*. Puedes usar el libro del estudiante, un diccionario y/o un diccionario de sinónimos para completar cada una de las cuatro secciones.

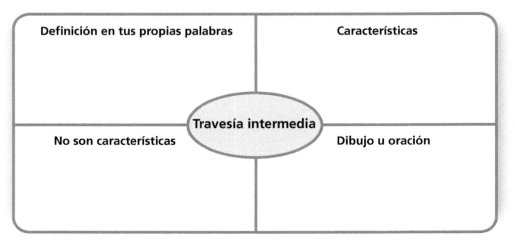

Definición en tus propias palabras	Características

Travesía intermedia

No son características	Dibujo u oración

Haz tus propios mapas de palabras en una hoja de papel separada para estos términos clave: *motín, bien mueble.*

Nombre _____ Clase _____ Fecha _____

Toma notas

Resumir Usa lo que has leído sobre el comercio transatlántico de esclavos para anotar las ideas principales sobre este comercio en la tabla de abajo.

El comercio transatlántico de esclavos

Comienza el comercio de esclavos	Envío de bienes y personas	La vida en la esclavitud

Pregunta esencial

¿En qué se diferencian las razones de los africanos para desplazarse a las Américas de las razones de los europeos?

_____

_____

_____

329

? Pregunta esencial Taller del escritor

¿Por qué la gente se desplaza?

Prepárate para escribir

En este capítulo, has explorado la Pregunta esencial en tu texto, cuaderno y en *On Assignment* en myworldhistory.com. Usa lo que has aprendido para hacer un borrador de un ensayo expositivo sobre el tema de por qué las personas se desplazan.

Destreza del taller: Escribir párrafos de desarrollo

Revisa cómo hacer un esquema de tu ensayo y escribe una introducción. Redacta el argumento principal que quieras presentar en tu ensayo como la tesis. Por ejemplo: *La exploración y la colonización de las Américas fueron motivadas tanto por factores de expulsión como de atracción.* En tu introducción, apoya tu tesis con tres ideas.

En esta lección aprenderás cómo escribir párrafos de desarrollo. Cada párrafo de desarrollo deberá desarrollar una de las ideas que escribiste en la introducción que apoya tu tesis. Cada párrafo de desarrollo lleva la idea más lejos dando detalles o evidencia.

Escribe una oración principal Empieza cada párrafo con una oración principal. Una oración principal debe expresar claramente la idea principal del párrafo de desarrollo, conectar esa idea con la tesis del ensayo y proporcionar una transición del párrafo previo.

Apoya la oración principal con comentarios y hechos Después de tu oración principal, explica tu argumento y apóyalo con comentarios y detalles. Las oraciones de comentarios conectan y explican tu idea principal y los detalles de apoyo. Los detalles de apoyo son los hechos reales.

Termina con una conclusión Termina tu párrafo con una oración que refleje tu oración principal y que una los comentarios y los detalles.

Éste es un ejemplo de párrafo de desarrollo:

Ejemplo de oración principal *Varios factores de atracción motivaron a los países europeos a explorar y colonizar las Américas.*

Comentario de apoyo *Por ejemplo, al explorar y colonizar México y áreas de América del Sur, España fue atraída por los recursos naturales.*

Detalle de apoyo *La extracción de recursos como el oro, la plata y el estaño de las Américas convirtió a España en una nación rica.*

Comentario de apoyo *Asimismo, los inversionistas ingleses se sintieron atraídos por la posibilidad de establecer colonias redituables en el este de América del Norte y el gobierno francés quería crear un negocio de comercio de pieles en el Canadá.*

Conclusión *Por tanto, el potencial de ganar riquezas atrajo a las naciones europeas a las Américas. Sin embargo, los factores de atracción también implicaban la competencia política.*

Escribe un párrafo de desarrollo

Ahora escribe tu propio párrafo de desarrollo para tu ensayo.

Oración principal

_____

_____

Comentario de apoyo

_____

_____

Detalle de apoyo

_____

_____

Detalle de apoyo

_____

_____

Comentario de apoyo

_____

_____

Conclusión

_____

_____

Haz un borrador de tu ensayo

Usa el párrafo central de arriba en tu ensayo completo escrito en otra hoja de papel. Asegúrate que todos los párrafos de desarrollo tengan una oración principal, detalles de apoyo y una conclusión.

❓ Pregunta esencial

¿Qué deberían hacer los gobiernos?

Conexión con tu vida

(1) El gobierno influye en tu vida todos los días en mayor o menor medida. En la tabla de abajo, anota un ejemplo específico en cada categoría.

El papel del gobierno en mi vida			
Impuestos	Leyes	Protección del medio ambiente	Expedición de licencias

(2) ¿Estás de acuerdo con las maneras en que el gobierno influye en tu vida? ¿Por qué crees que algunas personas apoyarían una acción del gobierno en particular y otras se opondrían?

_____

_____

Conexión con el capítulo

(3) Dale un vistazo previo al capítulo mirando los títulos, fotografías y gráficas. Después piensa en maneras en las que las monarquías desempeñaron un papel en diferentes países europeos. Anota tus ideas en la tabla de abajo.

El papel del gobierno en los primeros años de la Europa moderna			
España	Francia	Rusia y Europa central	Inglaterra

(4) Lee el capítulo. Después actualiza tu tabla, agregando nuevas ideas, moviendo ideas a columnas diferentes o tachando las ideas que ya no tengan sentido para ti.

Conexión con miHistoria: La batalla de la Armada Invencible

(1) Piensa que el ataque planeado de Inglaterra se produjo durante una época de conflicto entre católicos y protestantes. ¿Alguna vez has estado en desacuerdo con alguien sobre tus creencias personales? Si es así, ¿pudieron resolver sus diferencias? Explica tu respuesta.

_____

_____

(2) Piensa en la lucha por el poder entre la reina Isabel y Felipe II. ¿En qué se diferenciaban las creencias de cada líder?

_____

_____

(3) La Armada parecía ser invencible debido a su tamaño. ¿Qué desventajas tenía España cuando se enfrentó a Inglaterra en la batalla?

a. _____

b. _____

c. _____

d. _____

e. _____

(4) Lee el pasaje del discurso de la reina Isabel antes de la batalla con España. ¿Por qué crees que es probable que sirviera de inspiración a su pueblo?

_____

_____

_____

Trabajemos con las palabras

Concurso de vocabulario En algunos concursos se hace una pregunta y se espera que el concursante dé una respuesta. En otros concursos se da la respuesta y el concursante debe proporcionar la pregunta. Si el espacio en blanco se encuentra en la columna de preguntas, escribe la pregunta que resultaría de la respuesta dada. Si se proporciona la pregunta, escribe la respuesta adecuada.

PREGUNTA

1 ¿Qué palabra se refiere a un gobernante que tiene poder total sobre el gobierno y la vida de las personas?

2 ¿Cómo se conocen las tierras de la familia real de los Habsburgo?

3 _____

4 _____

RESPUESTA

1 _____

2 _____

3 armada

4 inflación

Nombre _____ Clase _____ Fecha _____

Toma notas

Identificar las ideas principales y los detalles Vuelve a leer el texto debajo de cada encabezado en rojo de tu libro de texto. Toma notas sobre la información que está debajo de cada encabezado para completar la red de conceptos de abajo.

España, una potencia mundial

Monarcas poderosos

Idea principal

_____

_____

_____

Detalles

_____

_____

_____

_____

_____

Siglo de Oro español

Idea principal

_____

_____

_____

Detalles

_____

_____

_____

_____

_____

Pregunta esencial

¿Cómo usaron su poder Carlos V y Felipe II?

_____

_____

_____

Trabajemos con las palabras

Palabras en contexto Para cada pregunta, escribe una respuesta que muestre tu comprensión del término clave en negritas.

(1) ¿De qué maneras era el **palacio de Versalles** un símbolo del poder del rey Luis XIV?

_____

_____

_____

(2) ¿Cómo influyó un **asesino** en la historia de Francia en 1610?

_____

_____

_____

(3) ¿Cómo influyó en el liderazgo de Luis XIV, su creencia en el **derecho divino** de los reyes?

_____

_____

_____

(4) ¿Por qué fue la **Guerra de Sucesión Española** importante para el rey Luis XIV?

_____

_____

_____

Nombre _____ Clase _____ Fecha _____

Toma notas

Resumir Vuelve a leer esta sección y resume la información sobre cada líder para completar la actividad de abajo. Recuerda que un resumen ofrece una visión general de la información, no detalles específicos.

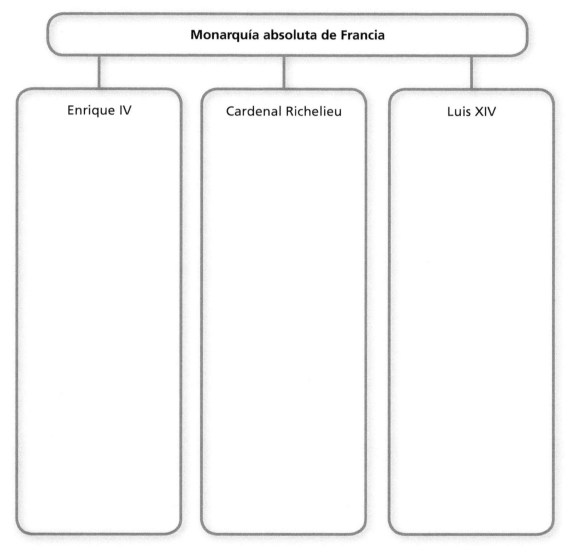

Monarquía absoluta de Francia

Enrique IV

Cardenal Richelieu

Luis XIV

Pregunta esencial

Describe Francia bajo el gobierno de Enrique IV, el cardenal Richelieu y Luis XIV.

_____

Trabajemos con las palabras

Crucigrama Las pistas *horizontal* y *vertical* son las definiciones de los términos clave de esta sección. Llena las casillas *horizontales* enumeradas con los términos clave correctos. Después, haz lo mismo con las pistas *verticales*.

Horizontal	Vertical
2. dividir	1. terrateniente noble ruso
4. campesino que está legalmente obligado a vivir y trabajar en tierras propiedad de los señores	3. emperador ruso

Nombre _____ Clase _____ Fecha _____

Toma notas

Comparar y contrastar Usa lo que has leído sobre las monarquías absolutas
en Europa central y oriental para comparar y contrastar a los líderes de esta
sección del capítulo en la tabla de abajo.

Pedro el Grande	Catalina la Grande	María Teresa	Federico el Grande
•	•	•	•
•	•	•	•
•	•	•	•

Pregunta esencial

¿Cómo gobernaron los líderes poderosos a Rusia y Europa central?

_____

_____

_____

Trabajemos con las palabras

Banco de palabras Elige una palabra del banco de palabras para llenar el espacio en blanco. Cuando termines, tendrás un resumen corto de las ideas importantes de la sección.

Banco de palabras

república	Guerra Civil Inglesa
Restauración	Revolución Gloriosa
traición	Declaración de Derechos inglesa
puritanos	monarquía constitucional

La _____ se llevó a cabo de 1642 a 1651 entre los

nobles conocidos como monárquicos y sus opositores, que eran llamados

cabezas redondas. Muchos cabezas redondas eran _____

protestantes que querían reformar la Iglesia de Inglaterra. Oliver Cromwell

dirigía a los cabezas redondas y derrotó a Carlos I, que fue ejecutado por

_____, un grave acto de deslealtad a la patria. Inglaterra

se convirtió en una _____ y Cromwell en el nuevo líder.

Al morir, su hijo perdió el poder y en 1660, el Parlamento restauró la

monarquía bajo Carlos II, que respetaba al Parlamento. Este período fue la

_____. Carlos II fue sucedido por Jacobo II, que fue

expulsado del poder por el Parlamento. Su derrocamiento sin derramamiento

de sangre se conoce como la _____. El Parlamento pidió a

María, la hija de Jacobo II, y a su marido, Guillermo II príncipe de Orange, que

fueran monarcas de Inglaterra. El Parlamento exigió límites a su poder y

aprobó la _____. Esta lista de los derechos constitucionales

de los ciudadanos ingleses estableció una _____, una

monarquía limitada por la ley.

Nombre _____ Clase _____ Fecha _____

Toma notas

Analizar causa y efecto Los encabezados de las columnas de la tabla de abajo coinciden con los encabezados de tu libro de texto. Vuelve a leer la información que está debajo de cada encabezado de esta sección. Analiza las causas y los efectos de la lucha por el poder entre los monarcas ingleses y el Parlamento al completar la tabla de abajo.

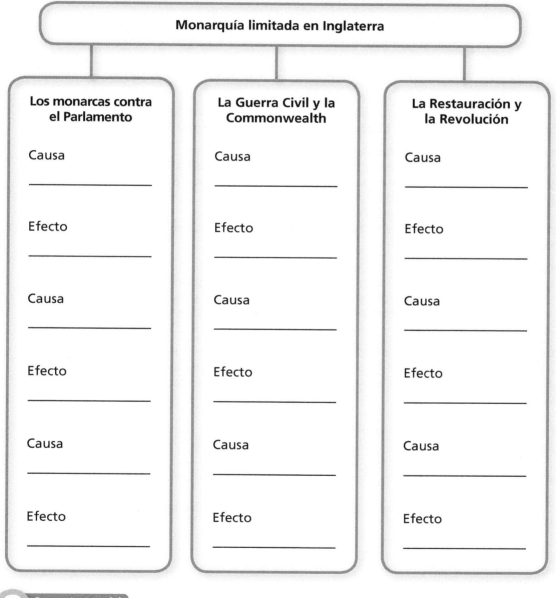

Monarquía limitada en Inglaterra

Los monarcas contra el Parlamento	La Guerra Civil y la Commonwealth	La Restauración y la Revolución
Causa _____	Causa _____	Causa _____
Efecto _____	Efecto _____	Efecto _____
Causa _____	Causa _____	Causa _____
Efecto _____	Efecto _____	Efecto _____
Causa _____	Causa _____	Causa _____
Efecto _____	Efecto _____	Efecto _____

Pregunta esencial

¿Cómo configuraron los desacuerdos entre la monarquía y el Parlamento la historia de Inglaterra?

_____

Pregunta esencial Taller del escritor

¿Qué deberían hacer los gobiernos?

Prepárate para escribir

En este capítulo, has explorado la Pregunta esencial en tu texto, en tu cuaderno y en *On Assignment* en myworldhistory.com. Usa tus notas y lo que has aprendido para escribir un ensayo que describa el papel del gobierno durante el ascenso de las monarquías europeas.

Destreza del taller: Escribir una conclusión

Un ensayo requiere escribir una tesis, una introducción, tres párrafos de desarrollo y una conclusión. La conclusión completa tu ensayo y resume tus puntos principales. En esta lección, aprenderás cómo escribir una conclusión.

Prepárate para escribir tu conclusión Antes de escribir tu conclusión, vuelve a leer tu ensayo. Piensa en tu tesis y las ideas principales y los detalles que la apoyan. ¿Qué pregunta nueva viene a tu mente? ¿Hay otro tema que quieras explorar que se relaciona con los puntos que planteaste sobre lo que deben hacer los gobiernos? Después de volver a leer, escribe una lista de respuestas a tus nuevas preguntas. Esto te ayudará a llegar a una conclusión interesante y única.

Resume tus puntos principales Repasa los puntos principales que expusiste en tu ensayo. Escribe una o dos oraciones que resuman los puntos principales de tus párrafos de desarrollo. Recuerda, tu resumen debe evitar entrar en demasiados detalles, pero debe volver a mencionar claramente tus puntos principales.

Usa una lista de verificación A veces hacer una lista de verificación puede ayudarte a organizar tus pensamientos e ideas. Tal vez quieras usar una lista de verificación como la que se muestra abajo. A medida que termines cada tarea, táchala de tu lista.

_____ Vuelve a exponer tu tesis para recordarle al lector el punto principal de tu ensayo.

_____ Resume las ideas más importantes que apoyan tu tesis.

_____ Incluye algunas oraciones que presenten una nueva idea o planteen preguntas sobre tu tema.

_____ Explica la importancia de tu tema y sugiere su significado más profundo.

¿Qué hace que una conclusión sea sólida? Una buena conclusión debe unir los diferentes elementos de tu ensayo. Debe darle al lector la impresión de que todo cuadra y tiene sentido. Al mismo tiempo, tu conclusión debe ser interesante y debe invitar a la refexión.

Muestra de conclusión Aquí hay unas oraciones de muestra que se pueden usar para formar una conclusión coherente.

- **Vuelve a exponer la tesis** *El papel del gobierno durante el ascenso de las monarquías europeas implicó luchas de poder y conflicto religioso.*

- **Resumen de una idea importante** *El Parlamento impuso estrictos límites a los monarcas de Inglaterra, provocando que los monarcas trabajaran con el Parlamento para llevar a cabo sus propias políticas.*

- **Una nueva idea** *Si el Parlamento no hubiera exigido limitaciones a la monarquía de Inglaterra, hoy en día su gobierno probablemente sería muy diferente.*

- **Por qué es importante el tema** *El estudio de los gobiernos del pasado puede ayudarnos a entender mejor cómo y por qué se formó nuestro gobierno.*

Escribe tu conclusión

Ahora escribe tu propio párrafo de conclusión para tu ensayo.

Nueva exposición de la tesis _____

_____

Resumen de idea importante 1 _____

_____

Resumen de idea importante 2 _____

_____

Resumen de idea importante 3 _____

_____

Una nueva idea o pregunta _____

_____

Por qué es importante este tema _____

_____

Haz un borrador de tu ensayo

Usa el párrafo de conclusión de arriba para completar tu ensayo. Después escribe tu ensayo en otra hoja de papel y revísalo con un compañero.

? Pregunta esencial

¿Qué es el poder? ¿Quién debe tenerlo?

Vistazo previo Antes de comenzar este capítulo, piensa en la Pregunta esencial. Entender cómo se relaciona la Pregunta esencial con tu vida te ayudará a comprender el capítulo que vas a empezar a leer.

Conexión con tu vida

(1) Define los siguientes términos de gobierno:

a. legislador _____   d. juez _____

b. dictador _____   e. monarquía constitucional _____

c. presidente _____

(2) Coloca la letra del término de arriba en la línea de abajo para mostrar dónde se ubica cada uno en la escala de poder, de poco poder a mucho poder.

Poco poder
0
Mucho poder
10

Conexión con el capítulo

(3) Dale un vistazo previo al capítulo para buscar quién tenía el poder en los Estados Unidos y Francia. Luego, completa las filas en blanco de la tabla.

¿Quién tenía el poder en los Estados Unidos?				
Cuándo	Antes de la Guerra de Independencia	Después de la Guerra de Independencia	Bajo los Artículos de la Confederación	Bajo la Constitución
¿Quién tenía el poder?				

¿Quién tenía el poder en Francia?				
Cuándo	Antes de la Ilustración	Después de la toma de la Bastilla	Durante el Terror	En 1799
¿Quién tenía el poder?				

(4) Después de leer el capítulo, regresa a esta página. Cambia cualquier respuesta que sea incorrecta.

Nombre _____ Clase _____ Fecha _____

Conexión con miHistoria: Thomas Jefferson: Tensos días de verano en Filadelfia

(1) ¿Alguna vez te han pedido que escribas algo importante que se leerá en voz alta a otras personas? ¿Cómo te sentiste al respecto?

_____

_____

(2) En miHistoria, ¿por qué estaba nervioso Thomas Jefferson?

_____

_____

(3) Identifica tres sucesos que ocurrieron en Massachusetts, que motivaron a los colonos a declarar su independencia de la Gran Bretaña.

_____

_____

_____

(4) ¿En qué reunión redactó Jefferson la Declaración de Independencia?

_____

(5) ¿Qué problemas atormentaron a Jefferson mientras escribía?

_____

_____

(6) ¿Qué ideas principales sobre el papel del gobierno incluyó Jefferson en la Declaración de Independencia?

_____

_____

Trabajemos con las palabras

Concurso de vocabulario En algunos concursos se hace una pregunta y se espera que el concursante dé una respuesta. En otros concursos se da la respuesta y el concursante debe proporcionar la pregunta. Si el espacio en blanco se encuentra en la columna de preguntas, escribe la pregunta que resultaría de la respuesta dada. Si se proporciona la pregunta, escribe la respuesta adecuada.

PREGUNTA

1 _____

2 _____

3 ¿Cómo se le llama a una creencia que va en contra de las enseñanzas de la Iglesia?

4 _____

5 ¿Qué método usa la observación, la experimentación y un razonamiento riguroso para obtener nuevos conocimientos?

RESPUESTA

1 racionalismo

2 teoría heliocéntrica

3 _____

4 razonamiento inductivo

5 _____

Nombre _____ Clase _____ Fecha _____

Toma notas

Identificar las ideas principales y los detalles Usa lo que has leído sobre la Revolución Científica para completar los diagramas de abajo. Para cada idea principal, escribe detalles que la apoyan.

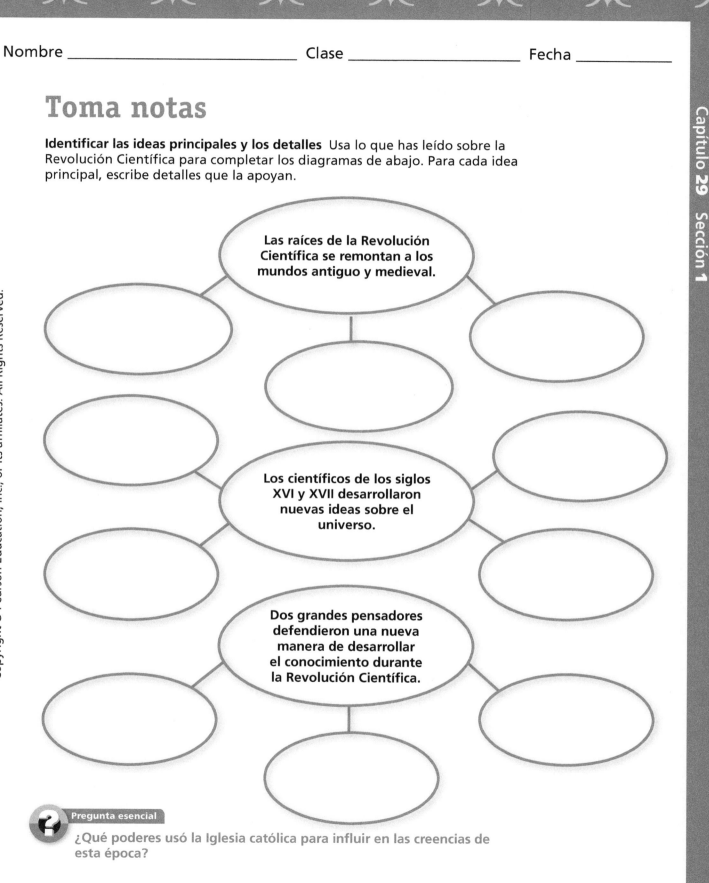

Las raíces de la Revolución Científica se remontan a los mundos antiguo y medieval.

Los científicos de los siglos XVI y XVII desarrollaron nuevas ideas sobre el universo.

Dos grandes pensadores defendieron una nueva manera de desarrollar el conocimiento durante la Revolución Científica.

? Pregunta esencial

¿Qué poderes usó la Iglesia católica para influir en las creencias de esta época?

_____

_____

Trabajemos con las palabras

Crucigrama Las pistas *horizontal* y *vertical* son las definiciones de los términos clave de esta sección. Llena las casillas *horizontales* enumeradas con los términos clave correctos. Después, haz lo mismo con las pistas *verticales*.

Horizontal	Vertical
2. vida y libertad	1. división del gobierno en tres ramas
3. acuerdo no escrito de derechos y deberes entre el pueblo y su gobierno	4. permitir creencias diferentes a las propias
5. concepto de igualdad de derechos entre hombres y mujeres	

Nombre _____ Clase _____ Fecha _____

Toma notas

Resumir Usa lo que has leído en la Sección 2 para completar las ideas clave sobre los temas en la tabla de abajo. Luego, usa las ideas clave para escribir un resumen de una oración sobre la Ilustración.

Distintas maneras de pensar	Pensamiento político	Pensamiento social y económico
Las raíces de la Ilustración _____ _____ _____ _____	**Derechos naturales** _____ _____ _____ _____ _____ _____	**Tolerancia religiosa** _____ _____ _____ _____ _____
Pensando en el mundo _____ _____ _____ _____ _____ _____ _____	**Separación de poderes** _____ _____ _____ _____ _____	**Derechos de las mujeres** _____ _____ _____
	El contrato social _____ _____ _____ _____	**Libre comercio y libre mercado** _____ _____ _____ _____

Resumen de una oración: _____
_____

Pregunta esencial

¿Cómo pensaba el barón de Montesquieu que debía dividirse el poder? ¿Por qué pensaba que era necesaria esta división?

_____

_____

Trabajemos con las palabras

Constructor de oraciones Completa las oraciones siguientes con un término clave de esta sección. Tal vez tengas que cambiar la forma de las palabras para completar las oraciones.

Banco de palabras

alianza   boicot
constitución   masacre
milicia

1. Las primeras batallas de la Guerra de Independencia estadounidense

   fueron libradas por ejércitos de ciudadanos voluntarios que se entrenaban

   para luchar en casos de emergencia, o un(una) _____.

2. Los delegados de los estados se reunieron en Filadelfia en 1787 para

   redactar un documento que enumera los principios básicos y la

   estructura de un gobierno, o un(una) _____.

3. La matanza de un gran número de personas indefensas se llama

   _____.

4. Francia y las colonias americanas hicieron un acuerdo formal para

   ayudarse unos a otros, o un(una) _____.

5. Mostrar rechazo al negarse a comprar determinadas mercancías es

   un(una) _____.

Nombre _____ Clase _____ Fecha _____

Toma notas

Analizar causa y efecto Usa lo que has leído sobre la Guerra de Independencia estadounidense para completar la información de abajo. Para cada causa dada, escribe su efecto. Para cada efecto dado, escribe su causa.

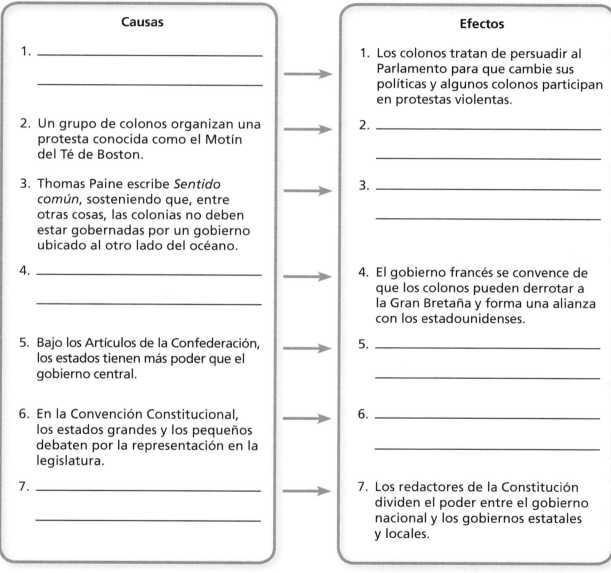

Causas	Efectos
1. _____ _____	1. Los colonos tratan de persuadir al Parlamento para que cambie sus políticas y algunos colonos participan en protestas violentas.
2. Un grupo de colonos organizan una protesta conocida como el Motín del Té de Boston.	2. _____ _____
3. Thomas Paine escribe *Sentido común*, sosteniendo que, entre otras cosas, las colonias no deben estar gobernadas por un gobierno ubicado al otro lado del océano.	3. _____ _____
4. _____ _____	4. El gobierno francés se convence de que los colonos pueden derrotar a la Gran Bretaña y forma una alianza con los estadounidenses.
5. Bajo los Artículos de la Confederación, los estados tienen más poder que el gobierno central.	5. _____ _____
6. En la Convención Constitucional, los estados grandes y los pequeños debaten por la representación en la legislatura.	6. _____ _____
7. _____ _____	7. Los redactores de la Constitución dividen el poder entre el gobierno nacional y los gobiernos estatales y locales.

Pregunta esencial

¿Cómo se distribuyó el poder del gobierno, primero bajo los Artículos de la Confederación y luego bajo la Constitución de los Estados Unidos?

_____

_____

Nombre _____ Clase _____ Fecha _____

Trabajemos con las palabras

Palabras en contexto Para cada pregunta, escribe una respuesta que muestre tu comprensión del término clave en negritas.

1 ¿En qué tres **estamentos** estaba dividida la sociedad francesa antes de la Revolución Francesa?

_____

_____

2 ¿Cómo causaron los **radicales** el Terror durante la Revolución Francesa?

_____

_____

3 ¿Por qué creen muchos eruditos que el logro más importante de Napoleón fue el **Código napoleónico**?

_____

_____

4 ¿Por qué **abdicó** Napoleón en 1814?

_____

_____

Nombre _____ Clase _____ Fecha _____

Toma notas

Secuencia Usa lo que has leído en esta sección para agregar detalles en la línea cronológica de abajo.

La Revolución Francesa

mayo de 1789
1. _____
   _____

   • Los parisinos tomaron por asalto la Bastilla el 14 de julio.

agosto de 1789
2. _____
   _____

   • La Asamblea Nacional pone fin al poder absoluto de la monarquía en la Constitución de 1791.

   • Francia declara la guerra a Austria y Prusia.

1793
3. _____
   _____

1794
4. _____
   _____

   • El gobierno de Francia es débil y desorganizado.

1799
5. _____
   _____

1804
6. _____
   _____

   • Napoleón crea un gobierno central fuerte, escribe el Código napoleónico e invade casi toda Europa.

1812
7. _____
   _____

1814–1815
8. _____
   _____

Pregunta esencial

¿Cómo cambió la Constitución de 1791 el poder de la monarquía francesa?

_____

_____

_____

? Pregunta esencial Taller del escritor

¿Qué es el poder? ¿Quién debe tenerlo?

Prepárate para escribir

En este capítulo, exploraste la Pregunta esencial en tu texto, en tu cuaderno y en *On Assignment* en myworldhistory.com. Usa tus notas y lo que has aprendido para escribir un ensayo sobre el poder y quién lo tenía antes y después de la Revolución Científica, la Ilustración, la Guerra de Independencia estadounidense y la Revolución Francesa.

Destreza del taller: Revisa tu trabajo

Repasa el esquema de tu ensayo y después escribe y desarrolla una introducción, párrafos de desarrollo y una conclusión. Redacta el argumento principal que quieras presentar en tu ensayo como la tesis. Por ejemplo: *Los colonos estadounidenses eran muy conscientes del poder y quién debía tenerlo*. En tu introducción, enumera tres razones de por qué los colonos estadounidenses eran conscientes del poder del gobierno. En cada párrafo de desarrollo, explica cada una de estas razones con detalles y evidencia para apoyarlos.

En esta lección aprenderás más sobre cómo revisar tu ensayo. La revisión tiene varios objetivos importantes: Primero, debes aclarar las ideas principales y relacionarlas con los lectores y el propósito de tu escritura. Segundo, debes evaluar toda la evidencia que aportes para asegurarte de que se ajusta a tu tesis. Tercero, debes revisar las oraciones para asegurarte de que tengan sentido y no haya errores gramaticales, de puntuación o de ortografía.

Identifica los puntos principales

_____ Verifica que cada párrafo tenga una idea principal.

_____ Esta idea debe ser clara y es generalmente la primera o la última oración.

_____ Encierra en un círculo tus ideas principales, incluyendo tu tesis.

Piensa en tus lectores y en tu propósito

_____ Recuerda quién va a ser tu lector: tu maestro.

_____ Asegúrate de que tu lenguaje sea formal. Reemplaza cualquier jerga, y no uses pronombres personales.

_____ Revisa tu propósito para escribir. ¿Es para persuadir? ¿Para explicar? ¿Para describir? ¿Para contar una historia? Usa las instrucciones para la escritura para guiarte en tu propósito.

_____ Vuelve a revisar tu ensayo para asegurarte de haber relacionado las causas y los efectos.

Evalúa la evidencia

_____ Vuelve a leer cada idea principal encerrada en un círculo. Después, lee cuidadosamente el resto del párrafo.

_____ ¿Apoya la evidencia la idea principal?

_____ ¿Está organizada la evidencia de una manera lógica?

_____ Asegúrate de que la evidencia apoye tu tesis.

_____ Tal vez tengas que cambiar algunas de las palabras de tu tesis para que se ajusten a ella las ideas que expusiste. Debes eliminar las oraciones que no apoyan la tesis y las ideas principales.

Escribe en forma clara y correcta

_____ Lee tu ensayo en voz alta. ¡Nunca te saltes este paso! Escuchar las oraciones te ayudará a notar cuándo no fluyen o si no tienen sentido.

_____ Pregúntate qué quisiste decir y usa esa nueva mención para volver a escribir las oraciones confusas.

_____ Vuelve a leer en silencio o usa un corrector de gramática y ortografía de computadora para encontrar y corregir cualquier error.

Revisa tu ensayo

Ahora, observa críticamente un párrafo de tu ensayo y revísalo para mejorarlo. Escribe abajo tu párrafo corregido.

_____

_____

_____

_____

_____

_____

_____

_____

_____

Haz un borrador de tu ensayo

Copia el párrafo revisado en tu ensayo. Úsalo como una guía para revisar el resto de los párrafos. Asegúrate de revisar la idea principal, la evidencia de apoyo y la ortografía, la gramática y la puntuación de cada párrafo.

¡Lugares por conocer!

Destreza: Mapas Usa los mapas de esta unidad para identificar los ¡Lugares por conocer! en el croquis. Escribe junto al nombre de cada lugar que está abajo, la letra que indica su ubicación en el mapa. Escribe una oración o frase breve que explique un hecho histórico interesante de cada ubicación.

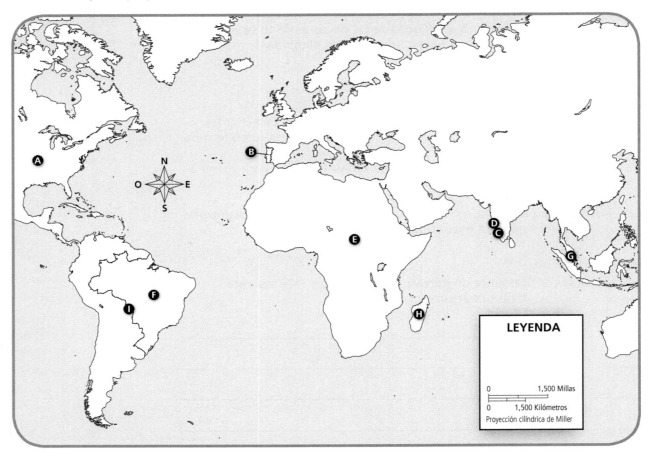

LEYENDA

0   1,500 Millas

0   1,500 Kilómetros

Proyección cilíndrica de Miller

_____ Brasil

_____ Portugal

_____ América del Norte

_____ América del Sur

_____ África

_____ Mozambique

_____ Malaca

_____ Calicut

_____ Goa

Nombre _____ Clase _____ Fecha _____

Sucesos clave

Línea cronológica Usa lo que has leído sobre el período moderno temprano para completar la línea cronológica de abajo. Dibuja una línea desde cada suceso hasta su posición correcta en la línea cronológica. Luego, escribe una breve descripción de cada suceso.

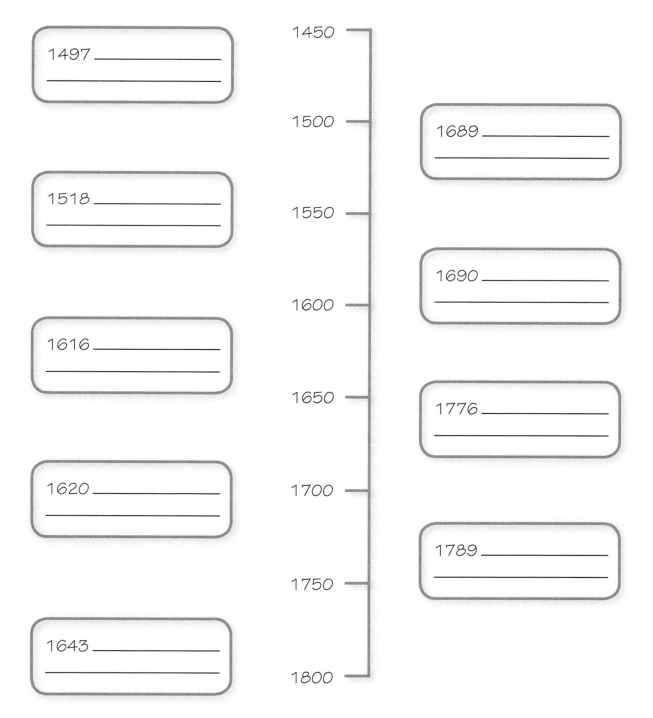

1497 _____ _____

1518 _____ _____

1616 _____ _____

1620 _____ _____

1643 _____ _____

1450

1500

1550

1600

1650

1700

1750

1800

1689 _____ _____

1690 _____ _____

1776 _____ _____

1789 _____ _____

? Pregunta esencial

¿Cuáles son las consecuencias de la tecnología?

Vistazo previo Antes de comenzar este capítulo, piensa en la Pregunta esencial. Entender cómo se relaciona la Pregunta esencial con tu vida te ayudará a comprender el capítulo que vas a empezar a leer.

Conexión con tu vida

(1) Piensa en los quehaceres o los trabajos que haces para ayudar en la casa o ganar dinero adicional. En la tabla de abajo, enumera los tipos de tecnología que usas, junto con el efecto de cada uno. Después escribe si el efecto es positivo o negativo.

Formas en que la tecnología afecta mi vida

Tecnología	Su efecto	¿Positivo o negativo?

(2) Ahora piensa en un tipo de tecnología que no tengas, pero que te gustaría usar para hacer tus quehaceres. ¿Por qué quieres esa tecnología?

_____

_____

Conexión con el capítulo

(3) Dale un vistazo previo al capítulo mirando los títulos, fotografías y gráficas. En la tabla de abajo, nombra un avance tecnológico para cada categoría. Después predice cómo esa tecnología cambió la vida en Europa y los Estados Unidos.

	Tecnología	Predicción
Producción de alimentos		
Manufactura		
Energía		
Transportación		

(4) Después de leer el capítulo, regresa a las predicciones que anotaste en la tabla. Encierra en un círculo tus predicciones correctas.

Nombre _____ Clase _____ Fecha _____

Conexión con miHistoria: El edén perdido de Harriet Hanson Robinson

(1) ¿En qué se diferencia la vida que tuvo Harriet de la tuya? ¿En qué se parece?

_____

_____

_____

(2) Si hubieras sido Harriet, ¿cómo te hubieras sentido al cambiar tu forma de vida e ir a trabajar en una fábrica?

_____

_____

_____

(3) Ahora piensa en lo que la historia muestra sobre las formas en las que la tecnología cambió la vida de las personas en el siglo XIX. Anota los cambios en la tabla de abajo.

Antes del siglo XIX	Cambio
La mayoría de los trabajadores eran hombres.	
Los trabajadores vivían y trabajaban en el hogar o en sus cercanías.	
Los bienes se hacían a mano.	
Los trabajadores fijaban sus propios horarios.	

(4) ¿Cuál fue el momento más glorioso de la vida de Harriet? Explica por qué significó tanto para ella.

_____

_____

_____

Trabajemos con las palabras

Concurso de vocabulario En algunos concursos se hace una pregunta y se espera que el concursante dé una respuesta. En otros concursos se da la respuesta y el concursante debe proporcionar la pregunta. Si el espacio en blanco se encuentra en la columna de preguntas, escribe la pregunta que resultaría de la respuesta dada. Si se proporciona la pregunta, escribe la respuesta adecuada.

PREGUNTA

RESPUESTA

① ¿Cuál es el sentimiento de unidad como nación que comparten las personas?

① _____

② _____

② Carbonería

③ ¿Qué término se usa para un estado en el que los ciudadanos están unidos por intereses comunes como la religión, el idioma o la cultura?

③ _____

Nombre _____ Clase _____ Fecha _____

Toma notas

Secuencia Usa lo que has leído sobre el nacionalismo en Europa para añadir sucesos importantes a la línea cronológica de abajo.

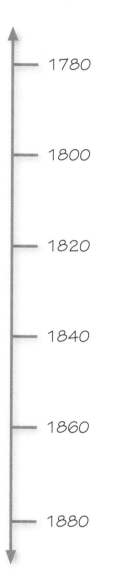

1780

1800

1820

1840

1860

1880

Pregunta esencial

¿Por qué introdujo Bismarck programas de asistencia a medida que los alemanes se trasladaban para trabajar en las fábricas?

_____

_____

_____

Trabajemos con las palabras

Mapa de palabras Sigue el modelo de abajo para hacer un mapa de palabras. El término clave *Revolución Industrial* se encuentra en el óvalo del centro. Escribe la definición en tus propias palabras arriba a la izquierda. Arriba a la derecha, haz una lista de características, es decir, palabras o frases que se relacionen con el término. Abajo a la izquierda haz una lista de las que no son características, es decir, palabras y frases que no estarían asociadas con el término. Abajo a la derecha, haz un dibujo del término clave o escribe una oración.

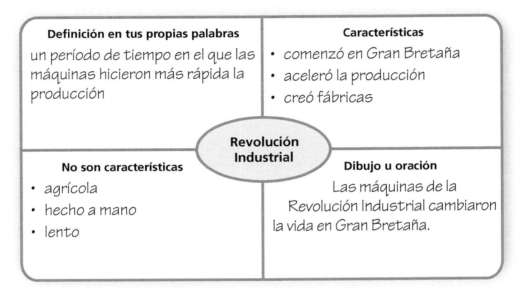

Ahora, usa el mapa de palabras de abajo para explorar el significado de la palabra *cercamiento*. Puedes usar el libro del estudiante, un diccionario y/o un diccionario de sinónimos para completar cada una de las cuatro secciones.

Definición en tus propias palabras	Características
No son características	Dibujo u oración

(óvalo central: **cercamiento**)

Haz tus propios mapas de palabras en hojas de papel separadas para estos términos clave: *socialismo* y *comunismo*.

Nombre _____ Clase _____ Fecha _____

Toma notas

Analizar causa y efecto Usa lo que has leído sobre la Revolución Industrial para escribir el efecto de cada cambio que se enumera en la tabla.

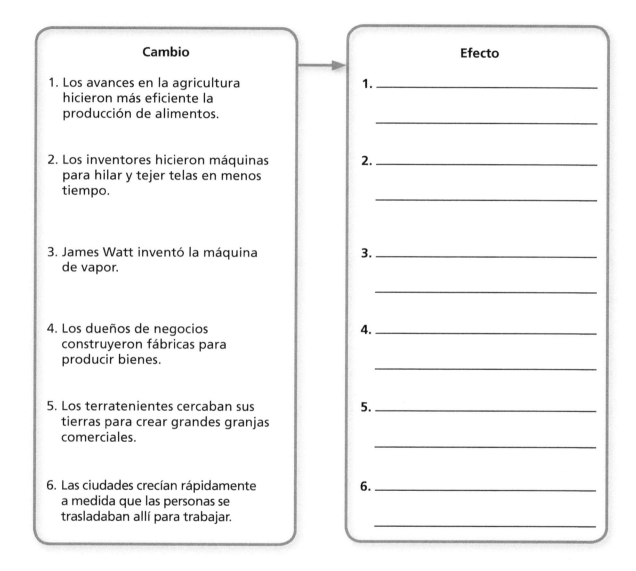

Cambio

1. Los avances en la agricultura hicieron más eficiente la producción de alimentos.

2. Los inventores hicieron máquinas para hilar y tejer telas en menos tiempo.

3. James Watt inventó la máquina de vapor.

4. Los dueños de negocios construyeron fábricas para producir bienes.

5. Los terratenientes cercaban sus tierras para crear grandes granjas comerciales.

6. Las ciudades crecían rápidamente a medida que las personas se trasladaban allí para trabajar.

Efecto

1. _____

2. _____

3. _____

4. _____

5. _____

6. _____

Pregunta esencial

¿Cómo cambió la Revolución Industrial la vida de las personas?

_____

_____

_____

Trabajemos con las palabras

Banco de palabras Elige una palabra del banco de palabras para llenar el espacio en blanco. Cuando termines, tendrás un resumen corto de las ideas importantes de la sección.

Banco de palabras

concesiones   diplomacia de los cañones
imperialismo

Los imperios europeos controlaban la mayor parte del mundo para el

siglo XIX. Los barcos europeos transportaban materias primas de tierras

lejanas. Este control de tierras extranjeras por estados más fuertes se llama

_____. Existían muchas razones para la dominación

europea. Una era la industrialización. Europa necesitaba materias primas

para sus fábricas. Otra era el nacionalismo. Los británicos, en particular,

estaban deseosos de expandir su imperio.

Los imperios europeos se repartieron el mundo. En China, las naciones

europeas tenían "esferas de influencia" separadas. Cuando los chinos

trataron de detener el comercio de opio de Gran Bretaña con China, los dos

países entraron en guerra. Gran Bretaña ganó y China tuvo que ofrecer

_____, o derechos comerciales, a los europeos.

El Japón restringió el contacto con Occidente. Sin embargo, en 1853, los

Estados Unidos enviaron a Matthew Perry para exigir relaciones diplomáticas

y derechos comerciales. Temerosos de las armas de Perry, los japoneses

accedieron. Esta _____, amenazar con violencia para

obtener concesiones, era usada a menudo por las potencias occidentales.

Nombre _____ Clase _____ Fecha _____

Toma notas

Identificar las ideas principales y los detalles En la tabla de abajo, anota detalles que apoyen cada una de las siguientes ideas principales de la sección.

1. Causas del imperialismo	2. Repartición del mundo	3. Sureste y este de Asia	4. El nacionalismo se extiende
Muchos factores ayudaron a las naciones europeas y a los Estados Unidos a poseer colonias en todo el mundo.	Las potencias europeas tomaron el control de la mayor parte de África y la India para obtener comercio y materias primas.	Las potencias occidentales usaron armas avanzadas para obligar a los estados asiáticos a comerciar con Occidente.	Las ideas nacionalistas se extendieron y ayudaron a los no europeos a liberarse del dominio colonial.

Pregunta esencial

¿Cómo usaron la tecnología las potencias occidentales para construir imperios?

_____

_____

_____

Trabajemos con las palabras

Palabras en contexto Para cada pregunta, escribe una respuesta que muestre tu comprensión del término clave en negritas.

1 ¿Qué beneficio obtenía un negocio al practicar la **integración vertical**?

_____

_____

2 ¿Cómo funciona una **línea de montaje**?

_____

_____

3 ¿Qué pasa cuando los empleados se declaran en **huelga**?

_____

_____

4 ¿Qué pedían las mujeres cuando exigieron el **sufragio**?

_____

_____

5 ¿Qué eran las **casas de vecindad** y dónde estaban ubicadas?

_____

_____

6 ¿Cuál es el propósito de un **sindicato**?

_____

_____

Nombre _____ Clase _____ Fecha _____

Toma notas

Resumir En la tabla de abajo, escribe un resumen de una o dos oraciones de cada uno de los temas principales relacionados con la Segunda Revolución Industrial.

La Segunda Revolución Industrial

Industria y comercio

• **Poder y productividad**

_____
_____

• **Nuevos inventos**

_____
_____
_____
_____
_____
_____

• **Grandes empresas**

_____
_____
_____

La sociedad industrial

• **Un nivel de vida más alto**

_____
_____

• **Desplazamiento de personas**

_____
_____
_____

La presión por la reforma

• **Los trabajadores en la era industrial**

_____
_____

• **Los sindicatos**

_____
_____

• **El trabajo infantil**

_____
_____

• **Educación y salud**

_____
_____

• **Derechos de la mujer**

_____
_____

Pregunta esencial

¿Cómo cambió la tecnología la vida a finales del siglo XIX?

_____

_____

_____

Pregunta esencial Taller del escritor

¿Cuáles son las consecuencias de la tecnología?

Prepárate para escribir

En este capítulo, has explorado la Pregunta esencial en tu texto, en tu cuaderno y en *On Assignment* en myworldhistory.com. Usa lo que has aprendido para escribir una carta sobre cómo la tecnología cambia la vida de las personas.

Destreza del taller: Escribir una carta

Revisa lo que ya has aprendido sobre la escritura de cartas, incluyendo los saludos y las conclusiones y lo que incluye el cuerpo de la carta. Recuerda que hay cartas formales e informales. Usa cartas formales para escribir a periódicos, negocios, gobiernos y otras instituciones. Usa cartas informales para escribirles a tus amigos y familiares.

Hoy escribirás una carta formal para contestar la pregunta: *¿Cuáles son las consecuencias de la tecnología?* Primero, decide quién recibirá tu carta. Le podrías escribir una carta a un funcionario del gobierno, al presidente de una empresa o al editor de un periódico. Tu propósito será explicar cómo influye la tecnología en las vidas de las personas.

¿Quién recibirá tu carta? _____

Las partes de una carta Tu carta debe incluir las siguientes partes: fecha, encabezado, dirección del destinatario, saludo, cuerpo, conclusión, despedida y firma.

Fecha, encabezado y dirección del destinatario En una carta formal el encabezado se pone en la esquina superior derecha e incluye tu dirección de remitente y la fecha. Deja una línea y pon la dirección del destinatario, la dirección de la persona que recibirá la carta, a la izquierda. Es buena idea dirigir la carta a una persona específica, incluso si le estás escribiendo a una compañía. Incluye el título de la persona, como *Sr., Sra., Srta., Dr.* o *Senador*, seguido por el nombre completo de la persona.

Saludo Después de la dirección del destinatario, deja una línea y pon el saludo. La mayoría de las cartas formales usan "Estimado(a)", seguido por un título y el nombre completo de la persona. En una carta formal, usa dos puntos después del saludo en lugar de una coma.

Cuerpo Usa el cuerpo para explicar tu propósito. ¿Por qué elegiste escribirle a esta persona? ¿Qué ideas sobre la tecnología quieres expresar? Por ejemplo, tal vez quieras mencionar las formas en que la tecnología te ayuda a comunicarte o a mantenerte al día con las noticias. Discute formas tanto positivas como negativas en que la tecnología ha influido en tu vida.

Conclusión, despedida y firma Para concluir, vuelve a expresar tu punto principal. Tal vez quieras que la persona responda con sus pensamientos sobre el tema. Asegúrate de mencionar esto en tu conclusión. Después de la conclusión, deja una línea y escribe una despedida como "Atentamente," o "Su servidor," seguida de una coma. A continuación, firma con tu nombre completo.

Haz un borrador de tu carta

Usa el siguiente formato para hacer el primer borrador de tu carta.

(tu dirección y la fecha; no pongas tu nombre) _____

_____

_____

_____ **(nombre completo y dirección del destinatario)**

_____

_____

_____

Estimado(a) _____:

Cuerpo _____

_____

_____

_____

_____

_____

_____

_____

_____

_____

Conclusión _____

_____

_____

Despedida _____

Tu firma _____

Completa tu carta

Recuerda seguir los pasos del proceso de escritura para revisar y corregir tu carta. Finalmente, cópiala con cuidado en una hoja limpia de papel.

? Pregunta esencial

¿Cómo debemos manejar los conflictos?

Vistazo previo Antes de comenzar este capítulo, piensa en la Pregunta esencial. Entender cómo se relaciona la Pregunta esencial con tu vida te ayudará a comprender el capítulo que vas a empezar a leer.

Conexión con tu vida

(1) Piensa en los conflictos entre amigos. Ahora considera los conflictos entre las naciones. ¿Qué podrían tener en común esos conflictos?

_____

_____

_____

(2) Anota en la tabla siguiente ejemplos de conflictos que hayas observado o experimentado y un conflicto que haya aparecido en las noticias.

	Tipo de conflicto	Efecto del conflicto
Conflicto observado o experimentado		
Conflicto en las noticias		

Conexión con el capítulo

(3) Mira los textos, subtítulos y elementos visuales de este capítulo para encontrar información sobre la Primera Guerra Mundial, la Revolución y Depresión de la posguerra y la Segunda Guerra Mundial. En la tabla de abajo, haz predicciones sobre los efectos de estos conflictos o desafíos.

Secciones del capítulo	¿Quién estaba implicado?	Efecto del/de los conflicto(s)
Primera Guerra Mundial		
Revolución y Depresión		
Segunda Guerra Mundial		

(4) Después de leer el capítulo, regresa a esta página. Encierra en un círculo tus predicciones incorrectas.

Conexión con miHistoria: Ana Frank: Vivir en la clandestinidad

1 Compara tu día típico con uno de Ana Frank cuando vivía en la clandestinidad. Usando información de la historia, escribe lo que Ana Frank hacía en cada hora del día que se muestra abajo. Después escribe lo que tú haces a la misma hora del día.

Hora	Lo que hacía Ana Frank	Lo que haces tú
6:45 A.M.		
8:30 A.M.		
9:00 A.M.		
1:00 P.M.		
1:15 P.M.		
5:30 P.M.		
10:00 P.M.		

2 ¿Cómo habrías pasado tu día si hubieras vivido en la clandestinidad como Ana? ¿Qué habrías hecho cada día si hubieras vivido en el anexo secreto?

_____

_____

3 Piensa en lo que les sucedió a Ana Frank y a su familia. ¿Podría suceder algo similar en los Estados Unidos? ¿Por qué?

_____

_____

_____

4 Piensa en las penurias causadas por Hitler y los nazis durante la Segunda Guerra Mundial. ¿Qué lecciones podemos aprender de lo que les hicieron a Ana Frank y a su familia?

_____

_____

Trabajemos con las palabras

Constructor de oraciones Completa las oraciones siguientes usando la información que aprendiste en esta sección. Tal vez tengas que cambiar la forma de las palabras para completar las oraciones.

(1) A veces llamada la Gran Guerra, la _____ fue el primer conflicto verdaderamente global.

(2) Una política de fortalecimiento militar agresivo se conoce como

_____.

(3) Alemania y Austria-Hungría eran conocidos como las _____ durante la Primera Guerra Mundial.

(4) La _____, o la lucha desde profundos agujeros cavados en el suelo, nunca había sucedido a una escala tan grande antes de la Primera Guerra Mundial.

(5) Para ganar apoyo para la guerra, ambos lados usaban la _____, que es la difusión de ideas para promover o perjudicar una causa.

(6) Alemania fue obligada a pagar _____, o el pago por los daños de la guerra, después de la Primera Guerra Mundial.

Nombre _____ Clase _____ Fecha _____

Toma notas

Identificar las ideas principales y los detalles Vuelve a leer el texto debajo de cada encabezado en rojo de tu libro de texto. Toma notas sobre la información que está debajo de cada encabezado en la tabla de abajo.

Causas de la Primera Guerra Mundial	Estalla la guerra	La guerra termina
Idea principal: _____ _____	Idea principal: _____ _____	Idea principal: _____ _____
Imperialismo y nacionalismo _____ _____ _____	El asesinato que provocó la guerra _____ _____ _____	Los Estados Unidos entran en la guerra _____ _____ _____
Militarismo y alianzas _____ _____ _____	Se genera un estancamiento _____ _____ _____	Los tratados de la posguerra _____ _____ _____
	Un nuevo tipo de guerra _____ _____ _____	
	Otros frentes _____ _____ _____	
	La vida en el frente interno _____ _____ _____	

 Pregunta esencial

Describe las causas, el desarrollo y los efectos de la Primera Guerra Mundial.

_____

_____

Trabajemos con las palabras

Crucigrama Las pistas *horizontal* y *vertical* son las definiciones de los términos clave de esta sección. Llena las casillas *horizontales* enumeradas con los términos clave correctos. Después, haz lo mismo con las pistas *verticales*.

Horizontal	Vertical
1. idea de que un gobierno debe tener control total sobre su pueblo	2. enorme colección de programas económicos y sociales del gobierno
5. una grave crisis económica mundial que duró hasta la década de 1930	3. grupo radical encabezado por Vladimir Lenin
6. territorio administrado por las Potencias Aliadas	4. sistema político que hace hincapié en la fuerza nacional, el poder militar y la creencia de que el Estado es más importante que las personas

Nombre _____ Clase _____ Fecha _____

Toma notas

Resumir Los encabezados de las columnas de la tabla de abajo coinciden con los encabezados en rojo de tu libro de texto. Vuelve a leer cada sección. Resume la información que está debajo de cada encabezado de las columnas para completar la tabla de abajo. Recuerda que un resumen es una o dos oraciones que dan una visión general de la información, no detalles específicos.

Revolución y Depresión			
La Revolución Rusa	Descontento generalizado	De prosperidad a depresión	Surge el totalitarismo
•	•	•	•
•	•	•	•
•	•	•	•
	•		•

Pregunta esencial

¿Cómo influyeron el conflicto y el cambio en las personas de todo el mundo entre 1910 y 1940?

_____

_____

_____

Nombre _____ Clase _____ Fecha _____

Trabajemos con las palabras

Mapa de palabras Sigue el modelo de abajo para hacer un mapa de palabras.
El término clave *Segunda Guerra Mundial* se encuentra en el óvalo del centro.
Escribe la definición en tus propias palabras arriba a la izquierda. Arriba a la
derecha, haz una lista de características, es decir, palabras o frases que se
relacionen con el término. Abajo a la izquierda haz una lista de las que no son
características, es decir, palabras y frases que no estarían asociadas con el término.
Abajo a la derecha, haz un dibujo del término clave o escribe una oración.

Definición en tus propias palabras
una destructiva guerra mundial
que tuvo lugar entre 1939 y
1945

Características
• implicó a las Potencias del Eje y
a las Potencias Aliadas
• la guerra más destructiva que
el mundo jamás había visto
• las Potencias Aliadas
ganaron

Segunda Guerra Mundial

No son características
• conflicto no violento
• pocos países implicados

Dibujo u oración
Acciones agresivas en
Europa y Asia condujeron a la
Segunda Guerra Mundial.

Ahora, usa el mapa de palabras de abajo para explorar el significado de
la palabra *blitzkrieg*. Usa el libro del estudiante y un diccionario o un
diccionario de sinónimos para completar cada una de las cuatro secciones
para entender el significado de esta palabra.

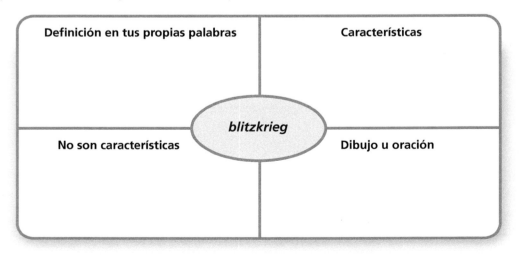

Definición en tus propias palabras

Características

blitzkrieg

No son características

Dibujo u oración

Haz tus propios mapas de palabras en una hoja de papel separada para los
términos clave: *Potencias del Eje, pacto de no agresión, apaciguamiento,
Holocausto* y *genocidio*.

Nombre _____ Clase _____ Fecha _____

Toma notas

Secuencia Rotula cada fecha de la línea cronológica con el suceso que ocurrió en ese momento. Escribe un hecho sobre el suceso en el espacio correspondiente. Luego, identifica en qué son similares las fechas de la fila superior completando el recuadro superior izquierdo. Identifica en qué son similares las fechas de la fila inferior completando el recuadro inferior izquierdo.

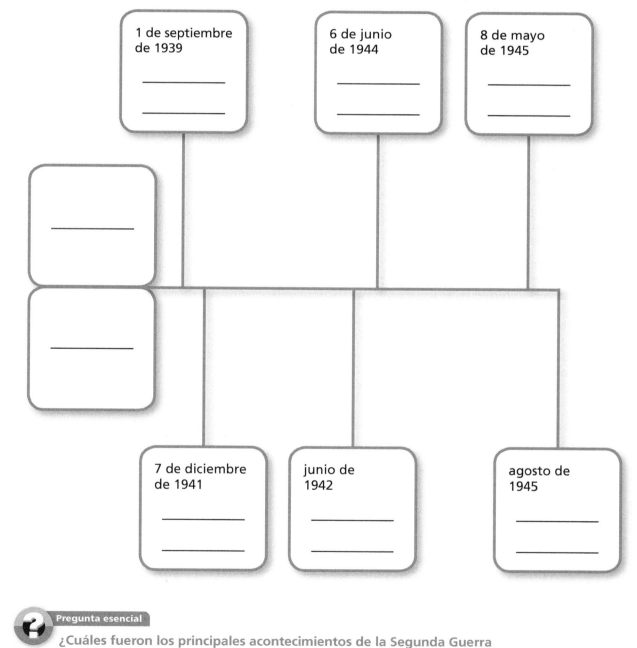

Pregunta esencial

¿Cuáles fueron los principales acontecimientos de la Segunda Guerra Mundial, incluidos los que condujeron a la guerra?

_____

? Pregunta esencial Taller del escritor

¿Cómo debemos manejar los conflictos?

Prepárate para escribir

En este capítulo, has explorado la Pregunta esencial en tu texto, en tu cuaderno y en *On Assignment* en myworldhistory.com. Usa tus notas y lo que has aprendido para escribir un ensayo que describa las guerras y las penurias durante las décadas de 1920, 1930 o 1940.

Destreza del taller: Entender los cuatro tipos de ensayos

Primero, decide qué tipo de ensayo quieres escribir. Hay cuatro tipos de ensayo: narrativo, expositivo, de investigación y persuasivo. Lo que quieras escribir sobre tu tema determinará qué tipo de ensayo tiene más sentido.

Ensayo narrativo Un ensayo narrativo cuenta una historia y tiene una trama, personajes, ambiente y un clímax.
- Trama: la secuencia de sucesos en la historia
- Personajes: las personas de la historia
- Ambiente: el lugar en el que sucede la historia
- Clímax: el momento crucial de la historia

Ensayo expositivo Un ensayo expositivo desarrolla un argumento sobre una idea. Observa la palabra raíz *exponer*. Un ensayo expositivo expone o descubre algo sobre un tema. Este tipo de ensayo tiene una idea principal apoyada por evidencia y ejemplos.
- Un párrafo introductorio abre con una tesis que expresa la idea principal.
- La introducción va seguida por párrafos de desarrollo con evidencia que apoya la idea principal.
- La conclusión resume el ensayo volviendo a mencionar la tesis y los puntos principales.

Ensayo de investigación Un ensayo de investigación contiene información y evidencia de una amplia gama de fuentes.
- La evidencia y los ejemplos deben venir de fuentes confiables.
- El ensayo incluye citas, pies de página y una bibliografía para documentar las fuentes.

Ensayo persuasivo Un ensayo persuasivo trata de convencer a los lectores de adoptar una opinión o de tomar acción.
- La introducción dice por qué el tema es importante y la tesis indica a los lectores lo que deben pensar o hacer sobre el tema.
- Los párrafos de desarrollo incluyen argumentos fuertes con evidencia de apoyo para probar cada punto.
- La conclusión vuelve a examinar los puntos principales y exhorta al lector a adoptar una opinión o a tomar una acción.

Identificar los tipos de ensayo

Ahora que ya conoces los diferentes tipos de ensayo, prueba tu conocimiento leyendo las cuatro descripciones de la tabla de abajo. En la columna de la derecha, escribe qué tipo de ensayo describe la oración.

Descripción del ensayo	Tipo
1. El ensayo analiza cómo derrotaron las Potencias Aliadas a las Potencias del Eje en la Segunda Guerra Mundial. El ensayo usa mapas, gráficas, estadísticas y citas con las fuentes en una bibliografía.	_____
2. El ensayo exhorta a los lectores a apoyar la toma de conciencia sobre el Holocausto con el fin de prevenir futuros genocidios.	_____
3. El ensayo cuenta una historia sobre un exitoso banquero y su familia durante la Gran Depresión. Después de la caída de la bolsa de valores, la familia trabaja junta para sobrevivir.	_____
4. El ensayo analiza cómo los regímenes totalitarios pueden causar inestabilidad política y conflictos entre las naciones. Explica los problemas que ocurren cuando los gobiernos totalitarios reprimen a sus ciudadanos.	_____

Planifica tu ensayo

Usa las siguientes preguntas para ayudarte a tomar algunas decisiones sobre tu ensayo.

(1) ¿Qué quiero decir sobre las guerras y las penurias durante el período de tiempo que he elegido?

_____

_____

_____

(2) ¿Quiero contar una historia, explicar una idea, presentar evidencia o convencer a otros?

_____

_____

_____

(3) ¿Qué tipo de ensayo sería mejor para lograr mi objetivo? _____

Haz un borrador de tu ensayo

Haz un esquema de tu ensayo. Recuerda, necesitarás un párrafo introductorio, tres párrafos de desarrollo y una conclusión. Usa el esquema para escribir tu ensayo. Después, lee tu ensayo y haz las correcciones necesarias. Revísalo cuidadosamente.

? Pregunta esencial

¿Qué es el poder? ¿Quién debe tenerlo?

Vistazo previo Antes de comenzar este capítulo, piensa en la Pregunta esencial. Entender cómo se relaciona la Pregunta esencial con tu vida te ayudará a comprender el capítulo que vas a empezar a leer.

Conexión con tu vida

(1) Piensa en cargos a nivel local, estatal o federal y enumera algunos de los cargos abajo. ¿Qué poder tienen estas personas para hacer o cambiar algo? Escribe tus ideas junto a cada cargo.

a. _____

b. _____

c. _____

d. _____

e. _____

(2) Coloca la letra de cada cargo que identificaste en la línea de abajo para mostrar dónde recae en la escala de poder, de poco poder a más poder.

Poco poder |————————————————————————| **Más poder**
0   10

Conexión con el capítulo

(3) Dale un vistazo previo al capítulo. Mira los títulos, imágenes y leyendas. Usa esta tabla para anotar tus predicciones sobre quién ganó o perdió poder en diferentes épocas del mundo moderno.

Lugar, fecha	¿Quién ganó poder?	¿Quién perdió poder?
India, 1947		
China, 1949		
Ghana, 1957		
Argelia, 1962		
Alemania Oriental, 1989		

(4) Lee el capítulo y después encierra en un círculo tus predicciones incorrectas.

Conexión con miHistoria:
Los dos mundos de Jomo Kenyatta

(1) Piensa en personas que conoces que están influenciadas por más de una cultura. ¿En qué se diferencian estas influencias de las que tuvo Jomo Kenyatta?

_____

_____

(2) En la actividad de abajo, enumera sucesos importantes en el camino de Kenyatta hacia el liderazgo de Kenia. Junto a cada suceso, escribe una K si el suceso refleja la influencia de la cultura keniana y una B si refleja la influencia de la cultura británica. Escribe ambas letras para mostrar la influencia de ambas culturas.

	Sucesos importantes	Influencias culturales
Niñez		
Estudios		
Activismo		
Liderazgo		

(3) Piensa en la historia de Kenyatta y en sus experiencias. ¿Qué luchas por el poder ocurrieron? ¿Cómo sería posible que estas luchas se repitieran en otras naciones? Escribe tus predicciones en las líneas de abajo.

_____

_____

_____

_____

_____

_____

_____

_____

_____

_____

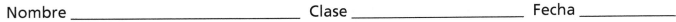

Trabajemos con las palabras

Crucigrama Las pistas *horizontal* y *vertical* son las definiciones de los términos clave de esta sección. Llena las casillas *horizontales* enumeradas con los términos clave correctos. Después, haz lo mismo con las pistas *verticales*.

Horizontal	Vertical
1. sistema económico en el que el gobierno toma la mayoría de las decisiones	2. política de Estados Unidos para evitar la expansión de la influencia de la Unión Soviética después de la guerra
3. país con el poder de influir en los acontecimientos mundiales	4. reducción de las tensiones entre los Estados Unidos y la Unión Soviética
5. política soviética de apertura sobre el debate del sistema político	6. sistema económico basado en la propiedad privada
	7. prolongado conflicto entre los Estados Unidos y la Unión Soviética

Nombre _____ Clase _____ Fecha _____

Toma notas

Secuencia Estudia los sucesos mencionados abajo. Identifica el año en el que ocurrió cada suceso y luego coloca los sucesos en orden en los recuadros de abajo, del primero al último.

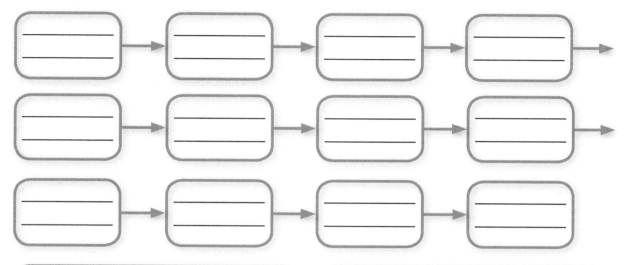

Los Estados Unidos y sus aliados

Los Estados Unidos y los aliados forman la OTAN.

Los Estados Unidos desarrollan la bomba de hidrógeno.

Comunistas vietnamitas toman el control de Vietnam unificado.

Las relaciones de los Estados Unidos y la Unión Soviética mejoran con la distensión.

La crisis de los misiles en Cuba aumenta la tensión.

Los Estados Unidos pusieron a los hombres en la Luna.

La Unión Soviética y sus aliados

Los soviéticos ocupan Europa oriental después de la guerra.

Los soviéticos y sus aliados forman el Pacto de Varsovia.

Los soviéticos desarrollan la bomba de hidrógeno.

Gorbachov presenta la glásnost, que conduce al final de la Unión Soviética.

Alemania Oriental construye el Muro de Berlín.

Los soviéticos ponen un satélite en el espacio.

 Pregunta esencial

Durante la Guerra Fría, ¿quién tenía el poder político y económico en el sistema soviético? ¿Cómo se diferenciaba esto del sistema estadounidense?

_____

_____

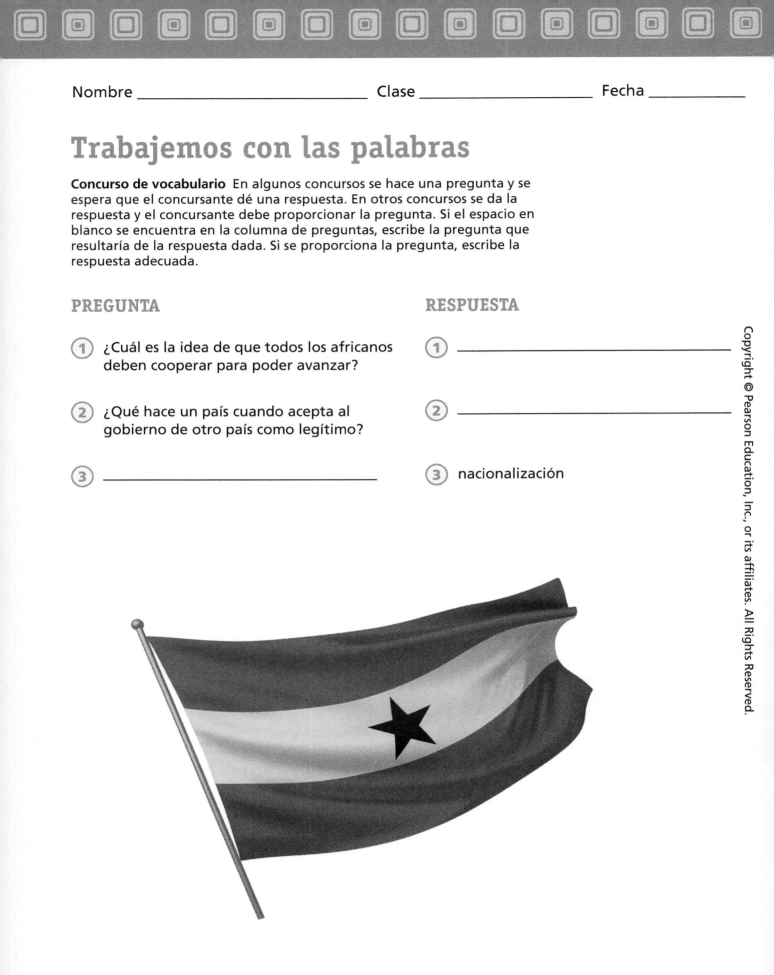

Nombre _____ Clase _____ Fecha _____

Trabajemos con las palabras

Concurso de vocabulario En algunos concursos se hace una pregunta y se espera que el concursante dé una respuesta. En otros concursos se da la respuesta y el concursante debe proporcionar la pregunta. Si el espacio en blanco se encuentra en la columna de preguntas, escribe la pregunta que resultaría de la respuesta dada. Si se proporciona la pregunta, escribe la respuesta adecuada.

PREGUNTA

(1) ¿Cuál es la idea de que todos los africanos deben cooperar para poder avanzar?

(2) ¿Qué hace un país cuando acepta al gobierno de otro país como legítimo?

(3) _____

RESPUESTA

(1) _____

(2) _____

(3) nacionalización

Nombre _____ Clase _____ Fecha _____

Toma notas

Analizar causa y efecto En la red de abajo, analiza el fin del imperialismo y el surgimiento del nacionalismo. Para cada región, enumera los nombres de los países de reciente independencia con las fechas aproximadas de su independencia. Junto a cada uno, escribe qué potencia tuvo el gobierno colonial.

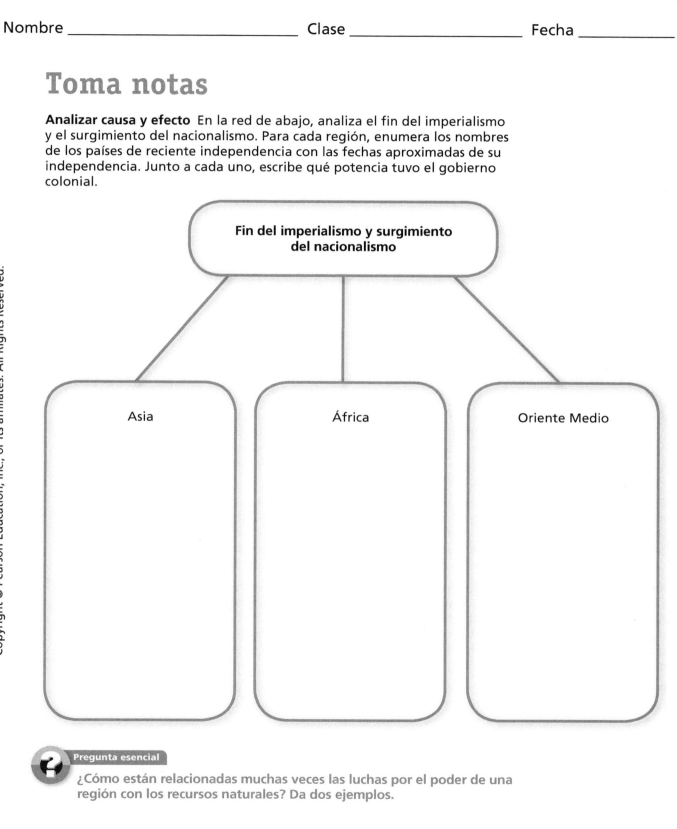

Fin del imperialismo y surgimiento del nacionalismo

Asia

África

Oriente Medio

Pregunta esencial

¿Cómo están relacionadas muchas veces las luchas por el poder de una región con los recursos naturales? Da dos ejemplos.

_____

_____

_____

Nombre _____ Clase _____ Fecha _____

¿Qué es el poder? ¿Quién debe tenerlo?

Prepárate para escribir

En este capítulo, has explorado la Pregunta esencial en tu texto, en tu cuaderno y en *On Assignment* en myworldhistory.com. Usa lo que has aprendido para escribir un ensayo que responda la Pregunta esencial. Define el poder y luego prepara un argumento sobre quién debe tener el poder.

Destreza del taller: Usar el proceso de escritura

En esta lección, retomarás los cuatro pasos básicos para escribir un ensayo: prepararse para escribir, escribir, revisar y presentar. Cada paso tiene varias partes que te ayudan a comunicar tus ideas de una manera efectiva. No siempre tienes que seguir los pasos en el mismo orden. Muchos escritores regresan a los pasos anteriores, revisan sus esquemas, añaden ideas y ajustan sus tesis para reflejar nueva información.

Prepararse para escribir Este paso incluye todo lo que haces antes de empezar a escribir tu ensayo. Decide un tema, haz una lluvia de ideas, toma notas y haz un esquema. Por ejemplo, puedes hacer una tabla o una red de conceptos para explorar tus ideas. Regresa al capítulo para obtener evidencia específica como citas, descripciones, etc., para añadir a tus ejemplos de apoyo. Añade la evidencia a tu esquema.

Escribir tu ensayo Empieza a escribir tu ensayo. Sigue tu esquema mientras escribes. Cada párrafo de desarrollo debe comenzar con una oración principal que contiene la idea principal del párrafo. Apoya cada oración principal con información que apoya el tema. Recuerda que debes usar palabras y frases de transición para conectar tus párrafos.

Revisar Vuelve a leer tu ensayo. Pregúntate si tus ideas y explicaciones tienen sentido. Considera si tus argumentos fluyen con claridad. Recuerda que estás comunicando un punto de vista y quieres convencer a los lectores de compartirlo. Luego lee tu ensayo y quita los fragmentos y las oraciones demasiado largos. Léelo por tercera vez para encontrar y corregir errores de ortografía y gramática.

Presentar Prepara una copia limpia y a doble espacio de tu ensayo. Añade tu nombre, fecha y título de acuerdo al formato que tu maestro haya pedido.

Prepárate para escribir

Aquí hay una muestra de un organizador gráfico que te ayudará a hacer una lluvia de ideas de la definición del poder. Piensa en las ideas que identificaste cuando revisaste el capítulo.

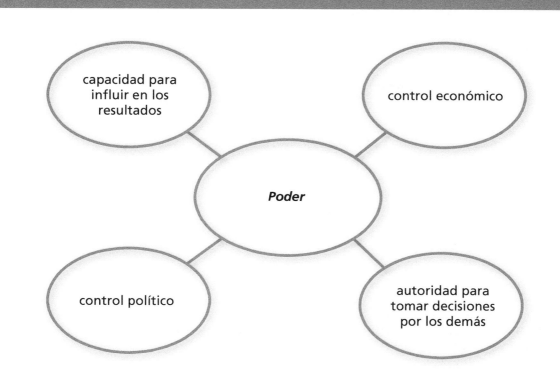

Usa un organizador gráfico Ahora crea y completa tu propio organizador gráfico para organizar las ideas que apoyan tu argumento. Prueba usando una tabla de tres columnas con una columna para cada ejemplo de apoyo.

Tesis _____

Oración principal 1	Oración principal 2	Oración principal 3
_____	_____	_____
_____	_____	_____
Argumentos de apoyo	Argumentos de apoyo	Argumentos de apoyo
1. _____	1. _____	1. _____
_____	_____	_____
_____	_____	_____
2. _____	2. _____	2. _____
_____	_____	_____
_____	_____	_____
3. _____	3. _____	3. _____
_____	_____	_____
_____	_____	_____

Haz un borrador de tu ensayo

Usa el organizador gráfico que creaste para reunir ideas para tu ensayo. Después, sigue los pasos de este taller para hacer un borrador y revisa tu ensayo en una hoja de papel diferente. Asegúrate de seguir los cuatro pasos del proceso de escritura.

? Pregunta esencial

¿Cuáles son las consecuencias del comercio?

Vistazo previo Antes de comenzar este capítulo, piensa en la Pregunta esencial. Entender cómo se relaciona la Pregunta esencial con tu vida te ayudará a comprender el capítulo que vas a empezar a leer.

Conexión con tu vida

(1) Mucha de la ropa, alimentos o cosas que usas vienen de otros países mediante el comercio internacional. Algunas se fabrican más baratas en otros lugares. Hay alimentos que no se producen o no son originales de los Estados Unidos o que se cultivan en otras temporadas en otros países. Escribe en la tabla de abajo una razón de por qué crees que se importa cada artículo.

Artículo comercial	Posible razón de su importación
plátanos	
cromo	
zapatos	
manganeso	
mangos	

(2) ¿Qué influencia tiene el comercio en tu vida? Explícalo.

_____

Conexión con el capítulo

(3) Antes de leer el capítulo, hojéalo. Mira los títulos y las imágenes. Predice formas en que el comercio en el mundo de hoy influye en las naciones desarrolladas y en las naciones en vías de desarrollo.

Naciones desarrolladas · Ambas · Naciones en vías de desarrollo

(4) Cuando termines de leer el capítulo, vuelve a mirar esta tabla. Encierra en un círculo tus predicciones correctas.

Nombre _____ Clase _____ Fecha _____

Conexión con miHistoria:
Sonia Gandhi: Un legado familiar

(1) ¿Qué desafíos enfrentó Sonia cuando se casó con Rajiv?

_____

_____

(2) ¿Cómo reaccionó después del asesinato de Rajiv?

_____

_____

(3) Nombra a una mujer que conozcas o de la que sepas algo, que se
encuentre en un cargo de poder, como una funcionaria electa o la líder
de una empresa u organización humanitaria. ¿Qué desafíos crees que
enfrenta? Explícalo.

_____

_____

_____

(4) Completa la tabla de abajo para comparar las vidas políticas de Indira
y Sonia Gandhi.

	Indira Gandhi	Sonia Gandhi
Cargo que ocupa		
Vínculos con ex líderes políticos de la India		
Medios para la obtención del cargo		
Sucesos que condujeron al papel de liderazgo		

(5) ¿Cómo llegan los líderes del mundo de hoy a cargos de poder? Escribe
por lo menos dos predicciones.

_____

_____

_____

Trabajemos con las palabras

Constructor de oraciones Completa las oraciones usando la información que aprendiste en esta sección.

conflicto	refugiado
segregación	integrarse
fundamentalismo	*apartheid*
terrorismo	

1 Alguien que es desplazado por la guerra es un(a) _____.

2 El Congreso Nacional Africano luchó contra el injusto sistema del(de la)

_____.

3 El(La) _____ a veces está relacionado con actos terroristas.

4 Terminar con el(la) _____ era un objetivo del movimiento

de derechos civiles.

5 El ataque en el año 2001 al World Trade Center fue un acto

de _____.

6 Un fallo de la Corte Suprema de los Estados Unidos obligó a las escuelas

a _____.

7 Tanto los desacuerdos como las guerras son formas de _____.

Nombre _____ Clase _____ Fecha _____

Toma notas

Resumir En la tabla de abajo, describe brevemente los dos tipos de conflicto y da todos los ejemplos de cada uno que has leído en esta sección.

Conflicto	
Luchas por los derechos humanos	La guerra contra el terrorismo

Pregunta esencial

¿Cómo usaron otras naciones el comercio para alentar a Sudáfrica a acabar con el *apartheid*?

_____

_____

_____

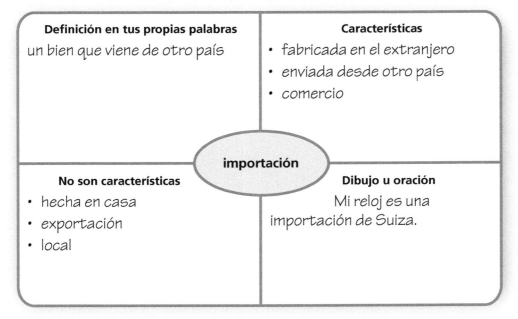

Trabajemos con las palabras

Mapa de palabras Sigue el modelo de abajo para hacer un mapa de palabras. El término clave *importación* se encuentra en el óvalo del centro. Escribe la definición en tus propias palabras arriba a la izquierda. Arriba a la derecha, haz una lista de características, es decir, palabras o frases que se relacionen con el término. Abajo a la izquierda haz una lista de las que no son características, es decir, palabras y frases que no estarían asociadas con el término. Abajo a la derecha, haz un dibujo del término clave o úsalo en una oración.

Definición en tus propias palabras	Características
un bien que viene de otro país	• fabricada en el extranjero • enviada desde otro país • comercio
No son características	**importación** — **Dibujo u oración**
• hecha en casa • exportación • local	Mi reloj es una importación de Suiza.

Ahora, usa el mapa de palabras de abajo para explorar el significado del término *libre comercio*. Usa el libro del estudiante y un diccionario o un diccionario de sinónimos para completar cada una de las cuatro secciones para entender el significado de esta palabra.

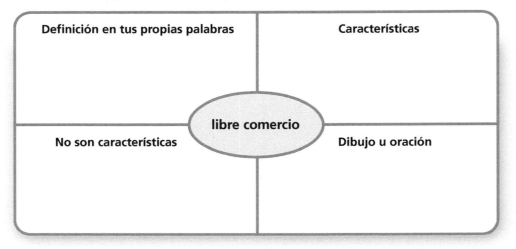

Definición en tus propias palabras	Características
No son características	**libre comercio** — **Dibujo u oración**

Haz tu propio mapa de palabras en una hoja de papel separada para el término clave *inflación*.

Nombre _____ Clase _____ Fecha _____

Toma notas

Identificar las ideas principales y los detalles En esta sección leíste sobre la cooperación y el comercio. Usa la mitad superior de la red de conceptos de abajo para anotar las ideas principales y los detalles de tres organizaciones internacionales. Usa la mitad inferior para anotar las ideas principales y los detalles de la economía mundial.

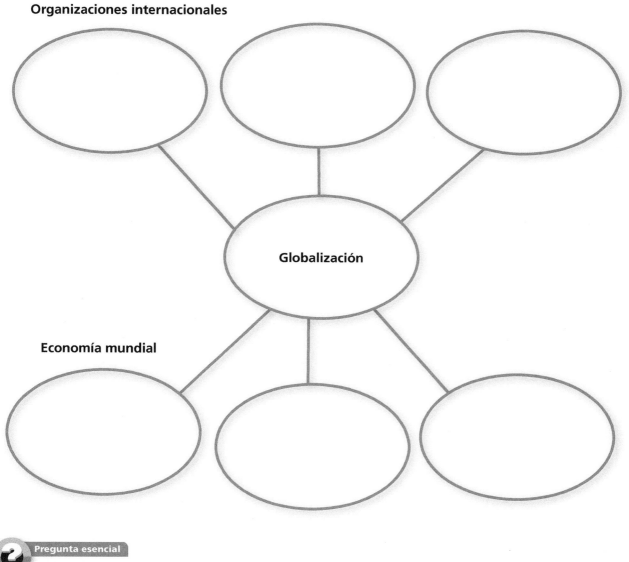

Organizaciones internacionales

Globalización

Economía mundial

Pregunta esencial

¿Cómo ha influido el libre comercio en las naciones en vías de desarrollo?

_____

_____

_____

Trabajemos con las palabras

Palabras en contexto Para cada pregunta, escribe una respuesta que muestre tu comprensión del término clave en negritas.

(1) ¿Qué implica la **ingeniería genética**?

_____

(2) ¿Cómo perjudica la **deforestación** al medio ambiente?

_____

(3) ¿Qué preocupaciones tienen los científicos sobre el rápido **cambio climático**?

_____

(4) ¿Por qué creen algunas personas que la **occidentalización** es indeseable?

_____

(5) ¿Cómo contribuye la **desertización** a la presión demográfica?

_____

Nombre _____ Clase _____ Fecha _____

Toma notas

Analizar causa y efecto En el recuadro de la izquierda, escribe tres
acontecimientos modernos que están teniendo efectos generalizados. En
el recuadro de la derecha, escribe por lo menos un efecto de cada uno.

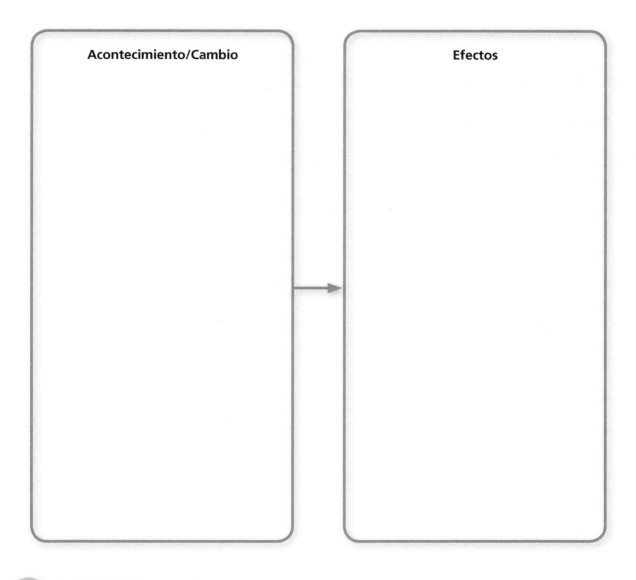

Acontecimiento/Cambio	Efectos

Pregunta esencial

¿Cómo está relacionado el comercio con la occidentalización?

_____

_____

Copyright © Pearson Education, Inc., or its affiliates. All Rights Reserved.

? Pregunta esencial | Taller del escritor

¿Cuáles son las consecuencias del comercio?

Prepárate para escribir

En este capítulo, has explorado la Pregunta esencial en tu texto, en tu cuaderno y en *On Assignment* en myworldhistory.com. Usa lo que has aprendido para escribir un ensayo que mida las consecuencias del comercio en las naciones desarrolladas y en vías de desarrollo del mundo de hoy.

Destreza del taller: Haz el esquema de un ensayo

En esta lección, desarrollarás un esquema para un ensayo de cinco párrafos. Tu esquema incluirá un párrafo introductorio, tres párrafos de desarrollo y una conclusión. El párrafo introductorio engancha al lector, plantea una tesis y contiene tres puntos de apoyo.

El gancho El gancho es lo que atrae la atención del lector. Escribe un gancho sobre los efectos del comercio.

Gancho _____

Escribe una tesis Expresa la idea principal de tu ensayo en una tesis.

_____

Identifica los puntos de apoyo Elige tres puntos de apoyo para probar tu tesis.

_____

_____

Organiza los puntos de apoyo en un orden lógico Para tu referencia, numéralos para que indiquen el párrafo de desarrollo en el que aparecerá cada uno.

Haz un esquema de la introducción

Haz un esquema del párrafo introductorio.

Gancho _____

Tesis _____

_____

Oración que resume los puntos de apoyo _____

_____

Termina con una conclusión Termina tu párrafo con una oración que refleje tu oración principal y que una los detalles.

Haz un esquema de los párrafos de desarrollo

Para cada párrafo, escribe una oración principal. La oración principal expone la idea principal del párrafo y expresa uno de tus tres puntos de apoyo. Añade dos o tres ejemplos clave o detalles importantes para apoyar la idea principal del párrafo. Resume la información del párrafo en una conclusión. Repite este proceso en cada párrafo de desarrollo.

Párrafo de desarrollo 1

Oración principal

_____

Detalle de apoyo

_____

Detalle de apoyo

_____

Conclusión

_____

Sigue este formato para escribir otros dos párrafos de desarrollo.

Haz un esquema de tu conclusión

En este párrafo final, revisa tu tesis, resume tus puntos de apoyo y explica cómo prueban esos puntos tu tesis. Luego dile al lector por qué es importante este tema.

_____

_____

Conclusión

Vuelve a exponer la tesis _____

Resumen de los puntos de apoyo _____

Qué prueban los puntos de apoyo _____

Por qué es importante el tema _____

Haz un borrador de tu ensayo

Escribe tu ensayo en tu propia hoja de papel. Usa el esquema como guía. Cuando hayas terminado, revísalo con un compañero.

¡Lugares por conocer!

Destreza: Mapas Usa los mapas de esta unidad para identificar los ¡Lugares por conocer! en el croquis. Escribe junto al nombre de cada lugar que está abajo, la letra que indica su ubicación en el mapa.

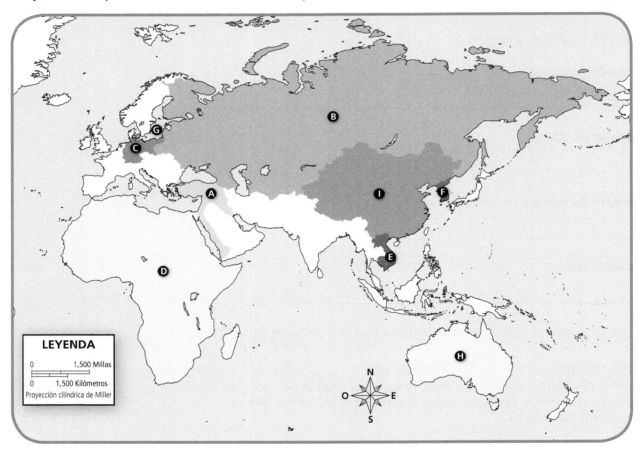

LEYENDA

| 0 | 1,500 Millas |
| 0 | 1,500 Kilómetros |

Proyección cilíndrica de Miller

_____ Vietnam

_____ Imperio Otomano

_____ China

_____ Rusia

_____ Corea

_____ Australia

_____ mar Báltico

_____ África

_____ Alemania

Nombre _____ Clase _____ Fecha _____

Sucesos clave

Línea cronológica Usa lo que has leído sobre el mundo moderno para completar la línea cronológica de abajo. Dibuja una línea desde cada suceso hasta su posición correcta en la línea cronológica. Luego, escribe una breve descripción de cada suceso.

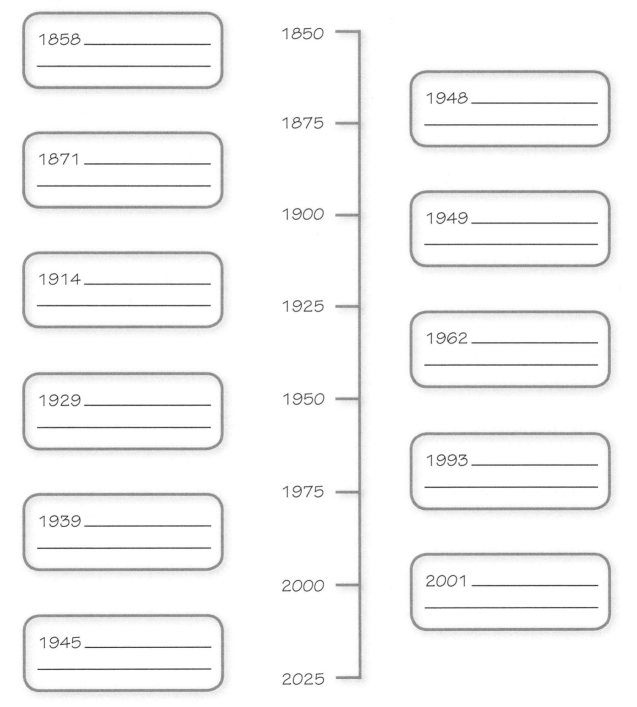

1858 _____
_____

1871 _____
_____

1914 _____
_____

1929 _____
_____

1939 _____
_____

1945 _____
_____

1850

1875

1900

1925

1950

1975

2000

2025

1948 _____
_____

1949 _____
_____

1962 _____
_____

1993 _____
_____

2001 _____
_____

Reconocimientos

Maps

XNR Productions, Inc.

Photography